中国式现代化
与
中华优秀传统价值观

谢霄男　唐元松 / 著

Chinese Path to Modernization and
Chinese Excellent Traditional Values

社会科学文献出版社
SOCIAL SCIENCES ACADEMIC PRESS (CHINA)

目　录

导　论

　　"中国式现代化蕴含的独特世界观、价值观、历史观、文明观、民主观、生态观等及其伟大实践，是对世界现代化理论和实践的重大创新。"① 从中国式现代化建设的伟大实践来看，其所蕴含的独特价值观，已经成为理解它的世界意义的关键所在。"中国式现代化为广大发展中国家独立自主迈向现代化树立了典范，为其提供了全新选择。"② 中国式现代化之所以能够为广大发展中国家展现出一幅不同于西方现代化模式的新图景，可以为其追求现代化提供新选择，归根结底是因为其蕴含着独具特色的价值观。中华优秀传统价值观是中国式现代化价值观的"根"与"源"，赋予中国式现代化以独有的特色。在世界各种价值观相互激荡的今天，人类站在了新的十字路口，应当以什么样的价值观去擘画世界现代化建设的美好蓝图，成为一项事关人类前途命运的重要课题。有鉴于此，本书致力于探析中国式现代化所蕴含的中华优秀传统价值观，以期为现代化建设的价值观引领工程提供有益借鉴。

一　研究缘起和意义

　　马克思指出："问题就是时代的口号，是它表现自己精神状态的最实际的呼声。"③ 中国式现代化蕴含的中华优秀传统价值观研究正是对"最实

---

① 《习近平在学习贯彻党的二十大精神研讨班开班式上发表重要讲话》，中央政府门户网站，2023 年 2 月 7 日，https://www.gov.cn/xinwen/2023-02/07/content_5740520.htm。
② 《习近平在学习贯彻党的二十大精神研讨班开班式上发表重要讲话》，中央政府门户网站，2023 年 2 月 7 日，https://www.gov.cn/xinwen/2023-02/07/content_5740520.htm。
③ 《马克思恩格斯全集》第 40 卷，人民出版社，1982，第 289—290 页。

际的呼声"的回应,它是基于时代热点问题的考量,其不仅有助于从理论层面阐明中国式现代化价值观的"独特性",还有助于从实践层面扎实推进中国式现代化。

(一) 研究缘起

开展本课题的研究,是理解中国式现代化中国特色的现实要求、彰显中国式现代化世界意义的迫切需要、认识中国式现代化造福人民的必然结果。

1. 理解中国式现代化中国特色的现实要求

"中国式现代化,是中国共产党领导的社会主义现代化,既有各国现代化的共同特征,更有基于自己国情的中国特色。"① 怎样将中国式现代化的中国特色讲清楚,是我们需要回应的一个重大时代课题。习近平总书记在谈及中华优秀传统文化历史定位时,提出了"四个讲清楚"。其中第一个"讲清楚",即"宣传阐释中国特色,要讲清楚每个国家和民族的历史传统、文化积淀、基本国情不同,其发展道路必然有着自己的特色"②。每个国家和民族因其历史传统、文化积淀、基本国情不同而形成了不同的价值观。

中国式现代化蕴含独特的"六观"③,其中就包括独特的价值观。有学者指出,"中国式现代化蕴含的价值观是由四个方面构成的:中华优秀传统文化中的价值观、科学社会主义价值观主张、社会主义核心价值观、全人类共同价值"④。中国式现代化蕴含独特的价值观,"特"就特在其以中华优秀传统价值观为本源。科学社会主义价值观、社会主义核心价值观、全人类共同价值作为三种相对独立的价值体系,均与中华优秀传统价值观存在高度的价值共通性。

"马克思主义传入中国后,科学社会主义的主张受到中国人民热烈欢

---

① 习近平:《高举中国特色社会主义伟大旗帜 为全面建设社会主义现代化国家而团结奋斗——在中国共产党第二十次全国代表大会上的报告》,人民出版社,2022,第22页。
② 《习近平谈治国理政》,外文出版社,2014,第155页。
③ 中国式现代化蕴含的独特"六观",即独特世界观、价值观、历史观、文明观、民主观、生态观。参见《习近平在学习贯彻党的二十大精神研讨班开班式上发表重要讲话》,中央政府门户网站,2023年2月7日,https://www.gov.cn/xinwen/2023-02/07/content_5740520.htm。
④ 洪晓楠:《中国式现代化蕴含的独特"六观"》,《大连日报》2023年4月3日。

迎，并最终扎根中国大地、开花结果，决不是偶然的，而是同我国传承了几千年的优秀历史文化和广大人民日用而不觉的价值观念融通的。"① 这说明，科学社会主义价值观主张与中华优秀传统价值观存在高度的契合性。

"中华优秀传统文化已经成为中华民族的基因，植根在中国人内心，潜移默化影响着中国人的思想方式和行为方式。今天，我们提倡和弘扬社会主义核心价值观，必须从中汲取丰富营养，否则就不会有生命力和影响力。"② 从中可以看出，涵养社会主义核心价值观，必须从中华优秀传统价值观中汲取精神养料。

"中华优秀传统文化是中华民族的文化根脉，其蕴含的思想观念、人文精神、道德规范，不仅是我们中国人思想和精神的内核，对解决人类问题也有重要价值。"③ 中华优秀传统价值观对于解答人类问题具有重要启示，其为全人类共同价值的提出奠定了重要思想基础。

习近平总书记告诫我们，要"把优秀传统文化的精神标识提炼出来、展示出来"④，而中华优秀传统价值观正是提炼、展示中华优秀传统文化精神标识的产物，其同科学社会主义价值观主张、社会主义核心价值观以及全人类共同价值高度契合、相融相通。中华优秀传统价值观蕴含着中国式现代化的价值根脉。

2. 彰显中国式现代化世界意义的迫切需要

中国式现代化作为一个独特的原创性命题，带有鲜明的中国特色，其对人类现代化进程的影响是世界性的、历史性的。"中国式现代化，是中国共产党领导的社会主义现代化，既有各国现代化的共同特征，更有基于自己国情的中国特色。"⑤ 较之于"以资本为中心"的非社会主义现代化，中国式现代化具有无可比拟的优越性。而这种优越性源于其蕴含着独特的传统价值立场、传统价值目标、传统价值思维、传统价值路径。

深蕴"民为国本"传统价值立场的中国式现代化始终坚持以人民为中

---

① 《习近平谈治国理政》第 3 卷，外文出版社，2020，第 120 页。
② 《习近平谈治国理政》，外文出版社，2014，第 170 页。
③ 《习近平谈治国理政》第 3 卷，外文出版社，2020，第 314 页。
④ 《习近平谈治国理政》第 3 卷，外文出版社，2020，第 314 页。
⑤ 习近平：《高举中国特色社会主义伟大旗帜 为全面建设社会主义现代化国家而团结奋斗——在中国共产党第二十次全国代表大会上的报告》，人民出版社，2022，第 22 页。

心，其从根本上超越了西方现代化"以金钱为中心"的价值观①；中国式现代化内蕴"天下均平""天下太平""天下一家"的传统价值目标，规定了其是以实现共同富裕、和平发展以及美美与共为价值追求的现代化；中国式现代化内蕴"自强不息""持中贵和""天人合一"的传统价值思维，规定了其是独立自主、符合实际、重视实践的现代化；中国式现代化内蕴"实行王道""反对霸道""践行仁道"的传统价值路径，规定了其是消灭三大差别、笃行强而不霸、坚持共赢共享的现代化。当前，国际社会不确定、不稳定、不安全因素日益突出，这给发达资本主义国家以及广大发展中国家都带来了不小的压力。外部环境的不确定、不稳定、不安全因素属于外因，对世界现代化进程并不能起到决定性作用。事物发展变化是由内因决定的。唯物辩证法认为，内因是事物变化发展的根据，外因通过内因起作用。"多从内因着眼、着手、着力，找准症结就有的放矢、对症下药。"② 发达资本主义国家面临的现代化之困，从内因上看，是存在价值观危机。中国式现代化因内蕴着独特的中华优秀传统价值观，而具有为发达资本主义国家摆脱价值观危机、拯救现代化之困提供借鉴的世界意义。与此同时，中国式现代化给那些既希望加快发展又希望保持自身独立性的广大发展中国家提供了新的选择。中国式现代化蕴含的独特中华优秀传统价值立场、价值目标、价值思维及价值路径等，亦有助于广大发展中国家更好地理解中国式现代化的价值导向，为摆脱本国现代化的困境寻求价值启迪。因此，开展中国式现代化蕴含的优秀传统价值观研究，是彰显中国式现代化世界意义的迫切需要。

3. 认识中国式现代化造福人民的必然结果

中国共产党是致力于让人民过上好日子的伟大政党。中国共产党自成立之日起，就自觉肩负起实现中国现代化的崇高历史使命。中国式现代化是造福人民的现代化，中国式现代化造福人民的内容是丰富的、范围是广泛的。

---

① 张远新、王钊：《中国式现代化的双重超越及其显著优势》，《思想理论教育》2022年第11期。
② 《习近平召开部分省区党委主要负责同志座谈会》，人民网，2015年7月21日，http://cpc.people.com.cn/shipin/n/2015/0721/c243284-27339798.html。

认识中国式现代化造福人民丰富内容的必然结果。马克思在《〈政治经济学批判〉序言》中指出，"物质生活的生产方式制约着整个社会生活、政治生活和精神生活的过程"①。新中国成立后，特别是改革开放以来，在中国共产党的领导下，中国人民的物质生活得到了极大的改善。在改善人民物质生活的同时，中国共产党亦高度重视人民精神生活的改善。在中国共产党的不懈努力下，我国人民的思想觉悟、道德水准、文明素养不断提高，道德领域呈现出一派积极向上的良好态势。然而，在国内外形势发生深刻变化的背景下，受不良思想文化侵蚀和网络有害信息影响，我国道德建设领域依然存在不少问题。

中共中央、国务院印发的《新时代公民道德建设实施纲要》（以下简称《纲要》）指出："一些地方、一些领域不同程度存在道德失范现象，拜金主义、享乐主义、极端个人主义仍然比较突出；一些社会成员道德观念模糊甚至缺失，是非、善恶、美丑不分，见利忘义、唯利是图、损人利己、损公肥私；造假欺诈、不讲信用的现象久治不绝，突破公序良俗底线、妨害人民幸福生活、伤害国家尊严和民族感情的事件时有发生。"② 中国特色社会主义进入新时代，人民期盼拥有更加美好的生活。而这些问题的存在，与人民对美好生活的向往形成了强烈反差。中国式现代化是物质文明和精神文明相协调的现代化。物质文明和精神文明都搞好，全国各族人民物质生活和精神生活都改善，才能够在真正的意义上造福人民。

我国精神文明建设存在的问题，亟须引起人们的高度重视并采取有力措施妥善加以解决。习近平总书记指出："当高楼大厦在我国大地上遍地林立时，中华民族精神的大厦也应该巍然耸立。"③ 要想使中华民族精神的大厦巍然耸立，必须打好地基，而打好中华民族精神大厦的价值根基，必须从蕴含伟大民族精神的文化母体中寻找"药方"。《纲要》指出："中华文明源远流长，孕育了中华民族的宝贵精神品格，培育了中国人民的崇高价值追求。"④ 在中华文明史上，形成了许多优秀的价值观，这些价值观孕

---

① 《马克思恩格斯文集》第 2 卷，人民出版社，2009，第 591 页。
② 《十九大以来重要文献选编》（中），中央文献出版社，2021，第 227 页。
③ 习近平：《在文艺工作座谈会上的讲话》，人民出版社，2015，第 6 页。
④ 《十九大以来重要文献选编》（中），中央文献出版社，2021，第 226 页。

育了中华民族的精神品格。习近平总书记强调,要"深入挖掘和阐发中华优秀传统文化讲仁爱、重民本、守诚信、崇正义、尚和合、求大同的时代价值"①。中国式现代化是造福人民的现代化,造福人民的内容除了物质层面、精神层面以外,还有社会层面、政治层面、生态层面等。从价值根源上看,中国式现代化无论在哪一个层面上造福人民,都不同程度地受到中华优秀传统仁爱价值观、中华优秀传统民本价值观、中华优秀传统诚信价值观、中华优秀传统和合价值观等的滋育、涵养。研究中国式现代化蕴含的中华优秀传统价值观,是认识中国式现代化造福人民丰富内容的必然结果。

"中国共产党是为中国人民谋幸福、为中华民族谋复兴的党,也是为人类谋进步、为世界谋大同的党。"② 习近平总书记在党的二十大报告中提出了中国式现代化九个方面的本质要求,其中第一个要求是坚持中国共产党领导,最后一个要求是创造人类文明新形态。中国共产党的性质决定了以之为领导来推进和拓展中国式现代化,所造福的对象不仅是中国人民,还包括世界人民。

习近平总书记在学习贯彻党的二十大精神研讨班开班式上指出:"中国式现代化,深深植根于中华优秀传统文化,体现科学社会主义的先进本质,借鉴吸收一切人类优秀文明成果,代表人类文明进步的发展方向,展现了不同于西方现代化模式的新图景,是一种全新的人类文明形态。"③ 中国式现代化之所以展现出不同于西方现代化的新图景,成为一种全新的人类文明形态,是因为深深植根于中华优秀传统文化之中。中华优秀传统文化包含着中华民族弥足珍贵的优秀传统价值观。将中国式现代化蕴含的独特中华优秀传统价值立场、价值目标、价值思维及价值路径等展现给世人,本身就是一种在精神层面为世界人民造福的表现。英国学者马丁·雅克指出:"中国式现代化是新的现代化模式,为中国自身和整个世界的未来发展开启了诸多全新的可能,其他国家尤其是西方国家应该意识到,全

---

① 《习近平谈治国理政》,外文出版社,2014,第164页。
② 习近平:《高举中国特色社会主义伟大旗帜 为全面建设社会主义现代化国家而团结奋斗——在中国共产党第二十次全国代表大会上的报告》,人民出版社,2022,第21页。
③ 《习近平在学习贯彻党的二十大精神研讨班开班式上发表重要讲话》,中央政府门户网站,2023年2月7日,https://www.gov.cn/xinwen/2023-02/07/content_5740520.htm。

世界都能够从中国式现代化的进程中受益。"① 这种受益既包括物质层面、精神层面，也包括社会、政治、生态等层面。中国式现代化蕴含的优秀传统价值观，决定了中国式现代化所创造的物质文明、政治文明、精神文明、社会文明、生态文明等成果，可以为世界上一切爱好和平的行为体所共享。

中国式现代化蕴含着"为当代计，为万世谋"的中华优秀传统价值观，不仅关注人类今天的发展，还着眼人类未来的进步。中国式现代化作为一种全新的人类文明形态，不仅致力于造福现时代的世界人民，还致力于造福跨时代的世界人民。不了解中国式现代化蕴含的独特传统价值立场、价值目标、价值思维及价值路径，也就难以真正读懂"中国正在做的事情"，难以真正知晓中国式现代化所要造福的人民并不仅仅是中国人民还有世界其他国家的人民，难以真正明白中国式现代化所具有的世界意义所在。因此，研究中国式现代化蕴含的优秀传统价值观，是认识中国式现代化造福人民覆盖范围的必然结果，是认清其世界意义的题中应有之义。

（二）研究意义

"当前，世界之变、时代之变、历史之变正以前所未有的方式展开"②，对中国式现代化蕴含的优秀传统价值观进行研究，具有很强的现实意义和理论意义。

在现实层面，通过对中国式现代化蕴含的优秀传统价值观进行研究，阐明中国式现代化与西方现代化本质上的不同，有助于在变化的社会中更好地认清西方现代化之弊以及中国式现代化对其的超越。认识问题的根源所在是解决问题的前提。西方现代化之困，根源在于价值观出现危机。纯粹为了追逐物质利益而不择手段、奉行丛林法则而对他国恣意打压霸凌等负性价值观不改变，西方现代化脱离发展困境将遥不可及。中国式现代化能为人类实现现代化提供新的选择，源于其蕴含着独特的中华优秀传统价

---

① 转引自《中国式现代化、全球发展如何受益?》，中新经纬，2023 年 3 月 29 日，http://www.jwview.com/jingwei/html/03-29/534093.shtml。

② 习近平:《高举中国特色社会主义伟大旗帜 为全面建设社会主义现代化国家而团结奋斗——在中国共产党第二十次全国代表大会上的报告》，人民出版社，2022，第 60 页。

值观。本研究以阐明中国式现代化蕴含的中华优秀传统价值观"特"在何处为视角，努力探讨中国式现代化蕴含的独特传统价值立场、价值目标、价值思维、价值路径与中国式现代化的实现之间的关系，力图将蕴含独特中华优秀传统价值观的中国式现代化的世界历史意义分析透彻，为推动世界现代化良性发展以及塑造与之相适应的现代价值观提供理论参照。

在理论层面，中国式现代化蕴含着独特的价值观，中华优秀传统价值观是最能在源头上体现中国式现代化独特价值观标识的内容。开展中国式现代化蕴含的中华优秀传统价值观研究，有助于深化对"以现代化化中华优秀传统价值观"与"以中华优秀传统价值观化现代化"的认识。中华优秀传统价值观过去没有，现在也不会简单地把中国带进现代化，根据世界现代化一般规律与中国现代化建设实践来传承并弘扬中华优秀传统价值观的过程，是"以现代化化中华优秀传统价值观"的过程；充分挖掘中华优秀传统价值观蕴含的独特价值立场、价值目标、价值思维、价值路径，以创造性转化与创新性发展了的中华优秀传统价值观来解决中国现代化具体问题的过程，通过持续推进中国式现代化而对世界现代化产生积极影响，是"以中华优秀传统价值观化现代化"的过程。本课题研究的开展，有助于从理论层面深化对中国式现代化是"以现代化化中华优秀传统价值观"与"以中华优秀传统价值观化现代化"的认识。

二 研究现状和研究总结

国内外学界围绕"中国式现代化""价值观"等议题持续深耕，形成一批有见地、有分量的研究成果。这些研究成果为我们深化相关问题的探讨提供了丰富的理论资源。

（一）国外研究现状

国外学界从不同的视角，对"中国式现代化"与"价值观"进行了大量研究，提出了诸多观点和看法。系统梳理和分析国外学界有关"中国式现代化"与"价值观"的研究，为我们开展相关问题的研究提供了重要参考。

1. 国外有关"中国式现代化"问题的研究

中国式现代化开创了有别于西方现代化的全新路径，引起国际社会的高度关注。国外学者围绕认识中国式现代化取得的斐然成就、成功因素、鲜明特质、世界影响等展开了深入研究。梳理国外学者关于"中国式现代化"的研究成果，可以为开阔我们的理论视野、对外讲好中国式现代化故事提供重要参考。

（1）"中国式现代化"的斐然成就

"中国式现代化"作为一种创新型现代化，取得的成就受到了国外学界的充分肯定。学者们主要从经济建设、社会发展等多个领域展开探讨。

中国式现代化创造了经济快速发展的奇迹。经济状况是衡量一个国家现代化建设的重要指标。从国外学界的研究成果来看，人们普遍认为经济快速发展是中国式现代化的标志性业绩。比如，Wladimir Pomar 认为中国式现代化在世界经济领域实现了工业革命以来最伟大的变革，其对中国式现代化取得的经济增长奇迹赞叹不已。[①] Atilio Boron 也为中国的经济改革所取得的巨大成就感到震惊。他表示，中国式现代化在经济建设领域所取得的成就，是"全球经济史上最伟大的一场革命"。[②] Juan Fernando Romero 认为中国的发展好比一座喷涌而发的火山，而且是世界上独一无二的火山，但它经历了一个漫长的积累、积蓄能量的过程。[③] 在 Satoshi Amako 看来，在世界大部分国家仍陷于经济负增长的窘境下，中国式现代化创造的经济快速发展格外抢眼，"表现出很强的发展韧性"。[④]

中国式现代化创造了社会长期稳定的奇迹。郑永年在《再塑意识形态》一书中指出，"经济增长越快，社会就越不稳定"[⑤]。在保持经济快速发展的同时推动社会平稳有序发展，是世界现代化的一大难题。中国为解答这一世界难题提供了现代化样板。从中国的基本国情来看，庞大的人口

① Wladimir Pomar, "China, 70 Anos de Socialismo," http://www.resistencia.cc/china-70-anos-de-socialismo/.

② Atilio Boron, "A Continuidad de Un Proceso Hisorico Parabien No Solo de la China Sino de la Humanidad," en Marcelo F. Rodríguez, *La Aperture del Future Con la Hisória Como Espejo: Un Siglo del Parido Comunista de China*, Buenos Aires: Bitácora Ediciones, 2021: 36-37.

③ Juan Fernando Romero, "La Modernización de China: Bajo la Misma Pauta Histórica que Occidente?" *Orientando*, 2012 (04): 87.

④ 转引自 Kazuko Mori『中国ポスト改革開放 30 年を考える』早稲田大学現代中国研究所、2010、81 頁。

⑤ 郑永年：《再塑意识形态》，东方出版社，2016，第 117 页。

数量是现代化建设不容回避的现实问题。很多拉美学者在研究中非常关注中国庞大的人口基数与中国发展所面临的问题，认为庞大的人口基数是中国现代化不容回避的难题。① 中国在保持国家经济繁荣的同时，能维持社会的长期稳定实属不易。② Julio A. Díaz Vázquez 强调，中国虽然面临人口基数庞大的难题，且人口基数庞大和分布不均衡联结在一起，导致困难更加巨大，却并未挡住中国的经济快速发展。他将中国式现代化创造的经济快速发展与社会长期稳定，称为一场"具有历史意义的经济和社会觉醒"。③ Satoshi Amako 认为，中国在现代化发展的过程中，一方面保持了经济的活性化，另一方面克服了社会流动化可能产生的消极因素，从而在经济快速发展的同时，保持了社会平稳有序发展。④

（2）"中国式现代化"的成功因素

"中国式现代化"何以能够促进经济快速发展与社会长期稳定，国外学界从领导力量、发展规划、制度韧性、改革创新、规模优势、文化传承、改革时序、经验汲取等多重维度，探究中国快速发展背后的深层原因。

从领导力量认识"中国式现代化为什么能"。政党是一个国家实现现代化不可或缺的核心要素。塞缪尔·P. 亨廷顿在《变化社会中的政治秩序》一书中指出，在现代化进程中产生和运行的政治体系，要能发挥其最大功效，其关键要素在两个方面，即组建该体系的政党的执政力量及其获得群众的支持度。⑤ 在当今现代化进程中已经处于比较稳定的状态的政治体系的背后是具有强大的政党力量作为支撑。⑥ 国外学者普遍认为，中国式现代化优异成绩的取得，离不开中国共产党的领导。James C. Hsiung 也

---

① 楼宇：《拉美学界关于中国式现代化的若干认知》，《国外理论动态》2023 年第 1 期。
② Martin K. Whyto，"China's Economic Development History and Xi Jinping's 'China Dream'：An Overview with Personal Reflections," *Chinese Sociological Review*，2021（02）：115.
③ Julio A. Díaz Vázquez，"Notas Acera de la Modernización Económica en China," *Papeles del Este*，2006（11）：8.
④ Satoshi Amako『中国政治の社会態制』岩波書店、2018、181 頁。
⑤ 〔美〕塞缪尔·P. 亨廷顿：《变化社会中的政治秩序》，王冠华、刘为等译，沈宗美校，生活·读书·新知三联书店，1989，第 377 页。
⑥ 〔美〕塞缪尔·P. 亨廷顿：《变化社会中的政治秩序》，王冠华、刘为等译，沈宗美校，生活·读书·新知三联书店，1989，第 377 页。

指出，中国共产党设计并构建的中国式现代化的理论体系，是其能够产生和发展的根本前提。[1] Lindsay Maizland 等认为，中国共产党在领导人民走向现代化的过程中，采取了一系列行之有效的政策，取得了显著的成效，从而得到了人民的普遍支持。[2]

从发展规划认识"中国式现代化为什么能"。Juan Fernando Romero 对中国的"国民经济和社会发展规划"大加赞赏，认为该规划不是教条、机械、独断地制定出来的，而是中国共产党从实际出发，通过科学的、理性的讨论作出的重大决策[3]，该决策推进中国式现代化促进中国发展[4]。中国共产党的审势而行、科学规划和有效管理，从根本上保证了政策目标的紧密连续性，这是中国式现代化成功推进的关键。Stephen Leeb 认为，中国共产党带领人民从战略高度制定国家经济社会各领域的发展规划，然后将之作为实践指引，引导人民循序渐进地将之转化为现实。此种模式，在其他国家往往是难以做到的。[5] Sergio Rodríguez Gelfenstein 也为中国共产党能够带领人民做一个非常长时期的发展规划，去设计各种项目计划而赞叹不已。[6]

从制度韧性认识"中国式现代化为什么能"。Klaus Mühlhahn 认为，中国经济即使在世界经济遭遇危机的情势下仍然能够持续向好，关键在于国家制度具有极强的韧性。[7] Alessandro Golombiewski Teixeira 指出，中国式现代化不同于以生产资料私有制为核心的西方现代化，其是以公有制为核心

[1]　James C. Hsiung, "China into Its Second Rise: Myths, Puzzles, Paradoxes, and Challenge to Theory," *World Scientific*, 2012: 97.

[2]　Lindsay Maizland, Eleanor Albert, "The Chinese Communist Party," https://www.cfr.org/backgrounder/chinese-communist-party.

[3]　Juan Fernando Romero, "La Modernización de China: Bajo la Misma Pauta Histórica que Occidente?" *Orientando*, 2012 (04): 114.

[4]　Juan Fernando Romero, "La Modernización de China: Bajo la Misma Pauta Histórica que Occidente?" *Orientando*, 2012 (04): 102.

[5]　Stephen Leeb, *Red Alert: How China's Growing Prosperity Threatens the American Way of Life*, Hachette UK, 2011: 15–18.

[6]　Sergio Rodríguez Gelfenstein, *China en el Siglo XXI: Eldes-pertar de un Gigante*, Caracas: Monte Ávila Editores, 2019: 85–91.

[7]　Klaus Mühlhahn, *Making China Modern: From the Great Qing to Xi Jinping*, The Belknap Press of Harvard University Press, 2019: 607–614.

的。坚持以公有制为核心的中国式现代化，并不是与资本隔绝，而是在社会主义公有制的前提下，充分激活资本文明的一面，使之服务于社会主义现代化建设。① 在 Michel Aglietta 和 Guo Bai 看来，中国共产党结合本国实际探索出的中国特色社会主义制度，具有极强的韧性。他们考察了中国特色社会主义制度具有韧性的原因在于两个方面：一是革除了计划经济模式下的顽瘴痼疾，保留了必要的政府干预手段；二是虽然重视市场的资源配置作用，但并没有像西方国家一样，纯粹地任由市场发展。② Zheng Li 等人认为相对于西方市场经济制度，中国探索出一条全新的市场发展道路，这条道路既重视市场的资源配置作用，又重视政府对市场不良行为的干预、调整，实现了国家和市场协同发展、国企和私企良性循环。③

从改革创新认识"中国式现代化为什么能"。中国式现代化是一项开创性、探索性事业，需要人们在实践中勇于改革、大胆创新。中国式现代化活力的迸发来自改革创新，特别是制度层面的创新。在 D. Jolly 和 F. Zhu 看来，中国积极推动制度的与时俱进发展，但保持着谨慎的态度，往往通过试点的方式展开，等待新的体制机制模式试点成功后，才会大面积推广运行，这样会将风险降到最低。④ 此外，有国外研究者将"中国式现代化"的成功归因于一种"双强型"的央地关系，即中国在经济社会发展中，非常重视党中央集中统一领导，但同时又会因地制宜，赋予地方政权较强的自主性。Xiaodong Chen 认为，在"双强型"的央地关系中，地方政府扮演了"变革时期转型的驱动力"角色，不遗余力地促进区域经济增长。⑤ Tom Christensen 和 Xiaolong Tian 指出，"双强型"的央地关系既保证了中央给予地方高层次、高水平的方向性指导，又保证了地

---

① 转引自赵斌《海外学界对中国式现代化理论体系的认知——基于海外中共学视角》，《人民论坛》2023 年第 6 期。
② Michel Aglietta, Guo Bai, *China's Development: Capitalism and Empire*, Routledge, 2012: 74.
③ Zheng Li, Xizhen Zhou, Samuel Jung, Jun Li, "China's 40-year Road to Innovation," *Chinese Management Studies*, 2019 (02): 335-357.
④ D. Jolly, F. Zhu, "Chinese S&T Parks: The Emergence of a New Model," *Journal of Business Strategy*, 2012 (05): 4-13.
⑤ Xiaodong Chen, "Understanding the China Miracle from the Paradigm of Realm Economics," *China Political Economy*, 2021 (04): 214-223.

方具有差异性且符合实际的发展。[1] 还有国外研究者将中国式现代化的成功，归因于探索出了混合主体驱动的创新发展道路，建立了新型举国体制等。[2] 这些学者皆是从制度创新的角度，试图揭开中国式现代化推动中国快速发展的谜底。

从规模优势认识"中国式现代化为什么能"。中国是一个人口众多的社会主义大国。有国外研究者将中国式现代化的成功，归因于中国的大国规模优势。Martin K. Whyte 认为，中国庞大的人口数量是国家经济繁荣的核心引擎。[3] 中兼和津次指出，中国拥有大体量的劳动力资源，其为中国式现代化的成功推进提供了强大支撑。[4] 高原明生持有与之相似的看法，他认为中国在发展战略以及国家运行方式等方面具有显著优势，主要源于中国拥有辽阔的疆土、众多的人口以及潜力巨大的市场。[5] 高桥满认为，中国能够在短时间内迅速赶超发展的一个很重要的原因是中国拥有非常丰富的自然资源。[6] 国外研究者并没有将目光局限于中国在国土面积、人口资源、市场体量等方面具有的优势，还认识到了中国在文化上具有显著优势。Kokubun Ryosei 强调，中国拥有极为丰厚的文化资源，这让中国在现代化发展进程中具备了压倒性的优势。[7] Satoshi Amako 认为，不应仅仅看到中国在疆域、人口、资源等方面具有规模优势，还应认识到中国拥有丰富的思想文化资源，只有这样才能全面认清中国社会的超大规模性对其现代化发展的影响。[8]

---

[1] Tom Christensen, Xiaolong Tian, "Ambiguous Hybridity? Main Features of China's Service-oriented Government Reform," *International Journal of Public Sector Management*, 2020 (04): 419–433.

[2] 转引自刘静、彭随缘《海外对中国式现代化的探讨及启示》，《当代世界与社会主义》2023 年第 1 期。

[3] Martin K. Whyte, "China's Economic Development History and Xi Jinping's 'China Dream': An Overview with Personal Reflections," *Chinese Sociological Review*, 2021 (02): 115–134.

[4] 转引自 Kazuko Mori『中国ポスト改革開放 30 年を考える』早稲田大学現代中国研究所、2010、110 頁。

[5] 转引自 Kazuko Mori『中国ポスト改革開放 30 年を考える』早稲田大学現代中国研究所、2010、197 頁。

[6] 野村浩一・高橋満・辻康吾『もっと知りたい（中国政治・経済篇）』弘文堂、1991、169—170 頁。

[7] Kokubun Ryosei『グローバル化時代の中国』日本国際問題研究所、2002、1 頁。

[8] Satoshi Amako『習近平の中国をよむ』筑摩書房、2013、176 頁。

从文化传承认识"中国式现代化为什么能"。国外研究者敏锐观察到中国式现代化与文化传承之间的关系。安德烈·冈德·弗兰克认为，中国道路本质上是一个成功的"价值设计模式"。[①] 他所谈及的中国道路，内在地包含了中国式现代化新道路。这条新道路有机融合了儒家文化价值观、社会主义革命价值观以及社会主义核心价值观，三者共同构成了中国式现代化的价值理念体系。在森山昭郎看来，重视传统文化价值观的影响，是中国式现代化成功推进的一大重要因素。中华民族对文化价值观的因袭使其现代化发展保持着高度的民族主体性。[②] 需要特别指出的是，中国式现代化对传统文化价值观的传承，绝非不加分析的"因袭"，而是结合中国现代化发展实际在批判中继承、在创新中发展的。

从改革时序认识"中国式现代化为什么能"。同为社会主义国家，为什么中国在现代化建设上如此成功，而苏联和东欧社会主义国家却失败了？这是国外学者尤为关心的一个话题。学者们通过研究发现，中国在改革时序上采取了符合国情和实际的发展战略。在 Kalim Siddiqui 看来，中国结合自身国情和实际推进渐进式改革，这是其现代化建设持续向好的关键。他认为中国政府没有遵循 IBRD[③] 和 IMF[④] 主张的改革，而是逐渐开放了经济和具有比较优势的劳动密集型行业，这促使其在经济领域成功且快速地实现了现代化。[⑤] Kazimierz Z. Poznanski 表示，中国采取了以市场为导向的、渐进式的改革进程，这不仅避免了东欧社会主义国家采取激进改革模式而导致的经济迅速衰退，还带来了更为强大的国家权力。[⑥] Ataul Huq

---

① 转引自吴苑华《"中国道路"成功的价值观原因——由安德烈·冈德·弗兰克论中国道路说起》，《理论探讨》2016 年第 5 期。

② 转引自衛藤瀋吉編『現代中国政治の構造』日本国際问题研究所、1989、329 頁。

③ IBRD 中文全称为国际复兴开发银行，英文全称为"International Bank of Reconstruction and Development"，"IBRD"为国际复兴开发银行的英文简称。

④ IMF 中文全称为国际货币基金组织，英文全称为"International Monetary Fund"，"IMF"为国际货币基金组织的英文简称。

⑤ Kalim Siddiqui, "International Critical Thought One Belt and One Road, China's Massive Infra-structure Project to Boost Trade and Economy: An Overview," *International Critical Thought*, 2019 (02): 214-235.

⑥ Kazimierz Z. Poznanski, "State Condition, Foreign Influence and Alternative Models of Market Reforms in China, Russia and Eastern Europe," *International Critical Thought*, 2012 (03): 276-296.

Pramanik 指出，中国在改革时序上采取的发展战略是集中力量推进经济领域的改革发展，奠定坚实的工业基础，再逐渐对政治领域进行改革。[1] Marek Hrubec 也认为，中国的改革时序是先经济领域后政治领域。[2]

从经验汲取认识"中国式现代化为什么能"。不少国外研究者将中国乐于并善于向西方现代化国家学习视为中国式现代化成功推进的重要影响因素。Ming Wan 认为中国式现代化是中国汲取西方现代化有益经验并结合自身国情与实际创造出的充满东方智慧的现代化模式。[3] Gungwu Wang 分析了中国再次强大的原因。在他看来，借鉴和吸取外部有益的技术方法、思想制度等，为中国打开了一个先前未曾深刻认知的外部世界，这一方面有利于增强国力，另一方面有利于通过强大自身抵御外部威胁。中国虚心向外部世界学习，大大提高了中国现代文明的价值。[4]

从总体上看，国外研究者关于"中国式现代化为什么能"的归因是比较贴近客观实际的，其从不同维度较为准确地概括了中国式现代化推动中国快速发展的主要原因，有助于提升人们关于"中国式现代化为什么能"的认知水平。

（3）"中国式现代化"的鲜明特质

"中国式现代化"作为一种原创性的新型现代化，既有世界现代化的一般性特征，也有指导思想、发展特征、奋斗目标等层面的鲜明特质。

其一，从指导思想方面认识"中国式现代化"的鲜明特质。

中国式现代化是以马克思主义、中国化时代化的马克思主义为指导思想的现代化。马克思主义是中国共产党和中华人民共和国"立党立国""兴党兴国"的根本指导思想。中国式现代化正是马克思主义与中国具体实际相结合的产物。Hedeaki Shioda 分析称，冷战结束后，资本主义世界普

---

[1]　Ataul Huq Pramanik，"Economic Reform as a Precursor to Political Reform for Development Does China Have a Model for Resource-rich African Muslim Countries?" *Economic and Political Studies*，2017（02）：127-157.

[2]　Marek Hrubec，"From China's Reform to the World's Reform," *International Critical Thought*，2020（02）：282-295.

[3]　Ming Wan，*The China Model and Global Political Economy：Comparison，Impact，and Interaction*，Routledge，2014：1-3.

[4]　Gungwu Wang，"China's Historical Place Reclaimed," *Australian Journal of International Affairs*，2012（04）：486-492.

遍将马克思主义视为并不会带来经济增长的意识形态。中国共产党用"马克思主义行""中国化时代化的马克思主义行"回击了人们的认知偏见。他指出,中国共产党将"马克思主义"与"中华优秀传统文化"这两个为西方所忽视的"伟大事物"有机结合在一起,取得了中国式现代化的伟大成就。①

James C. Hsiung 认为,马克思主义的唯物史观、群众史观、阶级斗争等思想对中国式现代化的形成产生了深远影响。② 石田隆至认为,中国现代化建设面临国际挑战,采用了系统观念,对复杂的情况以复杂的方式进行处理,这归功于中国化时代化的马克思主义的指引。他特别指出,中国式现代化以马克思主义、中国化时代化的马克思主义为指导,离不开话语的营造、阵地的坚守以及专业化队伍的建设。③ 在让-努马·迪康热看来,中国不仅是党和政府,而且包括媒体、教育教学队伍都在坚持和宣传马克思主义。Gabriel Martinez 指出,苏联共产党的灭亡,源于其背离了以马克思主义为指导,而中国的现代化的成功在于中国始终坚持马克思主义的指导,这不仅避免了重蹈苏联覆辙,还展现了强大的生命力。④

其二,从发展特征方面认识"中国式现代化"的鲜明特质。

"中国式现代化"是以个体化和个性化为双重发展特征的现代化。⑤ 在世界现代化的发展历程中,个体化与个性化是两个内涵不尽相同的概念。前者关乎人的生存问题,后者关乎人的发展问题。个体化是就基本生存保障而言的,个性化是就全面发展而言的。人的个体化与个性化是一种相辅相成、相互递进的关系。国外学者围绕个体化与个性化的发展维度展开了深入研究。

对于人的生存而言,最大的问题莫过于"活下去"。而要"活下去",

① 转引自篠田英朗『中国共産党 100 周年とバイデン・ドクトリン……米中 "競争" の狭間で日本の取るべき立場は』、https://gendai.media/articles/-/84879? page=2。
② James C. Hsiung, "China into Its Second Rise: Myths, Puzzles, Paradoxes, and Challenge to Theory," *World Scientific*, 2012: 97.
③ 石田隆至『党大会報告、'平和的共生の創出' 姿勢を高く評価』、http://www.peoplech-ina.com.cn/tjk/20da/plgd/202210/t20221019_800310799.html。
④ 〔法〕让-努马·迪康热、彭姝祎:《基于社会主义发展史维度对中国道路的思考》,《世界社会主义研究》2021 年第 12 期。
⑤ 戴木才:《中国式现代化的基本特质》,《理论导报》2023 年第 2 期。

就要战胜饥荒。在新中国成立之初，美国前国务卿 Dean Acheson 就曾断言，人口规模巨大的中国是完全不可能获得长久发展的，因为饥荒问题将成为中国发展的重大难题。[①] Atilio Boron 认为，回顾中国的历史可以发现，中国历史上出现过多次重大的饥荒事件，每次都产生了大量的贫困人口，这些贫困人口连最起码的温饱、卫生等问题都无法得到解决。但在中国共产党领导下，中国仅用了极短的时间，就一跃成了战胜贫困的全球典范。[②] Víctor Kot 指出，中国在现代化进程中战胜饥荒，具有超越时代的象征意义。[③] 联合国拉丁美洲和加勒比委员会的多位研究者表示，中国在国家层面设计的减贫战略，实现了人类历史上规模最大、速度最快的脱贫进程。他们认为中国的减贫规模，称得上是史无前例的。[④] 以人的个体化为发展特征，是中国式现代化呈现出的鲜明特质。

对于人的发展而言，不仅满足于"活下去"，还要考虑"活得好"。人民在物质水平提高的同时，对于生活幸福感的追求也在逐渐增加。科学技术的进步，有助于大大提高人民的生活幸福感。Yinxing Hong 对中国科学技术的发展状况进行了专门性的分析，他指出，当今的中国已从科学技术上的跟随模式转向领导模式，在一些领域已经赶上甚至超过世界水平。[⑤] 推动人的个性化发展，需要有实实在在的举措。Tollefson Jeff 指出，中国在科学教育领域持续不断地加大投入力度，现已成为"世界上最大的科学文章生产国"。[⑥] 中国式现代化还是致力于提升人民幸福感的现代化，这体现在人民对各项权利的享有上。阿根廷左翼学者阿蒂利奥·博隆等也强调，中国在发展经济实力的基础上，不断通过改革，使文化产品、教育医疗等多种公共服务面向更多的群众，切实使更多群众有物质获得感和精神获得

[①] 转引自楼宇《拉美学界关于中国式现代化的若干认知》，《国外理论动态》2023 年第 1 期。

[②] 转引自楼宇《拉美学界关于中国式现代化的若干认知》，《国外理论动态》2023 年第 1 期。

[③] 转引自楼宇《拉美学界关于中国式现代化的若干认知》，《国外理论动态》2023 年第 1 期。

[④] 转引自楼宇《拉美学界关于中国式现代化的若干认知》，《国外理论动态》2023 年第 1 期。

[⑤] Yinxing Hong, "The Major Innovations of Chinese Economic Development Theories in the New Era," *China Political Economy*, 2018 (01): 13-29.

[⑥] Tollefson Jeff, "China Declared World's Largest Producer of Scientific Articles," *Nature*, 2018 (7689): 390.

感。① 追求人的个性化发展也是中国式现代化的一大重要特质。

其三，从奋斗目标方面认识"中国式现代化"的鲜明特质。

以共同富裕为奋斗目标，是中国式现代化所具有的一大鲜明特质。国外研究者在这一点上，达成了高度共识。Cissy Zhou 指出，作为一个社会主义国家，中国在本质上追求的是共同富裕，但共同富裕绝不意味着吃大锅饭的平均主义。② Bruce Dickson 等认为，公平、平等是中国共产党向中国人民作出的庄严承诺。中国共产党领导人民进行社会主义现代化建设，明确将实现共同富裕作为奋斗目标。中国政府实施扩大中等收入群体、解决行业垄断问题、将浙江省设立为共同富裕先行示范区等措施，旨在帮助大多数人民都富裕起来。③

以共同富裕为奋斗目标的中国式现代化，是一种迥然有别于西方现代化的发展方案，这为国外研究者所广泛认同。比如，William A. Callahan 评价中国共产党的意识形态"不是从共产主义转变为民族主义，而是将中华文明与社会主义紧密结合在一起，形成二者所共有的价值观"④。在他看来，融入中华传统平等价值观的社会主义意识形态，擘画了与西方现代化有着显著区别的社会发展蓝图。⑤ Karishma Vaswani 认为，共同富裕是一个实现中国共产党价值目标的新模式，其核心是建设一个更加公平的社会，避免出现西方国家的贫富两极分化问题。⑥ Guoguang Wu 强调，中国以大部分人的富裕为发展目标有助于避免陷入中等收入陷阱，有助于为西方世

① 阿蒂利奥·博隆、楼宇：《美国的民主是一个谎言：兼论美国民主和中国民主的差异》，《世界社会主义研究》2022 年第 1 期。

② Cissy Zhou，"China's Coming Era of 'Common Prosperity' —and What It Means for the Rich," *South China Morning Post*，2021（23）：71.

③ Bruce Dickson et al.，"Common Prosperity：What Next for China?" https：//chathamhouse. soutron. net/Portal/Public/en-GB/Download Imade File. ashx? object Id = 5520&owner Type = 0&owner Id = 191642.

④ William A. Callahan，"History，Tradition and the China Dream：Socialist Modernization in the World of Great Harmony," *Journal of Contemporary China*，2015（96）：983-1001.

⑤ William A. Callahan，"History，Tradition and the China Dream：Socialist Modernization in the World of Great Harmony," *Journal of Contemporary China*，2015（96）：983-1001.

⑥ Karishma Vaswani，"Changing China：How Xi's 'Common Prosperity' May Impact the World," https：//www. bbc. com/news/business-58784315.

界提供解决平等问题的中国方案。①

（4）"中国式现代化"的世界影响

国外研究者对"中国式现代化"世界影响的研究，既有将中国置于世界范围内进行纵向的自身比较分析，也有将中国置于世界范围内进行横向的国别比较分析。关于中国式现代化世界影响的代表性观点主要有以下几个。

办好中国自己的事情就是对世界的贡献。中国作为一个人口占世界19%的东方大国，在现代化建设上坚定走好自己的道路，本身就是对世界现代化发展作出了贡献。埃及总统 Abdel Fattahal Sisi 指出，现代中国的基础——实现民族独立，是由中国共产党带领人民奠定的。在中国共产党领导下，中国创造了与发达国家并驾齐驱的中国经济的快速发展。② 这一历史性的胜利，为世界现代化发展贡献了中国力量。

为发展中国家实现现代化提供新选择。西方国家借助先发优势，垄断了现代化的定义权和解释权。在许多外国人士眼中，现代化只有西方化一条道路。他们片面认为发展中国家只有跟在西方发达国家身后，成为西方资本和市场的附庸，才能实现现代化。在"西方之乱"与"中国之治"的强烈对比下，许多国外研究者认识到广大发展中国家还可以借鉴学习中国的发展模式。他们将中国发展取得的重大成就视作一个保持自身独立性的国家以合作共赢、共同发展方式开启现代化历程的典型案例。Annamária Artner 认为，在全球化的世界中，中国式现代化为第三世界国家提供了进行现代化建设的另一种可供选择的新方案。③ 中国式现代化打破了"现代化等于西方化"的迷思，它以无可辩驳的事实在理论层面向世界证明了一个具有普遍性的原理，即不同的国家可以依据自身的国情，探索出适合自身发展的现代化道路。

为重塑国际新秩序注入新力量。Ali Abbas 指出，"中国在国际政治经

---

① Guoguang Wu, "China's Common Prosperity Program: Causes, Challenges, and Implications," https://asiasociety.org/sites/default/files/2022-03/ASPI_China Common Prosp_report_fin.pdf.

② 转引自王峰《海外学者论中国式现代化的世界意义》，《中国社会科学报》2023 年 3 月 30 日。

③ Annamária Artner, "Can China Lead the Change of the World?" *Third World Quarterly*, 2020（03）: 1-19.

济中的影响力日益增长，这可能导致建立新的国际经济秩序"①。新的国际秩序是相对于传统国际秩序而言的。国际社会之所以存在渴望建立国际新秩序的声音，是因为现有的国际秩序存在诸多不合理之处。比如，Kalim Siddiqui 就明确表示，希望中国的发展可以"打破西方对国际经济的垄断"，切实保障每一个主权国家的发展权，对后进者予以保护，满足广大发展中国家对改善经济的渴望，以实际举措促进国际法律法规的有效实施，在防止强国、富国对弱国、穷国进行绝对控制上注入中国力量。② 这从另一个侧面反映出当前的国际社会存在经济垄断、主权国家的发展权受挑战、后进者的权益被威胁、发展中国家的合理诉求得不到充分满足、有些国际法律法规未能实现有效贯彻、有的国家"恃强凌弱""仗富欺贫"等不合理现象。Smriti Mallapaty 表示，随着中国日益增强的综合国力和逐渐增长的全球影响力，其已成为重塑国际新秩序的重要力量。③ Kevin Rudd指出，中国在经济、环境等方面所作出的努力，对国际秩序的未来走向将产生深刻影响。④ 国际社会的主流声音是中国式现代化的推进，有助于为塑造更为公正、合理的国际新秩序注入中国力量。

创造了优越于西方现代化的新文明形态。Michael Schuman 就中国式现代化是实现共同富裕这一本质要求和鲜明特征进行了分析。他坚信"共同富裕"这个概念很快就会走向国际社会，它将引导人们对诸如自由、民主、人权等问题形成新的看法，促使人们更清晰地认识到美国式的自由资本主义之弊。⑤ "共同富裕"体现了中国式现代化较之西方现代化的优越性，共同富裕的"富裕"体现了中国式现代化在发展先进生产力上具有优越性，其旨在做大社会财富的"蛋糕"。从实际情况来看，无论是中国式

① Ali Abbas, "Interpreting Rising China and Its Impact on World Politics," *Contemporary Chinese Political Economy and Strategic Relations*, 2022（01）：44-75.
② Kalim Siddiqui, "International Critical Thought One Belt and One Road, China's Massive Infra-structure Project to Boost Trade and Economy: An Overview," *International Critical Thought*, 2019（02）：214-235.
③ Smriti Mallapaty, "China Takes Centre Stage in Global Biodiversity Push," *Nature*, 2020（7795）：345-346.
④ Kevin Rudd, "The Decade of Living Dangerously," *Horizons: Journal of International Relations and Sustainable Development*, 2021（18）：30-50.
⑤ Michael Schuman, "China's Big New Idea," https://www.the atlantic.com/international/archive/2021/12/china-get-ting-worried-about-income-inequality/620993/.

现代化还是西方现代化，无不追求做大社会财富的"蛋糕"。中国式现代化除了在发展先进生产力上具有优越性以外，还表现在推动先进生产关系上具有优越性。共同富裕的"共同"，集中彰显了这种优越性。真正意义上的强国，不是少部分人占有、享有社会发展的成果，而是让大多数人一起分享这种成果。也正是在这个意义上，Michael Schuman 将中国视为广大发展中国家学习的楷模，认为以"共同富裕"为目标追求有助于将中国式现代化推广到世界其他地区。[①]

2. 国外有关"价值观"问题的研究

国外关于"价值观"的论述，最早可追溯至"希腊三贤"[②]。而国外有关"价值观"问题的研究，是从 20 世纪 30 年代开始的，至今已有 90 余年的历史。[③] 国外有关"价值观"问题的研究，集中表现在以下几个方面。

（1）关于"价值观"的内涵解析

国外学界对于价值观的内涵，有多种表述和理解。多数研究者从评价性的维度解析"价值观"的内涵。比如，拉尔夫·L. 基尼指出，价值是人们积极参加活动还是消极参加活动，以及参加活动过程中提出的决策、意见的衡量标准，"既包括必须保留的伦理原则，也包括用作选择取舍的指导原则"。[④] Clyde Kluckhohn 也持类似的观点，认为价值观是人们评判某件事值不值得做的重要参考，它影响着人们对于行为方式及其带来的事物最终状态的选择。[⑤] M. Rokeach 针对价值观所具有的动机功能，将之称为一种"持久的信念"，指出这种信念是作为一种具体的行为方式而存在的。[⑥] 该学者不仅从评价性的维度解析价值观的内涵，还从规范性的维度提出了自己的独到见解。

---

① Michael Schuman, "China's Big New Idea," https://www.the atlantic.com/international/archive/2021/12/china-get-ting-worried-about-income-inequality/620993/.

② "希腊三贤"即苏格拉底、柏拉图、亚里士多德。

③ 尤国珍：《近年来国内外价值观问题研究述评》，《四川大学学报》（哲学社会科学版）2011 年第 6 期。

④ 〔美〕拉尔夫·L. 基尼：《创新性思维——实现核心价值的决策模式》，叶胜年、叶隽译，新华出版社，2003，第 7 页。

⑤ Clyde Kluckhohn, "Values and Value-Orientations in the Theory of Action: An Exploration in Definition and Classification," in Talcott Parsons, Edward Shils eds., *Toward a General Theory of Action*, Cambridge, MA: Harvard University Press, 1951: 388-433.

⑥ M. Rokeach, *The Nature of Human Values*, New York: The Free Press, 1973: 358-361.

有不少国外研究者从历史个体的维度认识价值观的内涵。比如，Maximilian Karl Emil 指出："一切历史个体在逻辑上不可避免地植根于'价值观念'。"[①] D. E. Super 的观点与之类似，他将价值观界定为"历史个体所欲达到的目标"[②]。在他看来，这种目标有三种存在样态，一种是心理状态，另一种是物质条件，还有一种是两者的相互联系。[③] 事实上，不只是历史个体，历史群体、社会系统的正常运转和社会秩序的有效维持，都离不开价值观的影响和支撑。Clyde Kluckhohn 将价值观界定为个体或群体的显著特征，其是一种显性或隐性的，对于什么值得做的一种认知理念，它影响着人们对于行为方式及其带来的事物最终状态的选择。[④] S. H. Schwartz 等结合学者们的各种观点，发表了自己有关何谓"价值观"的看法。他指出，"价值观是合乎需要的、超越情境的目标"，其无论在历史个体、历史群体还是在其他社会存在中均发挥着指导性的作用。[⑤]

（2）关于"价值观"的类型划分

国外研究者依据不同的标准，将"价值观"划分为不同的类型。有些研究者将价值观划分为个人和集体取向。贝拉就明确指出，"个人主义是美国文化的核心"[⑥]，"我们信奉个人的神圣不可侵犯性"[⑦]。在他看来，"无论是作为个人还是作为社会，我们所具有的某些最为深刻的问题，都是同个人主义不可分割的"[⑧]。Parsons 明确将价值观区分为个人取向价值观、集

---

① 转引自〔美〕丹尼尔·豪斯曼编《经济学的哲学》，丁建峰译，上海人民出版社，2007，第 73 页。

② D. E. Super, "A Life-Span, Life-Space Approach to Career Development," *Journal of Occupational Psychology*, 1980 (52): 129–148.

③ D. E. Super, "A Life-Span, Life-Space Approach to Career Development," *Journal of Occupational Psychology*, 1980 (52): 129–148.

④ Clyde Kluckhohn, "Values and Value-Orientations in the Theory of Action: An Exploration in Definition and Classification," in Talcott Parsons, Edward Shils eds., *Toward a General Theory of Action*, Cambridge, MA: Harvard University Press, 1951: 388–433.

⑤ S. H. Schwartz, W. Bilsky, "Towards a Universal Psychological Structure of Human Value," *Journal of Personality and Social Psychology*, 1980 (53): 550–562.

⑥ 〔美〕罗伯特·N. 贝拉：《心灵的习性：美国人生活中的个人主义和公共责任》，翟宏彪等译，生活·读书·新知三联书店，1991，第 212 页。

⑦ 〔美〕罗伯特·N. 贝拉：《心灵的习性：美国人生活中的个人主义和公共责任》，翟宏彪等译，生活·读书·新知三联书店，1991，第 211 页。

⑧ 〔美〕罗伯特·N. 贝拉：《心灵的习性：美国人生活中的个人主义和公共责任》，翟宏彪等译，生活·读书·新知三联书店，1991，第 214 页。

体取向价值观以及社会取向价值观。[①]

有些研究者将国别、区域作为界定标准，将价值观区分为美国价值观、古巴价值观、朝鲜价值观、日本价值观，东亚价值观、欧洲价值观等。比如，有研究者将韩国奉行的价值观总结为对领袖绝对忠诚、先军政治等；[②] 加拿大奉行接纳、合作、谦让、坚韧不拔等价值观；澳大利亚倡导和平、尊重、诚实、和平等价值观；马来西亚倡导勤勉、勇敢、自由等价值观。[③] 新加坡政府在《共同价值白皮书》中，明确提出了"国家至上、社会为先，家庭为根、社会为本"等价值观念。[④]

有些国外研究者着眼于人类社会，将价值观划分为工具性价值观与终极性价值观。[⑤] 例如，有研究者将价值观划分为关涉生存的价值观念与关涉自我表达、发展的价值观念。[⑥] 有研究者以人类社会某一生活领域为划分标准，划分出关涉经济的价值观念、关涉政治的价值观念、关涉审美的价值观念、关涉宗教的价值观念等。[⑦] 有研究者对某一方面的价值观念进行细分，D. Elizur 考虑实践结果的特征将价值观区分为工具性的价值观、认知性的价值观、情感方面的价值观[⑧]；A. Sagie 等人以认知成分为划分标准，将价值观区分为威望价值观与内在价值观[⑨]。

（3）关于"价值观"的测量要素

国外研究者在对"价值观"进行分类的基础上，编制了相应的测评量

---

① 转引自黄希庭等《当代中国青年价值观与教育》，四川教育出版社，1994，第10—13页。

② 转引自陈延斌、周斌《国外核心价值观的凝练及其启示》，《马克思主义研究》2012年第10期。

③ 转引自苏振芳主编《当代国外思想政治教育比较》，社会科学文献出版社，2009，第522页。

④ 转引自苏振芳主编《当代国外思想政治教育比较》，社会科学文献出版社，2009，第453页。

⑤ M. Okeach, *The Nature of Human Values*, New York: The Free Press, 1973: 102.

⑥ R. Inglehart, *Modernization and Postmodernization: Cultural, Economic, and Political Change in 43 Societies, Princeton*, NJ: Princeton University Press, 1997.

⑦ 尤国珍：《近年来国内外价值观问题研究述评》，《四川大学学报》（哲学社会科学版）2011年第6期。

⑧ D. Elizur, "Facts of Work Values: A Structural Analysis of Work Outcomes," *Journal of Applied Psychology*, 1984 (69): 378-389.

⑨ A. Sagie, D. Elizur, M. Koslowsky, "Work Values: A Theoretical Overview and a Model of Their Effects," *Journal of Organizational Behavior*, 1996 (17): 503-514.

表。以下几种价值量表及其测评要素，值得我们重点关注。

20 世纪 70 年代末，时任荷兰文化合作研究所所长的 Hofstede 开展了一次大规模的价值观调查，用 20 种语言对分布在 40 个国家和地区的 11.6 万名受测者进行价值观调查分析。此项调研的成果便是在学界享有盛誉的《文化后果：工作价值观的国际差异》（*Culture's Consequences：International Differences in Work-Related Values*）。该著作提出了四个国别价值观测量要素：一是不确定性规避，二是权势距离，三是女性或男性气质，四是个人或集体主义。有的研究者批评 Hofstede 价值观测量要素带有西方偏见。在这种条件下，Bond 运用 Chinese Culture Connection 于 1987 年编制的"中国价值观问卷"对包括中国在内的 24 个国家和地区展开了调研，得出 Confucius Work Dynamism（儒家工作动力）是一项不容忽视的价值观测量要素的结论。该成果得到了 Hofstede 的关注与回应，他指出，"儒家工作动力"不同于自己提出的四个国别价值观测量要素，该要素与经济发展存在着密不可分的联系。Hofstede 随后在 1991 年出版的《文化和组织：心灵软件》（*Cultures and Organizations：Software of the Mind*）一书中，将"儒家工作动力"这一价值观测量要素纳入其中。Hofstede 本人也认为，通过价值观调查资料的量化分析，有助于了解不同国家文化上的差异。①

S. H. Schwartz 研究团队在 20 世纪 90 年代编制了"价值观调查问卷"，对具有代表性的十大价值观动机类型，如享乐、刺激、权力、慈善、成就、安全、传统、遵从、自我定向、普救主义等进行综合评测。② D. E. Super 在将价值观划分为内在价值、外在价值以及附带价值三大类的基础上，用十五个要素对之进行测评。他基于独立性、变化性、美感、创意、生活方式、利他主义以及智慧激发七个要素评价受测者的内在价值；基于经济报酬、社会声望、安全感以及成就感四个要素评价受测者的外在价值；基于与同事的关系、与领导的关系、工作环境的适应能力以及自身的管理能力四个要素评价受测者的附带价值。③

① Geert Hofstede, *Dimensionalizing Cultures：The Hofstede Model in Context*, 2012：183-215.

② S. H. Schwartz, W. Bilsky, "Towards a Universal Psychological Structure of Human Value," *Journal of Personality and Social Psychology*, 1980（53）：550-562.

③ D. E. Super, "A Life-Span, Life-Space Approach to Career Development," *Journal of Occupational Psychology*, 1980（52）：129-148.

　　F. R. Kluckhohn 和 F. L. Strodtbeck 结合人类社会共同面临的五个基本问题，制定了相应的价值观量表。他们基于人的本性取向，提出人生来是善的、恶的还是善恶并存的？基于人与自然和超自然的关系取向，提出人作为万物的灵长，是应该征服自然、服从自然还是与自然和谐共生？基于人类生活的时间取向，提出人类应该关注现在、过去还是将来？基于人类的活动取向，提出人类活动应该注重活动本身、活动过程还是活动结果？基于人与人的关系取向，提出人们之间的关系是相互独立的、有等级的还是平等的？① 这份涵盖五个价值观评价问题，每个问题又分别有三个选项的调查量表受到了好评，有的研究者还在此基础上进一步进行了拓展。比如，T. Gallagher 将五个人类关注的基本问题整理为：人的本性是什么？人与自然的合理关系是什么？人如何更好地对待时间？人最好的行为模式是什么？社会组织的最好模式是什么？他对于每一个基本问题下设的三个选项，进一步进行了拓展。② Steve J. Kulich 认为他们的工作使价值观研究实现了从“描述”到“理论”再到“框架”的转变。价值观研究在 Kluckhohn 和 Strodtbeck 等人的努力下“更加具体化、科学化”。③ 以上国外研究者主要是从宏观层面探讨价值观的测量要素的，但对价值观内部结构的研究还不够深入。Shalom H. Schwartz 等指出，价值观可分为个体和文化两个层面。从个体层面来看，每个人都有自己的价值观，每个人都会对自己拥有的众多价值观进行重要性排序。这种重要性是因人而异的，也就是说在一些人眼中是至关重要的价值观，在另一些人眼中可能是无足轻重的。从文化层面来看，Shalom H. Schwartz 等通过开展大量调查，提炼出了包括安全、成就、仁慈在内的 19 个人类基本价值观测量要素。④

---

① 　F. R. Kluckhohn, F. L. Strodtbeck, *Variations in Value Orientations*, Chicago, IL: Row & Peterson, 1961: 10-11.

② 　T. Gallagher, "The Value Orientations Method: A Tool to Help Understand Cultural Differences," *Journal of Extension*, 2001 (12): 171.

③ 　Steve J. Kulich, "Value Studies: The Origin and Development of Core Cross-cultural Comparisons," in Steve J. Kulich, Michael H. Prosser, Liping Weng eds., *Value Frameworks at the Theoretical Crossroads of Culture*, Shanghai: Shanghai Foreign Language Education Press, 2012: 33-70.

④ 　Shalom H. Schwartz et al., "Refining the Theory of Basic Individual Values," *Journal of Personality and Social Psychology*, 2012 (4): 663-668.

（二）国内研究现状

国内学界围绕"中国式现代化"与"价值观",从多层面、多维度进行了思考,取得了喜人的研究成果。国内学界关于"中国式现代化"与"价值观"的讨论,为我们进一步深化相关研究创造了有利条件。

1. 国内有关"中国式现代化"问题的研究

时下,"中国式现代化"是国内学者重点研究议题之一。学者们从核心要义、历史进程、辉煌成就、成功因由、中国特色等方面进行了较为深入全面的研究。

（1）"中国式现代化"的核心要义

中国式现代化是由什么样的政治力量领导的?核心价值导向是什么?有着什么样的本质属性?国内学界围绕"中国式现代化"的核心要义,展开了热烈的探讨。

一是关于中国式现代化的领导力量。中国共产党领导是理解中国式现代化核心要义的关键。研究者们认为,中国共产党作为中国式现代化的领导力量,是由其强有力的政治动员能力和组织能力决定的。有研究者指出,从回顾中国过去的革命、建设和改革历史发展和取得的重大成绩,以及我们能够探索出现代化与社会主义结合的道路,关键因素在于有中国共产党的科学领导。① 有学者从党是人民中选出先进分子组成的组织,以马克思主义为指导思想、坚持实事求是等先进性方面分析其为何能够成为中国式现代化的领导力量。②

二是关于中国式现代化的本质属性。学者们认为中国式现代化在本质上是社会主义性质的。有研究者认为从对比的角度可以发现,中国式现代化是完全不同于西方以资本为逻辑的现代化,社会主义是其本质属性。③ 有分析者指出,中国式现代化之"新",就"新"在它具有社会主义定

① 郑吉峰:《中国式现代化研究:现状与展望》,《探索》2023 年第 2 期。
② 袁银传、蒋彭阳:《中国式现代化的核心要义、基本特征和历史意义》,《中南民族大学学报》（人文社会科学版）2023 年第 4 期。
③ 黄建军、王若齐:《唯物史观视域下中国式现代化的本质属性与原创性贡献》,《新疆师范大学学报》（哲学社会科学版）2023 年第 4 期。

向。① 有学者认为，领导力量决定现代化性质，这决定了中国式现代化是社会主义性质的现代化。② 有研究者指出，中国式现代化实际上是科学社会主义与中国实际互动发展的结果。③ 例如，有研究者指出"社会主义的本质属性及其基本逻辑贯穿于中国式现代化道路的形成过程，而又在中国式现代化道路的推进中塑造了新型社会主义现代化逻辑"④。

三是关于中国式现代化的核心价值导向。学者们认为中国式现代化的进程凸显了人的主体性地位、人的核心价值导向。有研究者指出，中国将市场资源配置和政府资本调控相结合，紧紧以人的核心价值为导向，破除了西方物化现代化发展的困境。⑤ 有学者基于唯物史观的大历史逻辑，通过对比以资本为中心的西方现代化，指出中国式现代化是以人民为中心的。⑥ 有分析者称，从中国现代化的理论指导，即马克思主义理论可知，中国的现代化是以人的发展、人的解放为核心价值导向的。⑦

（2）"中国式现代化"的历史进程

现代化是人类发展到特定阶段的必然选择。现代化有早发与后发之分，有内生与外生之别。中国学界普遍认为，中国的现代化是在"挑战—回应"中形成的后发外生型现代化。但对中国式现代化的起始阶段、历史分期，学者们有着不同的看法。

一是认为中国式现代化起始于旧民主主义革命时期。旧民主主义革命的开端，是1840年鸦片战争的爆发。有学者提出从现代化角度看，中国在鸦片战争以后，发生了剧烈的社会变迁。他将近代后的中国现代化历程，称之为"早期现代化"或"近代化"的过程。这一历史过程的突出表现就是"资本主义化"⑧。有研究者以中国共产党的成立为分界点，认为中国共

① 刘文嘉：《中国式现代化的文化诉求》，《哲学动态》2022年第12期。
② 布曼晟：《中国式现代化历程、样式及独特创新》，《南京社会科学》2023年第4期。
③ 阮博：《论理解中国式现代化新道路的辩证视域》，《社会主义研究》2021年第6期。
④ 毕照卿：《中国式现代化道路的社会主义性质及其逻辑指向》，《科学社会主义》2022年第5期。
⑤ 周丹：《社会主义市场经济条件下的资本价值》，《中国社会科学》2021年第4期。
⑥ 黄建军、王若齐：《唯物史观视域下中国式现代化的本质属性与原创性贡献》，《新疆师范大学学报》（哲学社会科学版）2023年第4期。
⑦ 李宁：《中国式现代化蕴含的中国价值之多维阐释》，《陕西师范大学学报》（哲学社会科学版）2023年第1期。
⑧ 胡绳：《〈从鸦片战争到五四运动〉再版序言》，《近代史研究》1996年第2期。

产党成立之前，中国进行的是非自主性的、被动性的现代化，中国共产党成立以后，中国开始了自主性的、独立性的现代化进程。① 实际上，该研究者是将中国现代化与中国式现代化视作一个概念进行解读，将中国式现代化的起始阶段追溯到旧民主主义革命时期，特指鸦片战争以后。

二是认为中国式现代化起始于新民主主义革命时期。持该论断的研究者，又有两种不同的看法，一种认为起始点是在五四运动以后，另一种将起始点设定为中国共产党成立以后。进入近代后，先进的中国人努力探求各种救国方案。但直到找到马克思主义这一反抗剥削与压迫的"精神武器"之前，中国人民在精神上始终处于"被动"状态。五四运动是鸦片战争以来中国人民的一次伟大觉醒，这场运动促进了马克思主义在中国的传播，中国人民的精神状态开始由"被动"转向"主动"。② 有学者将五四运动设定为"中国式现代化"的起始阶段，认为从 1919 年五四运动到 1949 年新中国成立，是中国式现代化在精神文明上领先、在物质文明上尾追的阶段；从新中国成立到 1978 年改革开放，是中国式现代化在精神文明上增进、在物质文明上探索的阶段；从改革开放到 2012 年党的十八大召开前，是中国式现代化在物质文明上提升、在精神文明上跟进的阶段；从党的十八大召开至今，是中国式现代化在物质文明和精神文明上全面且协调发展的阶段。③ 还有研究者认为，中国式现代化是在中国共产党成立以后才开始探索的，因此其起始阶段应是 1921 年 7 月 23 日以后。④

三是认为中国式现代化起始于新中国成立。有学者认为中国早期对现代化的探索，包括鸦片战争后，甚至从中国共产党成立到新中国成立前都不能囊括到中国式现代化概念中，其起始阶段应该从新中国成立算起。⑤ 持同样观点的学者进一步进行了阶段划分，将 1949 年到 1978 年，归结为

① 赵义良：《中国式现代化的本质意蕴与价值追求》，《中国特色社会主义研究》2022 年第 1 期。

② 徐秦法、刘星亮：《中国式现代化道路何以突出文化建设？——基于物质文明和精神文明关系视角的考察》，《社会科学战线》2022 年第 12 期。

③ 徐秦法、刘星亮：《中国式现代化道路何以突出文化建设？——基于物质文明和精神文明关系视角的考察》，《社会科学战线》2022 年第 12 期。

④ 荣开明：《中国式现代化新道路几个基本问题的思考》，《江西师范大学学报》（哲学社会科学版）2021 年第 4 期。

⑤ 布史晟：《中国式现代化历程、样式及独特创新》，《南京社会科学》2023 年第 4 期。

"四个现代化"建设时期；将 1978 年到 2012 年，归结为全面建设小康社会时期；将 2012 年到 2050 年，归结为中国式现代化建设和发展时期。①

四是认为中国式现代化成功开拓于改革开放以后。在一些学者看来，旧民主主义革命与新民主主义革命时期是中国现代化的早期探索阶段，仁人志士在这一阶段的探索并未能真正使中国走上现代化道路。② 新中国的成立是中国式现代化的真正开启。中国式现代化成功开拓的时间，始于党的十一届三中全会作出实行改革开放的重大决策。③ 有研究者提出与此高度一致的观点，从中国共产党成立到改革开放前，是为中国式现代化的开拓创造条件，而其成功开拓的时间，始于改革开放决策的作出。④

（3）"中国式现代化"的辉煌成就

中国学界高度肯定了"中国式现代化"取得的巨大成就，学者们主要从历史、理论、实践、话语等多个维度进行了探讨。

基于历史维度解析"中国式现代化"的辉煌成就。现代化是一个历史范畴，有研究者基于历史生成的逻辑，总结了中国式现代化所取得的辉煌成就。有学者从中国近代史的维度指出，中国式现代化突破了近代中国走资本主义现代化道路的尝试；从社会主义发展史的维度指出，中国式现代化超越了传统社会主义的发展道路；从世界历史的维度指出，中国式现代化创造了人类文明新形态，塑造着新的世界秩序。⑤ 有学者认为，中国就物质建设层面而言，先是从近代学习先进的军事技术以期"师夷长技以制夷"，到现代引进前沿的科技革命成果实现跨越式发展，中国经济发展突飞猛进；就制度机制层面而言，从近代效法欧美模式建立"民主共和"的政治体制，到现代扬弃西方模式逐步完善社会主义民主法治，中国的制度优势凸显的治理效能愈发明显；就价值理念层面而言，从近代新文化运动"全盘西化"的文化主张，到现代中国着手反思错误社会思潮的文化自觉、

① 布努晟：《中国式现代化历程、样式及独特创新》，《南京社会科学》2023 年第 4 期。
② 张润峰：《论中国现代化道路的生发逻辑与独特内涵》，《探索》2022 年第 2 期。
③ 杜玉华、王晓真：《中国式现代化道路的理论基础、历史进程及实践转向》，《吉首大学学报》（社会科学版）2022 年第 3 期。
④ 金民卿：《中国式现代化的形成发展及其对人类文明新形态的贡献》，《马克思主义理论学科研究》2022 年第 12 期。
⑤ 王赟鹏：《中国式现代化道路的历史生成逻辑》，《东岳论丛》2023 年第 4 期。

文化自信。①

基于理论维度解析"中国式现代化"的辉煌成就。有论者指出，以中华优秀传统文化滋养的中国式现代化以其独特的建构方式创新发展了马克思主义理论、世界现代化理论。② 有研究者基于生态文明建设的角度，指出中国式现代化"人与自然和谐共生"在人与自然关系的理解上作出了原创性贡献，其超越了西方现代化在处理人与自然关系中的人类中心主义，或者说是资本中心主义的取向。③

基于实践维度解析"中国式现代化"的辉煌成就。学者们从多个层面，就中国式现代化在实践层面所取得的伟大成就进行了分析。有研究者认为，中国共产党领导的现代化进程打破西方现代化的"唯一性"，使广大发展中国家有了新的选择；以建设涵盖人口规模巨大的现代化改变了世界格局；创造了指引世界发展新方向的人类文明新形态。④ 有学者指出，中国式现代化所取得的巨大成就，不仅使中华民族伟大复兴进入不可逆转的时期，从国际层面来说，还改变了世界格局，打破了以美国为首的霸权主义国家对世界的控制。⑤

基于话语维度解析"中国式现代化"的辉煌成就。在以往的话语表达中，现代化总是与西方化相联系，一些人片面地认为现代化就是落后追赶先进，而先进的典型，就是欧美等西方发达资本主义国家。在西方主导的话语逻辑中，现代化与欧化、美化等概念画上了等号。有研究者指出："整个非西方世界都将以西方世界为榜样而被'西方化'。"⑥ 现代化好似一场"马拉松"比赛，率先起跑者并不一定一直会处于领先地位。中国式现代化的成功，证明了在世界现代化之旅中，西方现代化不是各国亦步亦

① 颜景高：《论中国现代化的价值支撑》，《湖北社会科学》2020年第4期。
② 潘丽嵩、范晓阳：《中国式现代化新道路的传统文化底蕴研究——在"两个结合"中坚定中国特色社会主义理论自信》，《西北民族大学学报》（哲学社会科学版）2022年第1期。
③ 韩秋红：《中国式现代化人与自然和谐共生的本质特征与世界意义》，《社会科学家》2023年第2期。
④ 韩喜平、郝婧智：《中国式现代化道路的世界意蕴》，《马克思主义理论学科研究》2022年第2期。
⑤ 朱安东：《中国式现代化的世界历史意义》，《思想教育研究》2023年第3期。
⑥ 罗荣渠：《现代化新论——世界与中国的现代化进程》（增订版），商务印书馆，2004，第29页。

趋的"单选题"、不是为少数西方国家主导的"专利品"、不是必须加以机械模仿的"复制品"。有研究者认为，从话语维度上看，中国式现代化突破了西方对现代化的话语垄断，创造了基于中国国情的发展模式。①

（4）"中国式现代化"的成功因由

我国学界将"中国式现代化"的成功，归因于政治、理论、道路、制度、文化等方面的优势。

将"中国式现代化"的成功归因于政治优势。学者们认为中国式现代化之所以能够成功开拓，其关键原因在于具有坚强有力的政治领导力量，且该政治领导力量与时俱进地保持着革新发展，使其能够始终抓住历史发展的主动。② 正如有学者所言，"作为中国式现代化道路的开创者、领导者、推动者，中国共产党的领导是中国式现代化事业发展的最大优势"。③ 中国共产党不仅深深地植根于中国民众之中，而且有着举世公认的组织动员能力。这使得其能将民众充分凝聚在一起，有效应对中国现代化进程中的各种挑战。④ 有学者进一步指出，中国现代化从"根本社会条件"的创立到"根本政治前提和宝贵经验、理论准备、物质基础"的建立，再到"充满新的活力的体制保证和快速发展的物质条件"的确立，都是中国共产党领导人民不懈奋斗、顽强斗争得来的。⑤ 因此，中国共产党的领导关系中国式现代化的兴衰成败，要把坚持和加强党的全面领导贯穿于中国式现代化全过程。⑥

将"中国式现代化"的成功归因于理论优势。理论对实践具有指导意义。关于"中国式现代化为什么能"，学者们认为是因为有科学的、进步的理论作指导。有研究者认为，中国式现代化异质于西方现代化，在于其

---

① 黄建军、王若齐：《唯物史观视域下中国式现代化的本质属性与原创性贡献》，《新疆师范大学学报》（哲学社会科学版）2023 年第 4 期。

② 张亮：《社会发展理论视域中的中国式现代化》，《马克思主义理论学科研究》2023 年第 2 期。

③ 于安龙：《论中国式现代化道路的文化底蕴、实践经验与世界意义》，《思想教育研究》2022 年第 7 期。

④ 吴忠民：《如何深化对中国现代化的研究》，《马克思主义与现实》2023 年第 2 期。

⑤ 顾海良：《中国式现代化的战略擘画和理论体系升华》，《马克思主义理论学科研究》2023 年第 3 期。

⑥ 林振义：《中国式现代化的根本政治保证》，《红旗文稿》2023 年第 5 期。

是在马克思主义理论指导下，结合实践的创新发展产物。① 有学者认为马克思主义之于中国式现代化的推进与拓展而言之所以行，有两个方面的原因，一方面是因为马克思主义基本原理是科学的，另一方面是因为马克思主义拥有与时俱进的理论创新品质。② 学者们认为中国式现代化之所以能，除了因为马克思主义行以外，还源于在习近平新时代中国特色社会主义思想指导下不断丰富"两个结合"。③

将"中国式现代化"的成功归因于道路优势。学者们普遍认为中国式现代化得以成功推进并持续拓展，源于走出了一条适合自身实际的中国特色社会主义道路。例如，有研究者认为，从过程维度看，中国式现代化波澜起伏，是动态演进过程，但贯穿其中的一条主线是"走自己的路"。④ 关于中国特色社会主义道路的优势何在，学者们发表了各自的看法。比如，有学者认为，中国特色社会主义道路的优势在于其以科学理论为指导，这样一条道路为解决当前和今后的难题指明了方向；其是人民创造历史的实践道路，这样一条道路为解决当前和今后的难题提供了勃勃生机；其是集中力量办大事的道路，这样一条道路为解决当前和今后的难题提供了强大动力；其是倡导平等而不是输出模式的道路，这样一条道路为解决当前和今后的难题赢得了国际社会的支持。⑤

将"中国式现代化"的成功归因于制度优势。中国式现代化之所以能取得辉煌的成就，根本原因在于中国特色社会主义制度具有优越性。⑥ 有研究者指出，与资本主义制度相比，中国特色社会主义制度毫不逊色，尤其是在解放和发展社会生产力方面。⑦ 还有学者认为，中国特色社会主义制度作为一个系统，与资本主义制度相比较，无论是基本要素、基本结构

---

① 张志丹：《中国式现代化的意识形态意蕴》，《上海师范大学学报》（哲学社会科学版）2023 年第 2 期。
② 沈湘平：《中国式现代化道路的传统文化根基》，《中国社会科学》2022 年第 8 期。
③ 董亚炜：《从政治高度深入理解调查研究的重大意义》，《先锋》2023 年第 4 期。
④ 王斌：《中国式现代化：由来、本来和未来》，《湖南省社会主义学院学报》2023 年第 2 期。
⑤ 辛向阳：《中国特色社会主义道路的四大优势》，《中国特色社会主义研究》2013 年第 5 期。
⑥ 杨金海：《深化对中国式现代化理论体系的认识》，《思想理论教育导刊》2023 年第 4 期。
⑦ 尹诚、李安增：《正确认识中国特色社会主义制度优越性》，《中国高校社会科学》2018 年第 4 期。

还是基本功能，均展现了很好的稳定性。① 根本制度、基本制度以及具体制度构成稳定的"四梁八柱"，其为中国式现代化提供了完善的制度保证。②

将"中国式现代化"的成功归因于文化优势。中国传统文化是中国式现代化成功开拓的一大重要因素。有研究者从文化渊源方面展开研究，发现中国式现代化蕴含深厚的传统文化底蕴。③ 中国传统文化内含丰富的现代化发展资源。④ 还有学者指出，中国式现代化是在中华优秀传统文化、红色革命文化以及社会主义先进文化良性互动下生成的创新模式。⑤ 持类似观点的学者，指出中华优秀传统文化、革命文化、社会主义先进文化三者作为熔铸在历史、实践和民族之中的观念形态，是提振中国式现代化历史主动性的重要基础。⑥ 通过以上分析，学者们均将中国式现代化的成功，归结为文化上占有优势。

（5）"中国式现代化"的中国特色

学者们从不同维度阐发了"中国式现代化"的中国特色。具有代表性的观念主要有以下几个。

一是结合党的二十大报告提到的"中国式现代化"五个方面的特征，从不同视角阐发"中国式现代化"的中国特色。有研究者从中华优秀传统文化的视角阐释"中国式现代化"彰显的中国特色，指出中国式现代化是人口规模巨大的现代化，这是在"历史耐心"中稳中求进；中国式现代化是全体人民共同富裕的现代化，这是"均富"与"民本"理念在当代的发展；中国式现代化是物质文明和精神文明相协调的现代化，这是"中和"思想在新时代的赓续；中国式现代化是人与自然和谐共生的现代化，这是从"天人合一"到"生命共同体"；中国式现代化是走和平发展道路的现

① 陈胜云：《中国特色社会主义制度优越性的系统阐释》，《中国矿业大学学报》（社会科学版）2020 年第 3 期。
② 杨金海：《深化对中国式现代化理论体系的认识》，《思想理论教育导刊》2023 年第 4 期。
③ 刘孟男、吕丹：《深刻把握中国式现代化的文化基因》，《学校党建与思想教育》2023 年第 2 期。
④ 刘孟男、吕丹：《深刻把握中国式现代化的文化基因》，《学校党建与思想教育》2023 年第 2 期。
⑤ 王滨、张瑜：《中国式现代化的文化逻辑、精神生产和践行路径》，《南通大学学报》（社会科学版）2023 年第 2 期。
⑥ 白茂峰、傅慧芳：《中国式现代化历史主动性的文化基础及其实践指向》，《党政研究》2023 年第 1 期。

代化，这体现了"美美与共、天下大同"的文明张力。① 有研究者从领导力量、性质目的、价值取向、发展方向、方法路径等方面分析中国式现代化的中国特色。②

二是基于"中国式现代化"所蕴含的原创性、特殊性的角度将其中国特色阐发为"四个性""四个坚持""五个新""五个是"。有研究者认为主动性、全面性、协调性、世界性这"四个性"，凸显了"中国式现代化"的中国特色。③ 有研究者将"中国式现代化"的中国特色总结为"四个坚持"，即"坚持中国共产党领导""坚持社会主义方向""坚持独立自主""坚持对外开放"④；有论者将"中国式现代化"的中国特色概括为"五个新"，即"领导力量新""基本立场新""根本目标新""发展路径新""社会形态新"⑤；此外，还有研究者基于中国国情、文化传统、制度体制、思维方式等要素，将"中国式现代化"的中国特色总结为"五个是"，即是激活中华文明的现代化、是坚持人民至上理念的现代化、是切合中国实际的现代化、是遵循独特策略方法的现代化、是呈现人类文明新形态的现代化。⑥

2. 国内有关"价值观"问题的研究

国内关于"价值观"的论述，最早可追溯到春秋战国时期。而国内有关"价值观"问题的研究，从时间上看要晚于国外。国内"价值观"研究开始于20世纪60年代，至今已有60余年的历史。⑦ 国内有关"价值观"问题的研究，集中表现在以下几个方面。

① 赖海榕、郑济洲：《中国式现代化的中华优秀传统文化底蕴》，《毛泽东研究》2022年第6期。
② 金民卿：《中国式现代化的形成发展及其对人类文明新形态的贡献》，《马克思主义理论学科研究》2022年第12期。
③ 张占斌、王学凯：《中国式现代化：特征、优势、难点及对策》，《新疆师范大学学报》（哲学社会科学版）2022年第6期。
④ 周文、肖玉飞：《中国现代化道路的独特内涵、鲜明特征与世界意义》，《马克思主义与现实》2022年第5期。
⑤ 王永贵：《中国式现代化新道路的鲜明特征》，《思想教育研究》2022年第10期。
⑥ 程赟、吴俊：《论中国式现代化的中国特色》，《西南大学学报》（社会科学版）2023年第3期。
⑦ 尤国珍：《近年来国内外价值观问题研究述评》，《四川大学学报》（哲学社会科学版）2011年第6期。

（1）关于"价值观"的内涵解析

学者们普遍将"价值观"界定为一种思维模式、思想观念，将之视为价值信念、价值信仰、价值理想等的总和。例如，有学者认为，价值观是人们从自身需要出发而确立的关于价值追求、价值目标和价值标准、价值选择的观念。[①] 有研究者认为价值观是"在长期价值活动中形成的某类事物的价值信念、价值目标、价值标准、一般价值规范的稳定的思维模式"[②]。"价值观"作为一种价值系统，其形成过程具有长期性，形成以后具有一定的稳定性。还有学者认为，"价值观念是人们关于基本价值的信念、信仰、理想等的系统"[③]。这种解释概括了价值观念特有的一般思想内容和思想形式。"价值观"有哪些特有的思想内容、思想形式？从内容方面来看，价值观是人们对何谓好与坏，何种行为是对的，何种行为是错的，以及关于什么是自己向往、追求，抑或自己反对、否定的思想、观念的总和；形式上看，价值观相对于科学、学科知识来说，更具有感性色彩，是特定的思想和精神形式。

为深刻把握价值观的内涵，学者们往往从"价值观"与"价值观念"、"价值观"与"价值意识"、"价值观"与"价值体系"等概念辨析中展开分析。

一是关于"价值观"与"价值观念"。部分学者认为"价值观"与"价值观念"尽管只有一字之差，但其是不同的两个概念，不能将二者等同起来使用。例如，有研究者指出，"价值观念"是直指人的情感、意识的人的价值意识，而"价值观"是"如同物质观、时空观、真理观一样"，是一门学说系统。[④] 部分学者承认二者的区别，但认为其在语言习惯以及事实层面存在紧密联系，故而在使用上没有做严格的区分。例如，在日常生活语境乃至学术研究语境中，有的人认为价值观就是价值观念。[⑤] 还有学者认为价值观与价值观念的区分，类似于伦理学与人的道德、宗教学与

[①] 赵馥洁：《价值的历程——中国传统价值观的历史演变》，中国社会科学出版社，2006，第7页。
[②] 王玉樑：《价值哲学新探》，陕西人民出版社，1993，第416页。
[③] 李德顺：《价值论》（第2版），中国人民大学出版社，2007，第199页。
[④] 李德顺：《价值论》（第2版），中国人民大学出版社，2007，第199页。
[⑤] 王玉樑：《当代中国价值哲学》，人民出版社，2004，第286页。

人的宗教信仰之间的差别。伦理学研究人的道德，但伦理学家并不一定都是道德家；宗教学研究宗教信仰，但宗教学家并不尽然是宗教信徒。伦理学、宗教学指的是一门学问、一种学术体系。而人的道德、人的宗教信仰是指人们在这方面的态度和表现。① 她指出，由于人们已经习惯了价值观与价值观念的二者不分，而且它们彼此之间事实上也总是有联系，所以往往直接把价值观当作价值观念来运用。② 还有部分学者从理论层面和现实层面认识二者的关系，认为从理论维度看，二者明确具有区别，但从现实实践维度看，人们往往将二者混淆运用。③

二是关于"价值观"与"价值意识"。价值意识作为人所具有的一种关于主客体关系的意识，从"人猿相揖别"的时候就萌芽了。但人们要将这些意识形成明确的思想观念（即价值观）则要经历漫长的时间。④ 由此可以看出，"价值意识"从人类最初形成的时候就开始确立，价值观是随着价值意识形成以后逐渐产生的。有学者认为，人们的价值意识，特别是价值观、价值观念对人们的价值活动有重要影响。价值问题对社会生活产生作用，很重要的就是价值意识，特别是价值观、价值观念对人们活动的激励、规范、定向、导向、调节等作用。他特别指出，在中国改革开放和社会主义市场经济建设中，价值意识特别是价值观、价值观念对社会生活的作用更为显著。⑤ 该学者多次谈及"价值意识，特别是价值观、价值观念"，从中可以看到价值意识在概念的外延上要广于价值观。关于价值观与价值意识的关系，该学者还给出了经典的解释：价值观是最高层次的价值意识，而价值观念是价值观的具体体现。在价值意识中，最重要的是价值观、价值观念。⑥ 李德顺对价值意识与价值观念的关系，也作出了精当的阐释。他指出，"价值观念作为价值意识的自觉化、理性化的发达形态，是人类内心深处这种最富有激情和动力的精神形式"⑦。由此可知，价值意

① 黄凯锋主编《当代中国价值观研究新取向》，学林出版社，2007，导言第 1—2 页。
② 黄凯锋主编《当代中国价值观研究新取向》，学林出版社，2007，导言第 2 页。
③ 马俊峰：《价值论的视野》，武汉大学出版社，2010，第 79 页。
④ 赵馥洁：《价值的历程——中国传统价值观的历史演变》，中国社会科学出版社，2006，第 1 页。
⑤ 王玉樑：《当代中国价值哲学》，人民出版社，2004，第 5 页。
⑥ 王玉樑：《价值哲学新探》，陕西人民出版社，1993，第 5 页。
⑦ 李德顺：《价值论》（第 2 版），中国人民大学出版社，2007，第 215 页。

识与价值观是包含与被包含的关系，后者是前者的发达形态，后者在前者中居于最高层次。

三是关于"价值观"与"价值体系"。"价值观"与"价值体系"是既相互区别又相互联系的两个概念。学者们普遍认为，二者是统领与被统领的关系。例如，有学者认为价值观是价值的内容，价值体系是价值观的形式。价值观是价值的实质或本质的形而上的揭示与概括，而价值体系是价值的现实性转化在层次和结构上的彰显。还有学者用了一个极为通俗形象的比喻来形容价值观与价值体系的关系，即将二者的关系比喻为一个硬币的两个面，既不能简单化地认为两个面是一回事，也不能脱离一个整体认识两个面，二者既有差异，但又是密不可分的整体。① 还有学者从"纲"与"目"的角度界定"价值体系"与"价值观念"的关系，指出"价值体系"是"价值观念"的"纲"，而"价值观念"是"价值体系"的"目"。② 此外，还有学者从稳定性维度认识二者的关系，认为价值观是内在的，具有相对稳定性；而价值体系是外在的，容易发生变化。③

（2）关于"价值观"的类型划分

研究者对"价值观"的类型，依据不同的标准进行了划分。任何价值观归根结底都是人的价值观。④ 人的价值观有正确与错误之分。任何价值观都是在特定的时代条件下形成的，形成于不同历史条件的价值观有传统与现代之别。

价值观有正确与错误之分。比如，李连科在《哲学价值论》中，谈到了价值观偏斜问题，他举了三个例子，分别是人欲横流、金钱至上，我行我素、个人第一，崇洋媚外、有失尊严。凡此种种价值观，是脱离正确认识而存在的错误价值观。关于什么是正确的价值观，他指出，正确的价值观是既唯物又辩证的价值观，是在马克思主义指导下，并与之融为一体的价值观。⑤ 有研究者指出，价值观念有正确与错误之分。只有正确的价值观念才能指导人们积极、健康地生活，而错误的价值观念只会把人引向歧

---

① 王增国：《对社会主义核心价值体系几个基本问题的审思》，《江海学刊》2009 年第 6 期。
② 李银安：《论中国特色社会主义核心价值》，《科学社会主义》2009 年第 5 期。
③ 徐艳玲：《近年来"社会主义核心价值观"研究述要》，《理论月刊》2012 年第 7 期。
④ 沈湘平：《价值观研究亟须自觉的人类学视角》，《哲学动态》2016 年第 11 期。
⑤ 李连科：《哲学价值论》，中国人民大学出版社，1991，第 257—258 页。

途。衡量一种价值观念是否科学，需要从其是否满足了主体的利益需要，是否符合客观事物发展规律，以及从历史发展大势来看是否顺势而为三方面来衡量。只有满足此三大要素的价值观才是科学的、正确的，否则就是错误的价值观。① 有研究者分析了西方价值观给中国社会生活带来的诸多负面影响。比如，以个体为本位的西方价值观，导致我国一部分人出现了"个人至上"的极端个人主义倾向；以"合理利己观"为导向的西方价值观，导致我国少数人出现了只管自己、不顾他人的极端利己主义倾向；西方价值观中的绝对自由思想，导致我国一些人出现了"主观任性"的极端自由主义倾向；西方价值观中的实用主义主张，助长了我国一部分人只看眼前利益、个人利益，不顾长远利益、整体利益的实惠主义价值取向。② 凡此种种错误价值观，暴露出了西方价值观的缺陷。

价值观有传统与现代之别。任何价值观都是在一定的时代条件下形成的。历史既是一种活动，又是一种观念。既没有不反映观念意向的社会活动，也没有脱离社会活动的历史观念。③ 脱离特定历史条件的价值观是不存在的。有学者从发生论的角度，探索价值产生的奥秘。他将不同时代条件下的价值发生区分开来，指出存在"价值的原生发生"与"价值的现代发生"两种。从价值观形成的历史条件来看，存在传统价值观与现代价值观两种。④ 传统价值观与现代价值观是相对而言的。传统价值观是现代价值观之"根"。无"根"的现代价值观必然在世界价值观激荡的洪流中无所依归。对于一个民族的发展而言，找寻并厚植传统价值观这一现代价值观之"根"，不能把传统价值观当作一种固定不变的东西，而是一方面要"传"，另一方面要"承"。每一代人都有一个借助学习而"长大成人"的过程。这种学习，就包括了继承前人流传下来的优秀价值观。然而，不同时代人的生活状况不同，时代在变化，人自然也在变化。后一代人总要根据自己的实际生活需要和条件来形成自己对人生和社会的理解，创造和添加一些新的价值观。⑤ 唯有如此，一个民族的价值观之流才能不断被注入源头活水。

---

① 熊晓红、王国银等：《价值自觉与人的价值》，人民出版社，2007，第 207 页。
② 戴茂堂、江畅：《西方价值观念与当代中国》，湖北人民出版社，1997，第 41—76 页。
③ 李从军：《价值体系的历史选择》，人民出版社，2004，第 175 页。
④ 张书琛：《探索价值产生奥秘的理论——价值发生论》，广东人民出版社，2006，第 35 页。
⑤ 马俊峰：《价值论的视野》，武汉大学出版社，2010，第 501 页。

（3）关于"价值观"的基本特征

研究者们围绕"价值观"的基本特征，展开了广泛的探讨。具有代表性的观点主要有以下几种。

一是价值观具有开放性。价值观的开放性要注重两个面向，一个是面向中外传统价值观优秀成果，从中汲取养料；另一个是面对新的社会生活实践，增加有利于社会进步的内容。[①] 有学者在对核心价值观进行分析时指出，它既有对当下社会日常价值的提炼，又有对外来文化价值共识的吸收，且其深深根植于中华优秀传统文化的价值观，"不以中华优秀传统文化作为重要源泉的核心价值观，必定是无源之水、无本之木"[②]。价值观吐故纳新的基础，是不能抛弃传统，丢掉根本，仅注重价值观的开放性而无视优秀传统文化的传承与弘扬，无异于在精神上的自我灭绝。因此，价值观所具有的开放性特征，是有思想之根、精神之源的开放。

二是价值观具有主体性。价值关系就是一种"为我而存在的关系"。这种关系不是被动的而是积极主动地建构起来的。有学者认为，"价值观念是作为主体价值意识中深层次长期积淀的关于主客体之间一类价值关系的基本观念"[③]。有研究者明确指出，价值观念是比较有自我意识的。这种价值意识不管在哪种形式中，总是包含着"我应该这样想、这样看，因此有如此这般的理由"这种成分。"应该"这样想和这样看的理由，主要还是价值，即"这样才好，才有益、有效，才能成功"。[④] 任何价值观念都是与主体的境遇、经历、思想观念密切相关的，具有该主体的相关特性。[⑤]

三是价值观具有民族性。不同的民族，由于其具体的历史文化传统和生活实践存在差异，因而形成各具特色的价值观。[⑥] 有学者认为，价值观念演变的实质是民族主体性的演变。中国的价值观念演进反映了中华民族主体性在历史上经历了一个由强到弱再由弱到强的变化过程。他分析中华

① 李连科：《哲学价值论》，中国人民大学出版社，1991，第 258—259 页。
② 涂成林：《优秀传统文化：价值之源、民族之根和安全之本》，《光明日报》2017 年 5 月 8 日。
③ 裴学进：《自发与自觉：主导价值观转化为主流价值观的两种方式》，《马克思主义研究》2016 年第 10 期。
④ 李德顺：《价值论》（第 2 版），中国人民大学出版社，2007，第 199 页。
⑤ 李德顺：《价值论》（第 2 版），中国人民大学出版社，2007，第 216 页。
⑥ 熊晓红、王国银等：《价值自觉与人的价值》，人民出版社，2007，第 207 页。

民族在宋朝以前是强化过程，宋朝以后是弱化过程，辛亥革命以后是民族主体性的振兴过程。在他看来，中华民族不同于西方社会痴迷于宗教的彼岸世界，也不执着于物的价值。中华民族在价值观演变历程上每一个环节，都可视为对人的价值的某一个侧面的认定和弘扬。① 有学者更为明确地指出，价值观是一个民族文化的核心，"一个民族能够生存下去，从文化价值观的角度看，乃是以内在于一个民族的价值观的稳定性为基础的"。②

四是价值观具有多元性。价值的本性决定了价值观的基本特性。价值观的多元性来自价值的多元性。有研究者认为，不同的历史境遇、历史阶段，不同的国度、民族、社会地位、教育文化程度、需要愿景等都决定了价值诉求的不同，价值观念必然呈现多元化。③ 还有学者认为从终极目标看，价值观有一元性，但从具体现实实际看，不同的境遇、不同的诉求价值观念也不同。④ 还有学者对价值多元性有独到的解释，指出价值的这一特性是世界无限多样性中的一种特殊情况。多元性就是指那种根本性、根据性、实质性的变化。⑤ 价值观所具有的多元性特征启示我们，一方面要面对并认清多元化的现实，另一方面要勇于并善于坚持自我的主体性。

五是核心价值观具有相对稳定性。学者们普遍认为价值观随着社会历史条件的变化，也会随之变迁，但是其中的精髓部分具有相对稳定性。有学者认为，价值观具有随社会历史条件而变化的特性，因而其不是一成不变的。但他同时指出，核心价值观是核心价值的精髓，是价值变迁的历史沉淀，因而其具有相对稳定性。⑥ 有学者认为价值观是一个由"内核"和"外围"价值观念构成的整体。"内核"价值观念反映着价值观的总体特征和趋势，支配"外围"价值观念的发展演变。相较于"外围"价值观念，

① 赵馥洁：《价值的历程——中国传统价值观的历史演变》，中国社会科学出版社，2006，第1页。

② 王云霞：《传统价值观实现"创造性转化"的唯物史观原理》，《马克思主义理论学科研究》2018年第1期。

③ 马俊峰：《近年来价值观念研究综述》，《哲学动态》1998年第7期。

④ 万俊人：《论价值一元论与价值多元论》，《哲学研究》1990年第2期。

⑤ 李德顺：《价值论》（第2版），中国人民大学出版社，2007，第219—220页。

⑥ 方旭光：《认同的价值与价值的认同——社会主义核心价值观论》，中国社会科学出版社，2014，第1—2页。

"内核"部分更加稳定持久。① 还有学者明确指出，核心价值观在社会发展过程中起统领、支配作用，"是一种社会制度、社会形态长期普遍遵循、相对稳定的根本价值准则"。②

（三）文献简评

从总体上看，国内外学界关于"中国式现代化"与"价值观"问题的研究取得了一系列富有独创性、启发性的研究成果，形成了一定的理论共识，同时尚存在需要进一步探讨的问题，这为未来的研究留下了一定空间。

1. 研究取得的成绩

国内外学界对"中国式现代化"与"价值观"进行了较为深入、细致的理论阐释。概而述之，研究取得的成绩可归结为拓展了"五度"：加强学理研究，加大了研究力度；聚焦核心要义，增强了研究精度；强化问题意识，扩大了研究广度；突出比较视野，拓宽了研究角度；强调历史分期，拓展了研究深度。

一是加强学理研究，加大了研究力度。对"中国式现代化"与"价值观"的学理性研究有利于加大相关问题的研究力度。比如，为厘清"价值观"的内涵，研究者从评价性的维度、规范性的维度、历史个体性的维度发表了各自的看法，探究了其与"价值观念""价值意识""价值体系"等概念的内在关联。学者们在学理研究上持续用力，加大了对"中国式现代化"与"价值观"问题的研究力度。

二是聚焦核心要义，增强了研究精度。开展学术研究贵在精准，也难在精准。开展学术研究贵在精准，源于其能准确地反映事物的真实面貌。而学术研究的开展难在精准，是因为透过事物的现象把握其本质并非易事。聚焦学术问题的核心要义，是增强学术研究精度的重要途径。学者们在对问题的研究中，注重把握其核心要义。比如，研究者们为把握"中国式现代化的核心要义"，从中国共产党的领导、社会主义的本质属性以及以"人"为核心价值导向等多个方面展开探究。中国式现代化具有鲜明的

---

① 马俊峰：《价值论的视野》，武汉大学出版社，2010，第71页。

② 戴木才：《论社会主义核心价值观与核心价值体系的辩证关系——中国特色社会主义核心价值观探索之一》，《南昌航空大学学报》（社会科学版）2011年第2期。

中国特色。党的二十大报告从人口规模、全体人民共同富裕、物质文明和精神文明相协调、人与自然和谐共生、走和平发展道路五个方面总结了中国式现代化的特征。不管从哪个层面阐发中国式现代化的中国特色，坚持党的领导、坚持社会主义、坚持以人民为中心，都是贯彻中国特色的核心要义。学者们的研究聚焦中国式现代化的核心要义，有力增强了研究的精度。

三是强化问题意识，扩大了研究广度。"中国式现代化"与"价值观"问题之所以受到研究者们的关注，源于其与现实问题紧密相连。国内外研究者开展"中国式现代化"与"价值观"问题的研究，具有鲜明的问题意识。关于"什么是中国式现代化""中国式现代化取得了哪些巨大成就""中国式现代化为什么能""中国式现代化有哪些鲜明特质""中国式现代化的中国特色有哪些""中国式现代化产生了什么样的世界影响""何谓价值观""价值观的类型该如何划分""价值观的测量要素有哪些"等问题，学者们从多方面、多层次、多维度发表了各自的看法。从问题意识出发研究"中国式现代化"与"价值观"，使我们的研究面向一个更为宽广的领域，从而极大地扩大了研究的广度。

四是突出比较视野，拓宽了研究角度。谈论一种价值观的正确与错误、传统与现代，是在比较意义上而言的。研究者们在对"价值观"的类型进行划分中，尤为突出比较视角。正确价值观是相对于错误价值观而言的，现代价值观是相对于传统价值观而言的。对"中国式现代化"进行分析，同样运用了比较视野，并且将研究角度拓宽到了国际范围。比如，分析中国式现代化的社会性质，学者们就注重从中西互鉴的视角考虑问题。再比如，关于"价值观"的类型划分，研究者们就将国别、区域作为界定标准，发表了各自的看法。学者们在关注自身问题的同时具备比较视野，且这种视野并没有局限在特定的时间与空间范围内，这极大地拓宽了问题研究的角度。

五是强调历史分期，拓展了研究深度。研究者们不仅重视从横向的维度进行国际比较，还重视从纵向的维度进行历史分期。比如，研究者们梳理了中国式现代化实践探索的历史分期。从现有学术成果来看，学者们更多的是根据中国共产党的百年奋斗史对中国式现代化的实践探索进行历史分期。但关于中国式现代化的时间起点，学者们有着不同的看法。有的认为中国式现代化起始于旧民主主义革命时期，有的认为其起始于新民主主义革命时期，有的认为其起始于新中国成立以后，还有的认为其成功开拓于1978年改革开放以后。学者们对中国式现代化不同阶段的划分，有助于从大历史观的视野把握其历史出场，从而拓展了研究的深度。

2. 研究存在的不足

国内外有关"中国式现代化"与"价值观"的研究尽管取得了较为丰富的研究成果，但仍存在不小的提升空间，具体表现在如下三个方面。

一是对价值观是一个国家和人民精神家园的认识还有待进一步拓展。学者们从不同的角度对价值观问题展开学术探讨和理论阐释，但对于价值观是一个国家和人民精神家园的认识，还存在较大的拓展空间。在全球化和文化多样化的时代条件下，各国国家和人民找寻并守卫自身的精神家园显得极为必要和迫切。各个国家和人民共有的精神家园，正是作为其灵魂与精髓的价值观。[①] 对于为什么要在全球化和文化多样化的时代条件下，寻找并守好价值观这一高居于道德和精神制高点的精神家园，有些人尚存在认识不到位的情况。现代化是由现代性规定的，而现代性离不开传统性。培育现代价值观之"树"，必须厚植其"根"。这个"根"，正是传统价值观。传统价值观的力量在于使民族精神、民族智慧得以传承、凝聚、升华，永不衰竭。现代价值观成为参天大树，需要不断从传统价值观中汲取养分。作为国家和人民精神家园的价值观，是成体系的。从这个意义上来讲，可以将价值观界定为观念的价值体系。观念的价值体系是由不同维度、不同层次的子系统构成的。在观念价值体系的结构中，价值立场具有统领性。站在不同的价值立场会设定不同的价值目标，而价值目标的设定及实现离不开特定的价值思维，不同的价值思维方式决定了遵循不同的价值路径。讲清楚不同国家和人民的价值立场、价值目标、价值思维、价值路径，有助于守好各个国家和人民共同的精神家园。从目前来看，学界在该方面的研究成果还相对缺乏。

二是对中国式现代化理论体系深层次建构还有待进一步加强。学者们在"中国式现代化"的研究上各抒己见，取得了喜人的研究成果。学者们

---

① 江畅：《论当代中国价值观构建》，《马克思主义与现实》2014年第4期。

围绕"中国式现代化"核心要义、历史进程、斐然成就、成功归因、鲜明特质、社会性质、世界影响等方面展开深入研究，已经初步构建起中国式现代化的理论体系，但对中国式现代化理论体系深层次的建构还有待进一步加强，如对于中国式现代化研究的整体性认知尚显不足。有些学者的所述观点存在重复性内容较多、学理剖析缺乏深度等问题，研究成果呈现零星而不完整、浅显而不够深入的问题。因此，从整体上看，中国式现代化的体系化建构与深层次阐释，尚存在不小的提升空间。

三是对中国式现代化蕴含的独特价值观研究还有待进一步深化。"价值观"是中国式现代化蕴含的独特"六观"之一。在阐明中国式现代化蕴含的独特价值观问题上，学者们主要围绕"中国式现代化"五个方面特征、九个方面本质要求展开论述，尽管极大地开阔了人们的研究视野，但在一定程度上存在着同质性研究成果偏高的情况。中国式现代化作为有"根"的现代化，从最为根本的意义上探究其所蕴含的独特价值观，应将研究的焦点集中于中华优秀传统价值观。中华优秀传统价值观是成体系的。对于中国式现代化的推进与拓展而言，其所蕴含的以观念形态存在的中华优秀传统价值体系可以转化为现实的价值体系。不讨论以观念形态存在的蕴含于中国式现代化中的中华优秀传统价值体系，就谈不上其转化为现实的价值体系问题。而作为观念的价值体系，中华优秀传统价值观是由价值立场、价值目标、价值思维、价值路径所构成的。然而，学界尚未有专门的研究成果，系统化地分析中国式现代化蕴含的独特传统价值立场、价值目标、价值思维以及价值路径，这是当前学术研究存在的一大不足之处。

3. 研究努力的方向

通过总结现有国内外研究成果的成绩与不足，未来有关中国式现代化与价值观的研究，应在以下三个方面着力。

一是阐发中国式现代化蕴含的独特价值观。中国式现代化是不能自发实现的，它要通过历史活动主体的实践追求来推动。"人"作为历史活动的主体，是中国式现代化的推动性力量。"人"的活动具有合目的性。"合目的性"回答"应当如何"的问题，这属于价值观的范畴。近代学者辜鸿铭曾在北京东方学社宣读自己写的一篇论文《中国人的精神》。该论文讨论的主题是"中国式的人"。他指出，"用更简洁的话来说，就是真正的中国人"。中国式的人，也即"真正的中国人"，是由独具特色的价值观规定的。① 中国式现代化的持续推进与成功拓展，亟待对其蕴含的独特价值观展开深层次的探讨。独特的价值观是一个内涵不断丰富、外延不断扩展的概念。"树高千尺有根，水流万里有源。"中国式价值观的价值内核是中华优秀传统价值观。不以中华优秀传统价值观为精神之根与思想之源的中国式价值观，必定是无源之水、无根之木。因此，未来学界努力的方向之一，是基于"价值之根""价值之源"的角度认识中国式现代化蕴含的中华优秀传统价值观。

二是增强中国式现代化中的传统价值观自信。习近平总书记强调，"要守好中国式现代化的本和源、根和魂……确保中国式现代化的正确方向"②。中国式现代化根植于中华优秀传统价值观之中。中华优秀传统价值观是中国式现代化的"本"和"源"。能不能在不同价值观的交流、碰撞与融合中，守好中国式现代化的"本"和"源"，确保中国式现代化沿着正确的方向持续推进，取决于我们能否在中国式现代化蕴含的传统价值观研究中，保持一种学术研究的主动与自觉。有鉴于此，未来研究的努力方向之一，是在古与今、中与西的价值观对话中，增强中国式现代化中的传统价值观自信。而有效开展此项研究，需要对中华优秀传统价值观、西方价值观、现代价值观等有相当程度的了解。增强中国式现代化中的传统价值观自信，绝不是一种盲目的传统价值观自大。任何价值观无不站在一定的价值立场、怀有一定的价值目标、秉持一定的价值思维、遵循一定的价值路径。就此而言，为增强中国式现代化中的中华优秀传统价值观自信，有必要从中国式现代化蕴含的独特传统价值立场、价值目标、价值思维以及价值路径等几个方面着力。

三是探究基于中国式现代化的中国式现代性。中国式现代化作为一种有别于西方现代化的新型现代化，是由其具有区别于西方现代性的新现代性规定的。中国式现代性之"新"，不仅体现在地理位置上，还体现在对

---

① 辜鸿铭：《中国人的精神》，李晨曦译，译林出版社，2017，第10页。

② 《习近平在学习贯彻党的二十大精神研讨班开班式上发表重要讲话》，中央政府门户网站，2023年2月7日，https://www.gov.cn/xinwen/2023-02/07/content_5740520.htm。

西方现代性进行的批判性反思。批判反思西方现代性的目的在于，既享有现代化发展成果，又避免西方现代化的负面效应侵袭。从现实的现代化进程来看，中国式现代化已经成为世界经济社会发展的重要引擎，展现了中国式现代性的积极维度。中国式现代性作为中国式现代化的一种现实效应，是一种实践意识。随着中国式现代化建设实践的不断展开，对中国式现代性的认识也应该逐渐深化。探究基于中国式现代化的新现代性，既是学术研究的一个重要生长点，也是未来研究应努力的一个方向。

三 基本概念界定

本研究涉及的核心概念主要有"现代化""现代性""中国式现代化""中国式现代化新道路""价值观""中国式现代化蕴含的独特价值观"等。厘清这些基本概念，是进一步开展研究的基础。

（一）现代化

"现代化"肇始于18世纪的欧洲，距今已经有200余年的历史。从世界范围来看，现代化在人口规模、经济发展、城市化（城镇化）、受教育程度等方面有着一些共同的指向和公认的指标。但在不同的历史时期，各个国家和地区在现代化道路的选择上、在现代化目标的确定上存在一定的区别。研究现代化问题，应认识到其是共性与个性的统一。现代化作为人类寻求自我进步的一种重要方式①，绝不是抽象的。具体的现代化可以依据不同的标准进行划分。依据社会制度不同的标准，现代化存在资本主义现代化与社会主义现代化之分；依据地域不同的标准，现代化可划分为欧美等西方发达国家的现代化和中国等发展中国家的现代化；依据社会领域的角度进行划分，有工业现代化、农业现代化、国防现代化以及科学技术的现代化；依据现代化起步时间的不同，有先发型现代化与后发追赶型现代化；等等。不管依据何种标准进行界定，现代化既是历史发生的过程，也是现实进行的运动，还是未来发展的趋势。

（二）现代性

研究现代化的问题，必须高度重视现代性。在人类社会发展的过程

---

① 邱耕田：《辩证把握中国式现代化道路的意涵》，《光明日报》2022年5月23日。

中，现代化是表现形式，而现代性是内容。现代化是由现代性决定的。重视现代化问题的研究，应该深刻反思现代性。"现代性"是一个复杂而充满歧义的概念。现代性（modernity）与现代（modern）存在着紧密的内在关联。彭富春认为："现代只是历史的时代划界，而现代性则是历史性的时间划分。现代性是使现代作为现代成为可能的本性。"① 现代性可以看作现代内在的精神本质。现代性在精神本质上与"时间的意识"密不可分。这种时间，既不是带有回归性质的循环性时间（如"三统"更替②、"五德"循环③），也不是带有退步性的时间（如儒家的"复三代"理想④、基督教的"原罪"说⑤），它是一种不断向前的、不可逆的线性时间，不断向更高的阶段发展。

万俊人认为现代性既可以表征一种现代"新"的社会文明递嬗状态，也可以代表一种关乎人类社会发展的价值判断和社会态度，还可以成为基于上述两个方面的分析判断而形成的一种关乎人类社会发展的心理——文化意义上的价值取向。万俊人明确将最后一种价值取向，称为"现代性心态"。⑥ 批判西方现代化的西方性，实则是批判与人类发展进步不相适应的现代性。中国式现代化的展开过程，是彰显"中国现代性"、重建"世界现代性"的过程。

（三）中国式现代化

习近平总书记在党的二十大报告中指出："中国式现代化，是中国共产党领导的社会主义现代化，既有各国现代化的共同特征，更有基于自己

---

① 彭富春：《中国现代性问题》，《厦门大学学报》（哲学社会科学版）2000 年第 2 期。

② "三统"更替即西汉思想家董仲舒提出的学说，指的是"黑统""百统""赤统"是一种相互替代的关系。

③ "五德"循环即中国古人强调的"五德终始"说。"五德"指的是"金""木""水""火""土"，"五德"之间存在一种相生相克的循环性关系，意味着任何时间内的关系都只能在"五德"内部循环。

④ "复三代"理想即儒家的理想是回复到夏、商、周三代，意味着后代的统治者只能学习"三代"而不能超越。

⑤ "原罪"说即基督教认为上帝为人类创造了天堂，而人类的祖先亚当与夏娃违背与上帝的约定，吃了分辨善恶树的果子，这种悖逆带来了罪。基督教给人们创造了一种希望，通过赎罪，再次回到彼岸世界的天堂。而这样的愿景在世俗世界中无法实现，其表现的是一种退步性的时间。

⑥ 万俊人：《中国现代性：另一种现实可能》，《中国社会科学报》2021 年 10 月 15 日。

国情的中国特色。"① 这里面有两个关键词,一个是中国共产党,另一个是社会主义现代化。实现中国式现代化,必须坚持中国共产党的领导。由中国共产党领导的中国式现代化,是一种有别于西方资本主义现代化的社会主义现代化。党的领导为中国式现代化提供了独特的政治保障。党的领导确保了社会主义现代化方向不偏、动力不减、目标不变。② 习近平总书记在党的二十大报告中,从五个方面阐释了中国式现代化的中国特色,其呈现出有别于西方现代化的不同之处。较之于西方国家人口体量相对较小的现代化,中国式现代化呈现出人口规模巨大的中国特色;较之于西方两极分化的现代化,中国式现代化呈现出全体人民共同富裕的中国特色;较之于西方物质主义膨胀的现代化,中国式现代化呈现出物质文明和精神文明相协调的中国特色;较之于西方受人类中心主义生态价值观支配的现代化,中国式现代化呈现出人与自然和谐共生的中国特色;较之于西方对外扩张掠夺的现代化,中国式现代化呈现出走和平发展道路的中国特色。

(四) 中国式现代化新道路

"中国式现代化新道路"是中国人民在中国共产党领导下,在坚持和发展中国特色社会主义的基础上,经过长时期努力而创造出的一条有别于资本主义现代化发展的新路。中国式现代化道路与中国式现代化尽管只有两个字的差别,但二者是两个不同的概念。习近平总书记在庆祝中国共产党成立 100 周年大会上指出:"我们坚持和发展中国特色社会主义,推动物质文明、政治文明、精神文明、社会文明、生态文明协调发展,创造了中国式现代化新道路,创造了人类文明新形态。"③ 在这里特别值得注意的是,习近平总书记在讲话中提到,坚持和发展中国特色社会主义,创造的是"中国式现代化新道路",而不是"中国式现代化"。"中国式现代化新

---

① 习近平:《高举中国特色社会主义伟大旗帜 为全面建设社会主义现代化国家而团结奋斗——在中国共产党第二十次全国代表大会上的报告》,人民出版社,2022,第 22 页。
② 董德福、齐培全:《论中国式现代化道路的独特性与超越性》,《思想教育研究》2022 年第 4 期。
③ 习近平:《在庆祝中国共产党成立 100 周年大会上的讲话》,人民出版社,2021,第 13—14 页。

道路"被创造出来以后，距离实现中国式现代化还有相当长的距离。习近平总书记在党的二十大报告中提出了"两步走"的战略安排，第一步是从 2020 年到 2035 年基本实现社会主义现代化；第二步是从 2035 年到本世纪中叶，把我国建成富强民主文明和谐美丽的社会主义现代化强国。要如期实现这两个战略目标，必须矢志不移走中国式现代化新道路。

（五）价值观

所谓"价值观"，指的是评价主体依据一定的标准，对事物的价值进行评价。价值观由"价值"和"观"组成。"价值"指的是事物拥有的功能、作用或者功效。"观"指的是对事物进行的评价。价值主体对事物是否拥有功能、作用或者功效以及拥有什么样的功能、作用或者功效进行评价，需要依据一定的价值准则。离开一定的价值准则，则无法作出相应的价值评价。价值评价标准既有相对标准，也有绝对标准。当价值主体评价某一事物为"对""是""好""善"时，其相应地也有关于"错""非""坏""恶"的评价尺度，反之亦然。"对"与"错"、"是"与"非"、"好"与"坏"、"善"与"恶"等，均是相对而言的。价值评价既有相对标准，也有绝对标准。但即便是价值评价的绝对标准，也必须有一定的参照物。参照物不同，价值评价结果也会不同。每个评价主体都有自己不同的价值评价标准，但当具有共识性的价值评价标准确定后，人们就拥有了评价事物的绝对标准。"价值观"如果用公式来表示，就等于价值加上标准再加上评价。主体对价值进行评价，涉及价值的选择、取舍问题。所谓"取"，就是得到、占有；所谓"舍"，就是抛掉、舍弃。比如，拥有求"真"思想的价值评价主体，会与"假"保持距离；拥有求"善"思想的价值评价主体，会与"恶"保持距离；拥有求"美"思想的价值评价主体，会与"丑"保持距离。而评价主体所站的价值立场不同，会对价值目标的设定产生影响。价值目标不同，价值思维方式也会在不同程度上存在差异性。价值思维方式不同，又会影响价值主体按照不同的价值路径思考或行事。因此，"价值观"是价值目标、价值思维以及价值路径等的有机统一。

（六）中国式现代化蕴含的独特价值观

"中国式现代化蕴含的独特价值观"这一命题是由习近平总书记 2023

年 2 月 7 日在学习贯彻党的二十大精神研讨班开班式上提出的。"中国式现代化蕴含的独特价值观"是"四位一体"的,其包括如下几个方面。

一是中华优秀传统价值观。中华优秀传统价值观是中华民族在数千年的生产生活中积淀而成的智慧结晶,其塑造了中华民族独特的精神气质和精神品格。特别需要引起我们重视的是,塑造中华民族独特精神气质和精神品格的,绝不是落后的中华传统价值观,而必然是中华优秀传统价值观。对于怎样判别中华传统价值观哪些部分是优秀的,一般有四条判定标准:一是跨越时空,二是超越国度,三是富有永恒魅力,四是具有当代价值。习近平总书记指出:"研究阐释中华文明讲仁爱、重民本、守诚信、崇正义、尚和合、求大同的精神特质和发展形态,阐明中国道路的深厚文化底蕴。"①"讲仁爱""重民本""守诚信""崇正义""尚和合""求大同",均符合陈来有关中华优秀传统价值观的判定标准。中国式现代化不是一般意义上的现代化,而是"中国式"的。中华优秀传统价值观是中国式现代化价值观的文化基因,是理解中国式现代化中国特色的关键所在。本研究主要围绕习近平总书记总结出的六条中华优秀传统价值观,阐明中国式现代化的独特价值意蕴。但由于中华优秀传统价值观极为丰富,因而并不局限于对中国式现代化蕴含的仁爱、民本、诚信、正义、和合、大同价值观进行分析。此外,本研究集中探讨了中国式现代化蕴含的"天下均平""天下太平""天下一家"的传统价值目标、"自强不息""持中贵和""天人合一"的传统价值思维、"实行王道""反对霸道""践行仁道"的传统价值路径。凡此种种传统价值智慧,其本身就是优秀的中华传统价值观,因此在语言表达上,在论及以上价值智慧时使用的是"传统价值观",没有再突出"优秀"二字。

二是科学社会主义价值观主张。科学社会主义价值观主张是科学社会主义基本原则的价值理念化。马克思和恩格斯研究了资本主义社会发展的特殊规律,解释了人类社会发展的一般规律,得出资本主义必然被社会主义取代的科学社会主义论断。建立生产资料公有制,努力实现人的自由而全面发展的新社会,是代表人类发展理想的崇高价值追求。中国式现代化

---

① 习近平:《把中国文明历史研究引向深入增强历史自觉坚定文化自信》,《求是》2022 年第 14 期。

价值观是科学社会主义价值观主张在中国特色社会主义现代化实践中的运用与发展。

三是社会主义核心价值观。党的十八大从国家、社会以及公民个人三个层面，提出了社会主义核心价值观。国家层面的价值目标是富强、民主、文明、和谐；社会层面的价值取向是自由、平等、公正、法治；公民个人层面的价值准则是爱国、敬业、诚信、友善。习近平总书记指出："把涉及国家、社会、公民的价值要求融为一体，既体现了社会主义本质要求，继承了中华优秀传统文化，也吸收了世界文明有益成果，体现了时代精神。"① 社会主义核心价值观的提出，展示了中国人高度的价值自信和价值自觉，其为中国式现代化提供了价值指引。

四是全人类共同价值。中国式现代化不仅是造福中国人民的现代化，还是造福世界人民的现代化。实现中国式现代化，需要恪守反映全人类根本利益的价值观。习近平总书记指出："任何国家追求现代化，都应该秉持团结合作、共同发展的理念，走共建共享共赢之路。"② 他诠释了人类实现现代化，需要恪守全人类共同价值。全人类共同价值是为全世界人民共同认可的价值观，其由六个词淬炼而成，分别是和平、发展、公平、正义、民主、自由。在新时代新征程推进中国式现代化，必须始终弘扬全人类共同价值。

四　研究方法和研究思路

马克思指出："不仅探讨的结果应当是合乎真理的，而且得出结果的途径也应当是合乎真理的。"③ 研究工作的有效展开，离不开科学的研究方法。研究思路在运用科学研究方法的基础上，将研究内容的整体逻辑框架予以展现。认识并掌握研究方法和研究思路，是本研究得以顺利展开的重要前提。

① 《习近平谈治国理政》，外文出版社，2014，第169页。
② 习近平：《携手同行现代化之路——在中国共产党与世界政党高层对话会上的主旨讲话》，人民出版社，2023，第4页。
③ 《马克思恩格斯全集》第1卷，人民出版社，1995，第112—113页。

（一）研究方法

本研究在哲学方法论层面，以辩证唯物主义和历史唯物主义为根本研究方法，以哲学、文化学、社会学、心理学、政治学、思想政治教育学等多个学科理论为支撑，具体采用的研究方法有比较研究法、逻辑分析法以及交叉研究法。

1. 比较研究法

比较研究是课题开展所使用的一种重要方法。该研究方法重在通过横向维度的国际比较与纵向维度的历史比较，以突出问题研究的特性。中国式现代化具有鲜明的中国特色。"中国式"是相对于其他国家或地区而言的。本研究在阐发中国式现代化"中国特色"的过程中，注重与西方现代化相比较。从性质上看，中国式现代化是社会主义现代化，而西方现代化是资本主义现代化。对比中国式现代化与西方现代化，可以发现社会主义现代化比之资本主义现代化更具有制度优势。中国式现代化是一种新型现代化。新型现代化是由新现代性所规定的。研究现代化问题，不能脱离对现代性的反思。批判西方现代化，实则是在反思与人类发展进步不相适应的西方现代性。中国式现代化是中国人民在中国共产党领导下，充分吸收、合理借鉴中华传统价值资源而自主探索出来的。中国新现代性的形成不是偶然的，而是受到中华优秀传统价值观长期且深层次浸润的结果。辨明中国式现代化的"中国特色"，应着重理解中国式现代化蕴含的中华优秀传统价值立场、价值目标、价值思维及价值路径等，这是理解中国新现代性之"新"的关键。比较中国式社会主义的现代化与西方式资本主义的现代化，对比中国新现代性与西方现代性，并不是要绝对否定西方式资本主义的现代化以及西方现代性，而是要以扬弃的态度去认识。比如，在对待资本的问题上，中国式现代化强调以人民为中心、反对以资本为中心，但绝不是不要资本，而是通过对比分析资本主义现代化历程中资本的野蛮生长与无序扩张带来的现代性之困，强调中国现代化建设要合理利用资本、积极规范资本。此外，本研究还注重对比中国现代化建设不同历史时期的经验与教训，以期为探寻中国现代性进路提供有益启示。

2. 逻辑分析法

所谓"逻辑分析法"，指的是以增强论证严谨性与科学性为目的而采取的一种研究方法。本研究运用该方法主要体现在以下两个方面。

　　一是在研究的框架结构上，中国式现代化蕴含的中华优秀传统价值观是由中华优秀传统价值立场、价值目标、价值思维及价值路径构成的有机统一整体，其在逻辑上呈现出层层紧扣的关系。价值观是成体系的，因而也可以说是成观念的价值体系。观念的价值体系由传统价值立场、价值目标、价值思维及价值路径等要素构成。世界上不存在没有价值立场的价值目标。站在不同的价值立场，会形成不同的价值目标、价值思维。价值目标有别、价值思维各异，决定了价值路径的探求也会呈现出差异性。

　　开展中国式现代化蕴含的中华优秀传统价值观研究，首先要阐明中国式现代化蕴含独特的中华优秀传统价值立场。认清中国式现代化蕴含独特的中华优秀传统价值立场，是后续研究工作开展的基础，中国式现代化蕴含独特的中华优秀传统价值目标是在特定价值立场、价值思维的影响下形成的；要理解中华优秀传统价值目标，还需要深刻分析中华优秀传统价值思维；在准确把握中华优秀传统价值立场、价值目标、价值思维基础上才能准确把握中华优秀传统价值路径。因此，本研究使用逻辑分析法，在研究框架的结构设计上，注重各部分章节内容的逻辑衔接关系。

　　二是运用马克思主义矛盾观辩证分析中华传统价值观、中国式现代化等命题。比如，在认识中华传统价值观上，采用了辩证二分的方法，既认识到中华传统价值观存在的精华，也看到其存在的糟粕，提出既不能对中华传统价值观绝对肯定、不加鉴别地予以继承，也不能绝对否定中华传统价值观，认为其在现代社会统统是落后、保守、腐朽的东西而全盘否定。要使中华传统价值观对实现中国式现代化、建构中国现代性发挥积极作用，必须对之进行创造性转化与创新性发展。在认识中国式现代化方面，基于矛盾属性的维度将之视为普遍性与特殊性、基于实践机制的维度将之视为现代化"化"中国与中国"化"现代化的统一。中国式现代化是"中国人自己探索出来的现代化"而非"别人探索出来的现代化"。独特的历史、文化与国情，决定了中国式现代化的特殊性，中国式现代化是世界现代化的有机组成部分，其既具有本国的特殊性，也具有世界各国现代化建设的普遍性，需要遵循现代化建设的一般规律。中国式现代化的普遍性与特殊性不仅相互包含而且相互转化，其表现为现代化"化"中国与中国"化"

现代化双向互动的实践过程。本研究的开展注重阐明中国式现代化普遍性与特殊性、现代化"化"中国与中国"化"现代化的辩证逻辑关系。

3. 交叉研究法

"交叉研究法"也称为跨学科研究法，指的是运用多学科交叉的方法展开综合性的分析与研究。中国式现代化蕴含的中华优秀传统价值观研究涉及人文社会科学各领域的相互交织、相互阐释，使得关于中国式现代化与中华优秀传统价值观内在关联的阐释呈现出跨学科的特征，它与哲学、心理学、社会学、历史学、文化学、思想政治教育学等学科内在地通连在一起。现代化作为人类活动的存在方式，其与价值观相关联，必然涉及人类存在状态的形而上学建构，因此，中国式现代化蕴含的中华优秀传统价值观研究必然涉及哲学。现代化是"一个类似于自然发展的历史过程"[①]，但这一过程是有主体参与的。现代化的实现过程，也是主体心理需要不断得到满足的过程。剖析中国式现代化蕴含的中华优秀传统价值观，有助于阐明主体心理需得以产生的价值根源。故而，心理学成为本研究的重要学科领域。中国式现代化是人的现代化。实现中国式现代化的过程，也是人的本质力量展开的过程。人的本质力量的展开是在一定的社会历史文化环境中进行的，这就涉及社会学、历史学、文化学等方面的研究。现代化表现是由现代性彰显出来的。现代性从一开始，就具有积极与消极两副面孔。无论是对规定、表现西方现代化的西方现代性进行反思，还是对规定、表现中国式现代化的中国现代性进行认识，均需要借助社会学的相关知识。现代化是一个历史性范畴，中国现代化历史进程中存在的价值冲突，其中不乏中华传统价值观的因素，这需要借助历史学的学科知识进行研究。中华优秀传统价值观是中华优秀传统文化的重要组成部分，本研究的开展离不开文化学的相关知识。中国式现代化蕴含独特的中华优秀传统价值立场、价值目标、价值思维及价值路径研究的渐次展开，其目的是多方面的，集中表现在于促使人成为自身需要的主体而非沦为自身欲望的客体，表现在对仍处于塑造与生成过程中的"中国现代性"展开思考等。凡此种种问题，皆属于思想政治教育学关注的论域。借助诸方法的有机结

---

① 文翔：《马克思实践哲学的源流及重构思路》，人民出版社，2016，第169页。

合，能够促进跨学科的研究，进而全方位地把握中国式现代化蕴含的中华优秀传统价值观。

（二）研究思路

本研究由导论、五章正文及结论构成，可归纳为四个部分。第一部分是导论，从中国式现代化蕴含的独特价值观引出问题，重点介绍本研究的缘起和意义，研究现状和研究总结，基本概念界定，研究方法和研究思路，研究重难点、创新之处和主要不足。第二部分是第一章，对价值观与现代化的关系进行一般性探讨，解读中国式现代化与中华优秀传统价值观的内在关系。第三部分是第二、第三、第四、第五章，系统剖析中国式现代化蕴含的独特传统价值观。此四章的逻辑思路是先介绍中华优秀传统价值立场、价值目标、价值思维以及价值路径，再基于科学社会主义价值观主张分析社会主义及现代化建设中的价值立场、价值目标、价值思维以及价值路径，最后再将中国式现代化与中华优秀传统价值观联结，剖析价值立场、价值目标、价值思维以及价值路径方面中国式现代化对中华优秀传统价值观的传承与超越。这样的分析框架意在阐明独特的中华优秀传统价值观使中国式现代化走出了一条有别于他国现代化的发展之路。最后一部分是结论，落脚于中国式现代化蕴含的传统价值观研究目的探讨，旨在体现三大特性，即"体现优越性""突出超越性""彰显主动性"。

五　研究重难点、创新之处和主要不足

本研究拟突破的重点主要有挖掘中国式现代化蕴含的中华优秀传统价值资源、厘清中国式现代化与中华优秀传统价值观的内在统一性、阐发适合人类社会发展的"新现代性"；本研究拟突破的难点集中表现在推动中华优秀传统价值资源实现现代化转型、认识中国式现代化与中华优秀传统价值观有机统一关系、立足中华优秀传统价值观厘清并确认中国现代性。本研究力求在选题、视角以及具体观点上有所创新。对中华优秀传统价值观资源的挖掘还有待进一步深化、对中国式现代化的价值意蕴在认识上还有待进一步提升、对中国式现代化的"新现代性"在理解上还有待进一步升华，是本研究主要存在的不足之处。

（一）研究重难点

1. 研究重点

一是挖掘中国式现代化蕴含的中华优秀传统价值资源。中国式现代化蕴含着独特的价值观，而中华优秀传统价值观在中国式现代化蕴含的独特价值观体系中具有根源性。研究中国式现代化蕴含的中华优秀传统价值观，其目的在于促使中华优秀传统价值观更好地服务于中国式现代化的推进与拓展。要达此目的，基础是从知识层面掌握中国式现代化蕴含什么样的中华优秀传统价值立场、价值目标、价值思维及价值路径。挖掘中国式现代化蕴含什么样的中华优秀传统价值资源，并不是要简单地回归传统，而是要实现中国式现代化的时代精神与中华优秀传统价值思想相得益彰，生长出适应中国式现代化推进与拓展的新芽。中华传统价值资源有精华与糟粕之分、有优秀与落后之别，为此需要对之进行选择、甄别，结合实现中国式现代化的要求进行创造性转化与创新性发展。挖掘中国式现代化蕴含的中华优秀传统价值资源，对于做好进一步研究工作是基础性的，因此其是本研究的一大重点。

二是厘清中国式现代化与中华优秀传统价值观的内在统一性。中国式现代化与中华优秀传统价值观具有内在统一性，二者统一于中国特色社会主义的伟大实践。中国式现代化之所以能够在中国共产党的领导下被探索出来，一个重要的原因在于有独特价值观的引领，其中就包括了源远流长、博大精深的中华优秀传统价值观。中国式现代化之所以异质于西方现代化，就源于中华优秀传统价值立场、价值目标、价值思维及价值路径与西方具有不尽相同的价值旨趣。中国式现代化既蕴含着中华优秀传统价值观，又以中华优秀传统价值观为引领。中国式现代化可视为中华优秀传统价值观具体的实践样态。中华优秀传统价值观以中国式现代化为载体，内蕴着中国式现代化的精神内核与观念表达。只有在充分把握中华优秀传统价值观的基础上，才能洞悉中国式现代化的性质及其发展方向。而唯有立足中国式现代化不断开拓的伟大实践，才能深刻理解中华优秀传统价值观的精神实质及目标追求。因此，厘清中国式现代化与中华优秀传统价值观的内在统一性，是本研究的重点所在。

三是阐发适合人类社会发展的"新现代性"。中国式现代化是一种有别于西方现代化的新型现代化。新型现代化是由新现代性所规定的。中国式现代化所具有的独特现代性，是与西方现代性相比较而言的。现代化是各国谋求发展的大势所趋。实现现代化，是不以人的主观意志为转移的客观历史进程。但实现什么样的现代化，则是可以自主选择的。现代化是由现代性所规定、表现出来的。西方面临的现代化之困，究其根源在于未能纠治现代性之弊。"现代性"既是一个开放性的概念，也是一个建构性的概念。任何国家都有权利对之作出定义与解释，没有哪个国家可以垄断"现代性"的定义权与解释权。[①]党的二十大报告中提出了中国式现代化五个方面的特征，是我国根据自身现代化建设的实践经验，提出的与人类社会发展相适应的"新现代性"。"新现代性"是与西方现代性相比较而言的。中国式现代化五个方面的重要特征，是"新现代性"应该生成的内容。不对纠治西方现代性之弊、摆脱西方现代化之困的"新现代性"特别是中国式现代化五个方面的重要特征作出解释，就难以深刻领悟中国式现代化的重要性。有鉴于此，阐发适合人类社会发展的"新现代性"是本研究的一大重点。

2. 研究难点

一是推动中华优秀传统价值资源实现现代化转型。本研究的重点在于挖掘中国式现代化蕴含的独特中华优秀传统价值立场、价值目标、价值思维及价值路径，而难点在于如何推动中华优秀传统价值资源实现现代化转型。这一工作的开展，需要处理好"古"与"今"、"中"与"外"的关系。中华优秀传统价值资源形成于传统农业社会，过去没有、现在也不能简单地把中国带进现代化。开展中国式现代化蕴含的中华优秀传统价值观研究的目的，在于更有力地推动中国现代化的历史进程。而这就要求处理好中华优秀传统价值资源与中国特色社会主义现代化实践进展的关系，探索出把中华优秀传统价值资源加以现代化的可行路径。

世界现代化历史进程是由西方发达国家开启的。在长达200余年的历史演进过程中，西方发达国家在现代化建设方面积累了不少宝贵的经验，但也存在明显的不足。中国在世界现代化历史进程中，是后发追赶型国

---

① 万俊人：《中国现代性：另一种现实可能》，《中国社会科学报》2021年10月15日。

家。后发追赶型国家既要学习具有先发优势的西方现代化国家的成功经验，又要直面价值观差别甚至冲突的问题。中国的现代化进程，要在与西方现代化的对话中展开。中国式现代化与西方现代化存在的价值观差异和张力冲突，是无法回避的问题。在某种意义上甚至可以说，这是中国式现代化蕴含的中华优秀传统价值观研究最难的问题。在课题研究中，唯有处理好"古"与"今"、"中"与"西"的关系，中华优秀传统价值资源才能真正实现现代化转型。

二是认识中国式现代化与中华优秀传统价值观有机统一关系。实现中国式现代化，是一项前无古人的开创性事业。习近平总书记在学习贯彻党的二十大精神研讨班开班式上指出，"要守好中国式现代化的本和源、根和魂"①。中国式现代化并非一般意义上的社会主义现代化，而是"中国式"的。中国式现代化是在中华文化环境中形成和发展起来的，是由一定的中华优秀传统价值观培养塑造的。中华优秀传统价值观的传承具有相对稳定性，其有些内容已经"刻入"中国人的基因、"流入"中国人的血脉，对开创前无古人的伟大事业起到引导和支撑作用。② 不忘本来才能开辟未来。如果不能继承发展中华优秀传统价值观，中国式现代化就失去了"本"，就没有了未来。

中国式现代化与中华优秀传统价值观是一体两面的关系，二者有机地联系在一起。然而，认识其有机统一关系并不容易。这一方面源于中国式现代化是一种新生事物且其不断处于运动发展之中，我们除了要总结中国式现代化是怎样成功走出来的，还要不断研究并解决中国式现代化遇到的新情况、新问题。另一方面，守好中国式现代化的中华优秀传统价值观之根，除了要对中华优秀传统价值观有深入的认识，还要对西方价值观有相当程度的了解。再一方面，认识中华优秀传统价值观与中国式现代化的有机统一，需要历史地、整体地、系统地、比较地、辩证地看待二者的关系，这并不是一个低层次的要求。

三是立足中华优秀传统价值观厘清并确认中国现代性。世界现代化进

---

① 《习近平在学习贯彻党的二十大精神研讨班开班式上发表重要讲话》，中央政府门户网站，2023年2月7日，https://www.gov.cn/xinwen/2023-02/07/content_5740520.htm。
② 董振华：《守正创新的理论逻辑和实现路径》，《人民论坛》2023年第1期。

程中，现代化表现是由"现代性"彰显出来的。现代化是表现，内隐的是现代性。西方现代化所表现出来的种种弊病，如"资本至上""两极分化""物质主义膨胀""人类中心主义""对外侵略扩张"等，是由与人类发展进步不相适应的现代性所规定、所表现出来的。习近平总书记在庆祝中国共产党成立100周年大会上的讲话中指出："我们坚持和发展中国特色社会主义，推动物质文明、政治文明、精神文明、社会文明、生态文明协调发展，创造了中国式现代化新道路，创造了人类文明新形态。"① 我国开辟出了一条有别于西方资本主义国家的现代化新路。现代化是由现代性决定的，不对现代性问题进行深入思考，就看不到中国式现代化新道路"新"在何处。立足中华传统价值观厘清并确认中国现代性，并不是一件容易的事情。从中华传统价值观本身来讲，尽管其蕴含着与社会发展进步相适应的精华，但亦不乏与社会发展进步不相适应的糟粕。对待中华传统价值观，本身就有一个认识、甄别、判断的过程。从正在生成中的中国现代性本身来讲，其正处于初生期，它"在一些方面仍未能显现其潜能、力量和特征，有些方面甚至还比较模糊、比较脆弱"②。这同样为立足中华优秀传统价值观厘清并确认中国现代性带来了不少困难。

（二）研究创新之处

1. 选题创新

随着中国现代化进程的推进，价值观问题日益引起人们的重视。中国式现代化作为一种全新的现代化类型，其蕴含的独特价值观越发受到人们的关注。价值观折射出来的是一种现实层面的价值关系和观念层面的价值认识。建立什么样的价值关系、形成什么样的价值认识对于现代化进程的推进是有利的？在现代化进程中应该反对、抵制哪些价值观？这些问题不仅关系到中国人民对美好生活的向往、关系到中国人民的切身利益，也关系到世界其他国家人民对美好生活的向往、关系到世界其他国家人民的切身利益。满足人民对美好生活的向往、维护人民的切实利益，不能停留在口头上，必须有实实在在的行动。本研究在选题上独具创新，将形成于传

---

① 《习近平谈治国理政》第4卷，外文出版社，2022，第10页。
② 万俊人：《中国现代性：另一种现实可能》，《中国社会科学报》2021年10月15日。

统社会的中华优秀传统价值观与形成于现代社会的中国式现代化相关联，是一种大胆的尝试。尽管二者均是产生于中国本土的原创性精神成果，但毕竟形成的时间、面临的环境、解答的问题有所不同，突破时间限制研究中国式现代化蕴含的中华优秀传统价值观，是本研究在选题上的一大创新。从空间范围来看，中华优秀传统价值观形成于传统社会的中国，而中国式现代化形成于新时代的中国，突破空间界限研究中国式现代化蕴含的中华优秀传统价值观，是本研究在选题上的又一大创新。也就是说，突破时空限制研究中国式现代化蕴含的中华优秀传统价值观，是本研究在选题上的创新之处。

2. 研究视角创新

从研究视角来看，本课题具有创新性。以往关于中国式现代化蕴含的中华优秀传统价值观研究主要集中在价值思想的梳理与解析上。习近平总书记指出，"中国式现代化，深深植根于中华优秀传统文化"[①]。仅仅了解中国式现代化植根于哪些中华优秀传统价值观，对于中华优秀传统价值观的传承与弘扬、中国式现代化的推进与拓展而言是远远不够的。认识中国式现代化植根于中华优秀传统价值观，除了要"知其然"，也即认识中国式现代化蕴含哪些中华优秀传统价值思想，还要"知其所以然"。要认识中国式现代化缘何蕴含中华优秀传统价值思想，还应从价值立场、价值目标、价值思维及价值路径等多个维度进行系统性分析。从研究视角来看，无论是认识中国式现代化蕴含的中华优秀传统价值思想，还是剖析中国式现代化蕴含的传统价值立场、价值目标、价值思维及价值路径，都贯彻着传统价值观自觉。习近平总书记在党的二十大报告中指出："中国人民和中华民族从近代以后的深重苦难走向伟大复兴的光明前景，从来就没有教科书，更没有现成答案。"[②] 从近代以后起步的中国现代化建设事业，没有现成的教科书可以借鉴、没有现成的答案可供参考。现代化是具有鲜明价值指向的历史进程。以中国式现代化推进从深重苦难中走出的中国人民和

---

① 《习近平在学习贯彻党的二十大精神研讨班开班式上发表重要讲话》，中央政府门户网站，2023 年 2 月 7 日，https://www.gov.cn/xinwen/2023-02/07/content_5740520.htm。

② 习近平：《高举中国特色社会主义伟大旗帜 为全面建设社会主义现代化国家而团结奋斗——在中国共产党第二十次全国代表大会上的报告》，人民出版社，2022，第 19 页。

中华民族全面实现中华民族伟大复兴，必须有高度的传统价值观自觉。对中国式现代化蕴含的中华优秀传统价值立场、价值目标、价值思维及价值路径进行系统性研究，是坚持传统价值观自觉的体现，这是本研究在视角上的一大创新之处。

3. 观点创新

本研究在借鉴以往研究成果的基础上，对相关问题进行深入思考，力求在具体观点上有所创新。例如，本研究提出"价值观积垢""价值观去垢"等概念，指出无论是西方价值观还是中华传统价值观，皆存在"积垢"的现象，均面临"去垢"的问题。分析西方价值观"积垢"的现象，并没有采取绝对否定的态度，对于在历史上起进步作用的西方价值观，予以了充分的肯定。然而，对诸如受资本钳制，为追求利益而不择手段的西方价值观，也进行了无情的鞭挞。分析西方价值观所积之垢，注重与中华优秀传统价值观相对比，借以凸显前者的不足、彰显后者的比较优势。对价值观"积垢"的分析，并没有仅仅停留在对西方价值观的关注上，对中华传统价值观存在的积垢现象，也进行了客观的分析。本研究提出价值观"去垢"是一项刻不容缓的工作，这源于优秀价值观会因"积垢"现象的存在而被遮蔽，落后价值观则会因"积垢"现象未引起足够重视而越积越厚。现代化是包含价值指向的历史过程，价值观"积垢"造成的后果很可能是优秀价值观在现代化进程中得不到充分弘扬而落后价值观则很可能对现代化进程起到阻碍作用。此外，本研究还提出在信息产生价值的时代，价值观"去垢"是一项兼具长期性与系统性的工作，不可能一劳永逸等。

（三）主要不足

一是对中华优秀传统价值观资源的挖掘还有待进一步深化。中国式现代化既遵循世界现代化的一般规律，同时具有鲜明的中国特色。中国式现代化的中国特色是基于自身独特的国情形成的。习近平总书记于 2023 年 2 月 7 日在学习贯彻党的二十大精神研讨班开班式上指出："中国式现代化，深深植根于中华优秀传统文化。"[①] 中华民族在漫长的历史长河中，形成了

[①]　《习近平在学习贯彻党的二十大精神研讨班开班式上发表重要讲话》，中央政府门户网站，2023 年 2 月 7 日，https://www.gov.cn/xinwen/2023-02/07/content_5740520.htm。

博大精深的中华优秀传统文化。独特的中华优秀传统价值观作为中华优秀传统文化的重要组成部分，本身也是一种基本国情。挖掘中国式现代化蕴含的中华优秀传统价值观资源，是一种传统价值观自觉。本研究工作的开展，对于筑牢中国式现代化的价值之"根"有着重大的现实意义。然而，中华优秀传统价值观资源的挖掘是一项长期、繁重且艰巨的事业，需要投入大量的时间与精力。挖掘中华优秀传统价值观资源的最佳途径，莫过于占有并深耕中华优秀传统典籍。为推动研究工作的开展，笔者在中华优秀传统典籍的研读上倾注了大量的心血。然而，面对浩如烟海的中华优秀传统典籍，笔者深感还有太多需要深钻细研的内容。对于已学习了的中华优秀传统典籍，在理解上仍不够深入。中华优秀传统价值观具有跨越时空的强大魅力，这种魅力在中国现代化进程的时代绽放，有待以持之以恒的毅力在中华优秀传统典籍的研习上下更大、更多的工夫。有鉴于此，中华优秀传统价值观资源尚需进一步深入挖掘，这是本研究的不足之处。

二是对中国式现代化的价值意蕴在认识上还有待进一步提升。中国式现代化既是在实践探索中不断推进的现代化，也是价值逻辑不断展开的现代化。[1] 中国式现代化是实践探索与价值探索的统一体。中国式现代化是有"本"和"源"、"根"和"魂"的现代化。中华优秀传统价值观是中国式现代化实践探索之"根"，是中国式现代化价值逻辑展开之"源"。中国式现代化是一种不断呈现必然、趋向应然的新型现代化。[2] 中国式现代化的推进与拓展，在不同的历史时期，会面临不同的现实问题。本研究在对中国式现代化实践探索中已经遇到以及将会遇到的现实问题，在认识上还有待进一步提升。中国式现代化是其所蕴含价值的外部呈现。认识中国式现代化在实践上的探索，要深入价值层面寻找答案。中国式现代化以中华优秀传统价值观为"价值脐带"。这条形成于传统社会的"价值脐带"，在现代社会仍然具有旺盛的生命力。这源于中华优秀传统价值观本身就是一个在实践中不断生成并持续发展的精神食粮。在当代中国，最伟大的实践莫过于不断推进并拓展中国式现代化。中华优秀传统价值观的创造性转化与创新性发展始终以中国式现代化的实践探索为根据。实践探索与价值

---

① 张三元：《中国价值与中国式现代化新道路》，《山东社会科学》2022 年第 9 期。
② 张三元：《中国价值与中国式现代化新道路》，《山东社会科学》2022 年第 9 期。

探索都是一个没有终点的过程。因此，认识中国式现代化的价值意蕴，必须与时偕行、不断提升。

三是对中国式现代化的"新现代性"在理解上还有待进一步升华。现代性是现代化的基本属性。[1] 分析怎样成为现代人，不能越过对现代性的思考。现代性脱胎于西方文化母体，但其内在蕴含的不可克服的矛盾（如劳动与资本的二元对立等）使其必然遭遇困境。[2] 现代性作为一种世界历史性的存在，越来越具有现实普遍性，其本身应该获得何种现实的"合理形式"是人类应关注的一大焦点。中国式现代化为人类实现现代化提供了新选择，其作为一种有别于西方现代化的新型现代化，是由其具有区别于西方现代性的新现代性规定的。规定中国式现代化的中国式现代性，并不是一个抽象的概念，而是一种实然性的存在。[3] 这种作为实然性的存在的新现代性，在本质上是社会主义的。当代中国特色社会主义现代性，无论在理论上还是在实践中均处于不断生成与完善中，其建构面临双重目标：一重是社会主义现代化的目标，另一重是包括中华优秀传统价值观在内的中华传统现代化的目标，前者需要处理的是如何在利用资本和限制资本之间寻找驾驭资本的"平衡点"[4]，后者需要处理的是怎样推动中华优秀传统价值观实现现代性转化。本研究在探索如何更好"驾驭资本"与怎样更有力推动中华优秀传统价值观实现现代性转化上，也即关系到中国式现代化"新现代性"建构的相关问题上，在理解方面还有待进一步深化。

---

[1]　付秀荣：《文化传承与当代中国文化的"新现代性"》，《学习与实践》2017 年第 7 期。
[2]　张明：《西方现代性困境与中国道路的理论前景》，《毛泽东邓小平理论研究》2016 年第 2 期。
[3]　陈胜云：《中国式现代性：基于中国式现代化的新现代性》，《中国矿业大学学报》（社会科学版）2022 年第 4 期。
[4]　陈晓斌：《现代性的辩证省思与中国现代性建构》，《宁夏社会科学》2022 年第 1 期。

第一章　中国式现代化与中华优秀传统价值观的内在关系

现代化是一个包含价值指向的历史过程。中国式现代化在什么意义上是"中国式"的？中国式现代化较之于西方现代化在价值取向上有什么独特规定？寻找中华优秀传统价值观根基是理解这些问题的重要方面。中华优秀传统价值观既有"精华"也有"糟粕"，能够为中国式现代化所用的是中华优秀传统价值观中"优秀"而非"落后"的部分。为此，有必要在"古今中西"的问题域中认识中华优秀传统价值观。习近平总书记指出："要守好中国式现代化的本和源、根和魂，毫不动摇坚持中国式现代化的中国特色。"① 中国式现代化的本和源、根和魂，很重要的一部分来自中华优秀传统价值观。产生于前现代时期的中华优秀传统价值观，具有鲜明的中国文化特色，它始终作为基因而延续，是中国文化中宝贵的价值遗产和观念资源，其对于中国式现代化的推进具有重要的借鉴和启示意义。中国式现代化蕴含的中华优秀传统价值基因，在现代化转化的过程中，吸收、融入了不少当代人类先进的价值观念。这种吸收、融入是十分重要的，其有助于中华优秀传统价值基因不断实现优化、改良，进而构建具有真正现代意义的中国式价值观。

第一节　在"古今中西"的问题域中认识中华传统价值观

现代化的核心问题不在于物的现代化，而在于人的现代化。现代化的人

---

① 《习近平在学习贯彻党的二十大精神研讨班开班式上发表重要讲话》，中央政府门户网站，2023 年 2 月 7 日，https://www.gov.cn/xinwen/2023-02/07/content_5740520.htm。

要具有真正现代意义的价值观。现代价值观建构在"古今中西"问题域中显得十分复杂。我们有必要在"中"与"西"、"古"与"今"的问题域中认识中华传统价值观,在"古今中西"的对话中构建中国式现代化价值观。

一 在中西问题域中比照中华传统价值观与西方价值观

现代化肇始于西方,现代价值观亦脱胎于西方文化传统。西方现代价值观经过理性化论证以及资本主义扩张而具有普遍性向度。[①] 然而,在以物的逻辑为主导的西方现代价值观影响下,现代化运动呈现出异化形式。中国式现代化作为一种有别于西方现代化的新型现代化,其具有鲜明的中国特色,蕴含着独特的中华传统价值观。在全球化时代,世界各民族文化之间的交往日益密切,各种价值观的碰撞与融合也愈加频繁。[②] 胡文仲认为:"价值观和传统看法是文化的核心,不剖析这个核心,就无法真正理解这种行为。"[③] 中华传统价值观是中华传统文化的核心,凝结着卓越的价值智慧。各个国家走向现代化的过程,也是对价值观进行自我反省和重新设定的过程。从中西价值比照的角度进行分析,可以为中华传统价值观的现代转型以及中国式现代化价值观的塑造提供双向参照坐标。

西方现代价值观之弊表现为"轻"精神价值,"重"物质价值。在特定的社会历史条件下,站在不同的价值立场而形成的价值目标、秉持的价值思维、遵循的价值路径是存在差异的。中西方价值观在立场、目标、思维及路径等方面既存在共通性也存在差异性。对于现代化的建设而言,正确的价值观能够将人类引向光明,而错误的价值观则会将人类导向深渊。卢风认为自西方文艺复兴时期以来,人道主义价值观和功利主义伦理学,综合起来构成了资本主义价值体系,也即指引西方世界现代化的理念体系。他指出,积淀于现代西方文化中的价值观是人道主义与功利主义的结合。对于人道主义与功利主义之于西方现代化建设的历史性贡献,卢风予以了充分肯定,他指出:"人道主义和功利主义的深入人心……刺激了资

---

① 陈晓斌:《现代性的辩证省思与中国现代性建构》,《宁夏社会科学》2022 年第 1 期。
② 胡一:《跨文化视野中的中西方价值观比较》,《中共福建省委党校学报》2012 年第 9 期。
③ 转引自肖德林《中西文化交际中价值观问题的探讨》,《山东社会科学》2005 年第 8 期。

本主义的迅猛发展。"① 然而，积淀于现代文化和公众心理的人道主义演变为人类中心主义，崇尚快乐主义的功利主义演变为消费主义、物质主义以及经济主义。在这样的价值导向下，现代西方将自己的努力聚焦于"物"的搜求与物品的制造。高度理性化的市场经济体系在表现出令人震惊的建设性的同时，也呈现出让人无比担忧的破坏性乃至毁灭性。而其破坏性与毁灭性集中体现在以生态危机为表征的种种世界性问题上。面对人类文明肌体呈现出的病症，有必要对之进行"病理学诊断"。健康的文明好似健康的人一样，不仅要身体健康还要精神健康，健康的文明不仅要有高度发达的物质文明还要有高度发达的精神文明。人类中心主义、消费主义、物质主义、经济主义等西方价值观致使西方现代文明发生"癌变"，一方面表现为物质文明高度发达并持续增长，另一方面表现为精神文明严重滞后于物质文明且呈现相对萎缩之势。西方现代文明表现出一轻一重，即"轻"精神价值而"重"物质价值。② 现代西方价值观看重物质价值本身无可厚非，但过分强调物质价值而导致物质文明和精神文明在发展上严重失衡，则是不利于现代社会实现可持续发展的。世界现代化潮流的涌动，不能只有强大物质力量而没有强大的精神力量。随着中国国际影响力的持续提升，越来越多的人希望从中华传统价值观中汲取价值智慧、寻求价值启迪。

中华优秀传统价值观有助于人们走出人类中心主义、个人主义、物质主义、享乐主义、消费主义、经济主义等所规范的现代资本主义"负性价值场"。中华传统价值观既存在精华也存在糟粕。中华传统价值观中精华的部分，积淀着中华民族深层的精神追求。而在中华传统价值观中，也不乏糟粕。有助于人们走出人类中心主义、个人主义、物质主义、享乐主义、消费主义、经济主义等"负性价值场"的中华传统价值观，特指中华传统价值观中的精华而非糟粕。在这里特别值得强调的是，无论是对中华传统价值观中的精华还是糟粕，都有必要进行深入而持久的研究。甘阳认为："有许多事情我们中国人自己习以为常，不觉得有任何独特，但在其

---

① 卢风:《现代西方价值观与人类文明的危机》,《道德与文明》1999 年第 6 期。
② 卢风:《现代西方价值观与人类文明的危机》,《道德与文明》1999 年第 6 期。

他国家的人看来则非常奇怪而难以理解。"① 中华传统价值观中的精华，不单单是中华民族的精神财富，还能够为世界提供源自中国的价值智慧。我们中国人所熟知的中华优秀传统价值观，其他国家的人囿于历史、文化、国情等因素，不一定能很好地理解。将中国式现代化蕴含的独特价值观讲清楚，我们自身对中华传统价值观中精华的部分就应当有充分的重视、有相当程度的认识。因熟知而轻视对中华优秀传统价值观的研究，非但不利于讲清楚中国式现代化蕴含的独特价值观"特"在何处，还会妨碍中华优秀传统价值观为世界贡献智慧力量。中华传统价值观有助于帮助人们走出人类中心主义、个人主义、物质主义、享乐主义、消费主义、经济主义等所规范的现代资本主义"负性价值场"。人们常常被告诫，对待中华传统价值观的正确态度是"弘扬其精华，剔除其糟粕"。可对于中华传统价值观中的糟粕是什么？其对于中国式现代化的推进有什么妨碍？接着往下讲的研究者并不多见。中华优秀传统价值观在潜移默化地对我们产生积极影响的同时，中华传统价值观中糟粕的部分以及其所产生的消极影响同样不能低估。中华传统价值观形成于我国的传统社会，而传统社会是有层级差别的。与之相对应，中华传统价值观同样是存在层次差别的。有研究者指出，中华传统价值观的层次差别体现为"大传统"与"小传统"。衡量中华传统价值观的层级差别，有三个标准：一是有没有经过思想家加工并定型，二是有没有为统治者所倡导，三是有没有成为社会主流的价值观。以此为标准，可以总结出中华传统价值观中的"大传统"特指经过了思想家的加工且定型了的、为统治阶层所提倡、居于社会主流的价值观。中华传统价值观中的"小传统"，是指未定型的、作为潜意识存在而流行于民间的价值观念。② 学界在研究中，对于中华传统价值观中的"大传统"用力颇深，而对于其中的"小传统"关注度还有待提升。无论是中华传统价值观"大传统"还是"小传统"中的精华与糟粕，我们都有必要进行持久而深入的研究。

我国古人受到天地崇拜、祖先崇拜的影响，不仅致力于改造外在的自然，使之成为"人化的自然"，还重视改造自身的自然，促使自身"自然

---

① 甘阳：《通三统》，生活·读书·新知三联书店，2007，第 40 页。
② 冯霞：《中西方传统价值观比较研究》，《广西社会科学》2009 年第 10 期。

的人化"。① 我国古人强调"人与天地万物为一体",倡导"天人合一"的价值观。这样的价值观摒弃了人类中心主义,不仅体现了人对自然的尊重以及对自然规律的顺从,还体现出人与人、人与自身的和谐。在我国传统文化典籍中,有诸多反映"天人合一"价值观的成语典故,如"谋事在人,成事在天""天从人愿"等。这些成语典故把"天"视为"自然",不同于西方人类中心主义在人与自然关系上采取主客二分的思维方式,我国古人认为人与自然是相通的关系。② 中华传统价值观形成于农业社会,以农业生产为基础的群居式生活方式衍生出我国独特的家族本位思想。中国人在价值取向上尤为看重整体利益,倡导"无大家就无小家""家国同构""家国一体""国是一个大家""无国亦无家"。较之于推崇个人主义、重视个人利益的西方价值观,中华优秀传统价值观强调个人的价值只有在集体中才能实现,个人服从于集体,个人利益须以集体的利益为前提,个人的行为须与家规、族规以及社会的规范相一致。③ 我国古人尤为看重个体的道德修养,推崇君子人格,把"现实中的人"提升到"理想人"的层面。关于物质生活,老子恪守"安贫乐道"的物质生活态度;孔子在充分肯定追求物质生活合理性的同时,提出要处理好"义"与"利"的关系,主张见利思义、以义制利、重义轻利,并将义利之分作为区分君子与小人的标准。在我国古人看来,人生的物质生活追求,不能恣意妄为,而应予以适当的节制。比如《论语·八佾》有言,"礼,与其奢也,宁俭"。也就是说,在奢侈与俭朴这两端之间,应努力把握好相对更趋近于俭朴一端的均衡点。凡此种种论述,有助于人们走出物质主义、享乐主义、消费主义、经济主义等所规范的现代资本主义"负性价值场"。

对照中华传统价值观与西方价值观,除了看到西方价值观之弊,还应看到西方价值观之利。仅仅看到中华传统价值观之利与西方价值观之弊,就对西方价值观采取绝对否定的态度,将之一股脑儿地当作脏水全部泼掉是不可取的。在看到西方价值观之弊的同时,我们也应看到中华传统价值

---

① 徐明宏:《中国传统文化的"轻""重"之辨》,《南京社会科学》2003 年第 2 期。
② 于桂敏、白玫、苏畅:《中西方价值观差异透析》,《辽宁师范大学学报》(社会科学版) 2006 年第 5 期。
③ 胡一:《跨文化视野中的中西方价值观比较》,《中共福建省委党校学报》2012 年第 9 期。

观本身在存在精华的同时，也存在与现代化建设不相适应的糟粕。即便是中华传统价值观中存在的精华，也涉及结合中国式现代化建设所需，对之进行创造性转化与创新性发展的问题。与此同时，还应避免走向另一种极端，即认为传统与现代是相互对立的，片面地认为既然现代化起始于西方，就应该将西方价值观全部当作珍宝全盘接受。而对于中华传统价值观，主观地认为传统的都是落后的，要推进中国的现代化建设事业，就要拒斥传统价值观。这样的认识同样是不正确的。甘阳指出："我们今天应该特别强调，中国漫长的独特文明传统对于中国的现代发展具有根本的重要性。现代社会的普遍特点是社会分殊化高、离心力大，因此一个现代社会如果没有足够的传统文明凝聚力，社会分崩离析的可能性相当大。"① 中华传统价值观中的精华部分，是中国现代社会的重要价值养料。我们肩负着价值传承的时代使命。对中华传统价值观存在的糟粕，则应坚决予以剔除。但要避免因中华传统价值观中存在不足，就将之一概否定，武断地认为其一无是处。对西方价值观的弊与利，在认识上要不断深化，避免画地为牢、闭目塞听。诚如甘阳所言，"我们对西方的了解认识仍然远远不够。这里一个重要问题是西方人对自己的看法本身就在不断变化和调整中"②。无论我们对西方价值观在认识上达到何种程度，在"所知"与"未知"中间，仍然存在一定的张力。这种张力是由西方价值观本身也处于动态变化与调整中决定的。因此，在对中华传统价值观与西方价值观进行比较研究中，应避免人云亦云，拒绝简单的"拿来主义"，避免只看到西方价值观的不足而无视其与现代化发展相适应的精华部分。中国式现代化价值观是在开放的体系中塑造的，以动态、发展、变化的视角看待西方价值观的利与弊，以扬弃的态度推动中华传统价值观的现代转型，才有助于构建具有真正现代意义的中国式价值观。

二　在古今问题域中认识中华传统价值观与现代价值观

习近平总书记指出："每个时代都有每个时代的精神，每个时代都有

---

① 甘阳：《通三统》，生活·读书·新知三联书店，2007，第 39 页。
② 甘阳：《通三统》，生活·读书·新知三联书店，2007，第 5 页。

每个时代的价值观念。"① 中华民族在漫长的社会历史发展中创造了十分丰富的精神文明成果，其中就包括了源远流长的中华传统价值观。"中华传统价值观源远流长"，这句话的题中之义是传统与现代绝非二元相分的关系，而是存在延续性与传承性。现代价值观与传统价值观也不是两相对立的关系。现代价值观并不会凭空产生，而是蕴含着传统价值基因。有研究者指出，"从总体上来看，以儒释道为核心的价值观念影响了中国两千多年，形成中国传统价值观念的'大传统'。其中优秀的传统价值观念构成了中国人的精神生活状况。但是，从本质上说，中国传统价值观念是一种封建主义或专制主义价值观"②。在中国开启现代化的征程中，如何在"古"与"今"的问题域中认识中华传统价值观与现代价值观的关系，已经成为一个需要解答的重要时代课题。

中华传统价值观以原生态的形式存在，可以为现代中国人提供精神给养。③ 然而，有必要引起我们重视的是，形成于"过去"并"活"在当下的中华传统价值观并不尽然有助于构建具有真正现代意义的价值观，其精华与糟粕共存。中华传统价值观对于现代价值观的塑造具有巨大的生命力，但这种塑造既可以是建设性的，也可以是破坏性的。中华传统价值观中精华的部分，对于现代价值观的塑造以及现代化的推进起到积极的促进作用，而其中落后的部分，则会对现代价值观的塑造起到消极作用，从而阻碍现代化的顺利推进。站在"古"与"今"的问题域中认识中华传统价值观，既不能仅仅看到其存在糟粕，而将中华传统价值观统斥为与现代化建设不相适应的、落后的部分，也不应仅仅看到其存在精华而鼓吹国粹主义，盲目推崇与现代化建设不相适应的陈旧迂腐价值观。我们要用辩证的眼光看待中华传统价值观，时刻谨记结合现代化建设实际，取其精华去其糟粕。

在"古"与"今"的问题域中认识中华传统价值观与现代价值观，需要处理好两对关系：一是处理好中华传统价值观与中国现代价值观的关系；二是处理好中华传统价值观与西方现代价值观的关系。中国式现代化

---

① 《习近平著作选读》第 1 卷，人民出版社，2023，第 239 页。
② 孟献丽：《当代中国价值观与中国人精神生活的重建》，《探索》2016 年第 2 期。
③ 高国希：《中华优秀传统文化的现代阐释与教育路径》，《思想理论教育》2014 年第 5 期。

蕴含着独特的价值观，这种独特性内蕴于中华传统价值观与中国现代价值观之中。中华传统价值观形成于前现代时期，而中国现代价值观塑造于现代时期。中华传统价值观与中国现代价值观尽管形成的历史阶段有所不同，但后者得以塑造的动力深深扎根于前者之中。中国现代价值观之于中华传统价值观的关系，可视为一种"返本开新"。这种状况不仅在中国存在，在西方世界亦然。欧洲文艺复兴运动旨在复兴古希腊、古罗马的文化艺术，而正是对古代性与现代性实质关联的关注，孕育并开创了所谓的"现代性"。而现代化在很大程度上可理解为现代性的历史展开与不断实现。当我们在讨论中国现代价值观的塑造时，固然要重视中国现代价值观与中华传统价值观的不同，否则就难以明了它的自我规定。但也应该认识到，中国现代价值观的塑造绝不是平地起高楼。中国现代价值观的地基深埋于中华优秀传统价值观之中。德国哲学家伽达默尔认为，我们总是在试图创新，却无往而不在传统之中。塑造中国现代价值观，是在价值观层面的一种重大创新。但在现代社会中进行的价值观层面的创新，不能与中华优秀传统价值观相脱节。诚如贺麟指出的，"在思想与文化的范围里，现代决不可与古代脱节"①。当代中国现代化理论与比较现代化进程研究的主要开创者罗荣渠认为，"作为思想遗产的传统文化绝不能在现代化进程中加以抛弃"②。中国现代价值观如果与中华优秀传统价值观毫无关系，无异于无源之水、无本之木，绝不能源远流长、根深蒂固。因此，在"古"与"今"的问题域中认识中华传统价值观与中国现代价值观，应认识到二者是源与流的关系。

中国由于历史原因，失去了从传统中自生自发现代化的机会。③ 当中国从近代被动挨打的历史惨痛教训中走向现代化时，长期内蕴着两种情绪：一种是对落后的恐惧，另一种是对追赶西方的焦虑。④ 这种恐惧和焦虑的情绪，反映在认识中华传统价值观与西方现代价值观的关系上，可能会陷入不必要的误区，即错误地认为中华传统价值观中存在落后的部分，

① 贺麟：《文化与人生》，商务印书馆，2015，第4页。
② 罗荣渠：《现代化新论——中国的现代化之路》，华东师范大学出版社，2013，第417—418页。
③ 沈湘平：《中国式现代化道路的传统文化根基》，《中国社会科学》2022年第8期。
④ 沈湘平：《中国式现代化道路的传统文化根基》，《中国社会科学》2022年第8期。

而在对之进行批判的过程中矫枉过正，将中华传统价值观中精华的部分也一并抛弃。此外，人们还有可能走向另外一个极端，即在世界现代化的历史洪流中，中国人民在失去从传统中自生自发现代化机会的条件下，通过奋起直追，成功推进并拓展了中国式现代化，比较成功地避免了西方式现代化的陷阱。而西方之所以会陷入西方式现代化陷阱，西方现代价值观之弊难辞其咎。而中国式现代化较之于西方现代化具有优越性，一个重要原因恰在于它有着独特的中华优秀传统价值基因。故而有人在情绪上由恐惧转变为了沾沾自喜、由焦虑转变为了傲慢，反映在价值观层面上，一方面是对中华传统价值观极力推崇，另一方面是对西方现代价值观竭力贬低。处理好中华传统价值观与西方现代价值观的关系，既要避免对西方现代价值观的盲目崇拜，也要避免对中华传统价值观的妄自尊大；既要避免对西方现代价值观的绝对排斥，也要避免对中华传统价值观的妄自菲薄。

三　在"古今中西"的对话中构建中国式现代化价值观

习近平总书记指出："中国式现代化，深深植根于中华优秀传统文化，体现科学社会主义的先进本质，借鉴吸收一切人类优秀文明成果，代表人类文明进步的发展方向，展现了不同于西方现代化模式的新图景，是一种全新的人类文明形态。"[①] 中国式现代化作为一种全新的人类文明形态，展现了不同于西方现代化模式的新图景，很重要的一个原因在于其深深植根于中华优秀传统文化。而中华优秀传统价值观是中华优秀传统文化的重要组成部分。中华传统价值观形成于传统社会，其在性质与来源上与现代价值观、西方价值观存在很大的不同。从时间维度来看，中华传统价值观与现代价值观所形成的"时间场域"迥然有别；从空间维度来看，中华传统价值观与西方价值观所形成的"空间场域"有明显的不同。中华传统价值观与西方价值观、现代价值观均各有所长，也各有所短。中国式现代化借鉴吸收一切人类优秀文明成果，其中就包括了借鉴吸收差异性较大、互补性也较强的中华传统价值观、西方价值观与现代价值观。中国式现代化的

---

① 《习近平在学习贯彻党的二十大精神研讨班开班式上发表重要讲话》，中央政府门户网站，2023 年 2 月 7 日，https://www.gov.cn/xinwen/2023-02/07/content_5740520.htm。

成功推进，有赖于构建中国式现代化价值观，而中国式现代化价值观的构建所吸收的中华传统价值观、西方价值观、现代价值观是人类文明成果的优秀部分，也即各种价值观中的精华。

　　跨越时空维度进行不同价值观之间的对话，借以构建中国式现代化价值观，有必要搞清楚什么样的价值观是先进的、什么样的价值观是落后的。有一种观点认为，传统的就是落后的，而现代的就是先进的。这反映在价值观层面上，就是片面地认为传统的价值观是落后的，而现代的价值观是先进的。以价值观形成时间的先后判断其是否具有先进性，是不科学的。现代社会形成的价值观，纵使形成的时间再新，但只要其与人类社会的发展不相适应，也是落后的。而传统社会形成的价值观，即便是距离当下再久远，只要其有利于人类社会的发展、有助于中华民族伟大复兴的实现，也是先进的。因此，构建中国式现代化价值观要破除传统就是落后、现代就是先进的价值理念，如此才能实现古今价值观的平等对话。此外，还有一种观点认为，西方的就是先进的，本土的就是落后的。中国现代化是后发外生型的现代化，从时间起点来看，始于鸦片战争。鸦片战争以后，国人逐渐认识到我们在器物、制度、思想文化等方面，与西方国家均存在不小的差异。有人将中国被西方列强入侵归咎于传统价值观的封建羁绊，认为要缩小与西方国家的差距，就要学习西方，其中就包括学习西方的价值观，甚至一度有学者如陈序经、胡适等主张"全盘西化"。胡适于1919年在《新青年》第7卷第1号发表文章《"新思潮"的意义》，针对"整理国故"提出"从武断迷信里面寻出一个真价值来"，以"分辨什么是国粹，什么是国渣"，指出这种新思潮的目的是"再造文明"。[1] 陈序经于1934年在《中国文化的出路》一书中断言"我们唯一的办法，是全盘接受西化"[2]。持有此种观点者，是主张将中国的传统文化全盘抛弃。抛弃中华传统价值观中的糟粕，本无可厚非，但因此而妄自菲薄，失去了中华传统价值观自信，也是不利于中外价值观平等对话的。文化自信是文化交流的基础。在文化交流前，已经失去了价值观自信，这样的交流势必难以充分彰显自身的长处，以平和的心态汲取对方的长处。在全球化背景下塑

---

[1]　欧阳哲生编《胡适文集》第 2 册，北京大学出版社，1998，第 551—558 页。
[2]　陈序经：《中国文化的出路》，岳麓书社，2010，第 71 页。

造中国式现代化价值观，既要积极吸收西方价值观中对中国式现代化建设有益的成分，也要看到其存在的不足；既要对中华传统价值观有相当程度的自信，又要克服"本土价值观至上"的自大心理，避免用本土价值观来解释评价其他价值观的"本土价值观中心主义"。

在"古今中西"的价值观对话中，只有科学地对待不同价值观的长处与不足，才能为中国式现代化价值观的塑造提供参照与给养。具体而言，可从以下三个方面着力。一是构建中国式现代化价值观，要实现各种优秀价值观突破时空界限的对话。无论是在中国社会形成的价值观，还是在西方社会形成的价值观，不管是形成于传统社会的价值观，还是形成于现代社会的价值观，只要其有利于人类社会的发展、有助于中华民族伟大复兴的实现，对于中国式现代化价值观的构建而言，都有必要吸取对方之所长，充分地进行吸收。二是构建中国式现代化价值观，要实现各种落后价值观跨越时空界限的对话。落后的价值观是应该予以坚决剔除的，但前提是明确什么样的西方价值观、中华传统价值观、现代价值观是落后的。在明确各种价值观落后性的同时，还有必要开展相应的对比性分析。例如，通过对比中华传统价值观与现代价值观、西方价值观中落后的部分，思考中国式现代化价值观在塑造中怎样避免落后性。三是构建中国式现代化价值观，要实现各种优秀价值观与落后价值观跨越时空界限的对话。中华传统价值观、西方价值观、现代价值观，均既存在精华也存在糟粕。实现各种优秀价值观与落后价值观跨越时空界限的对话，有助于取长补短，为中国式现代化价值观的塑造提供参照与给养。

第二节　中华优秀传统价值观是中国式现代化的价值根基

习近平总书记在党的二十大报告中指出，中国共产党的中心任务是"以中国式现代化全面推进中华民族伟大复兴"[①]。中国式现代化是一项伟大的事业，中华民族伟大复兴是一个崇高的梦想。以伟大的事业铸就崇高的梦想，离不开共同守卫的精神家园和价值根基。习近平总书记指出：

----

① 习近平：《高举中国特色社会主义伟大旗帜 为全面建设社会主义现代化国家而团结奋斗——在中国共产党第二十次全国代表大会上的报告》，人民出版社，2022，第21页。

"一个国家的发展道路，只能由这个国家的人民，依据自己的历史传承、文化传统、经济社会发展水平来决定。"① 中国人民在中国共产党带领下，在民族复兴伟业的征途上，选择了一条中国式现代化新道路。这条道路是对5000多年中华文明及其积淀的中华优秀传统价值观的传承发展而来的。中华优秀传统价值观彰显了中华文明的价值精髓，是中国式现代化的价值根基。

一　从内生性看中华优秀传统价值观是中国式现代化的价值根基

内生性是指从内在根据、客观规律方面去认识事物发展变化趋势。从内生性看中华优秀传统价值观是中国式现代化的价值根基，即是从内在根据、客观规律方面去认识二者之间的必然联系。人类要存在和发展就必须劳动实践，劳动实践是文化、价值观产生的根源，劳动实践的态度、立场影响着文化、价值观的生成发展。从事劳动实践"求真""务实"的态度、立场是联结中国式现代化与传统价值观的根本所在。中华优秀传统价值观中有诸多"真"的表达，如表示本源的"谨守而勿失，是谓反其真"，表示真假的"使真伪毋相乱"等。倡导"求真"的中华优秀传统价值观常与"务实"紧密联系在一起。只有"求真"才能在真正意义上做到"务实"。习近平总书记在中共十九届五中全会第二次全体会议上指出，"新中国成立以后，我们党孜孜以求，带领人民对中国现代化建设进行了艰辛探索"②。中国式现代化的开拓与发展，离不开"求真"的中华优秀传统价值观的滋养。

结合中国的国情和发展要求来看，中国式现代化唯有依靠自己的力量才有出路。在中华文明5000余年的发展史中，绝大多数的时间里，农业都是经济基础。中华民族长期浸润在农业文明当中，养成了探究天人之际、顺应自然规律、敬畏自然、自强不息、发愤图强、重视实干、不务虚功等传统价值观。我国古人强调要处理好"天道"与"人道"的关系，倡导君子处世要像"天"一样，发愤图强、永不停息。及至北宋，与自然和谐相

---

① 《习近平在阿拉伯国家联盟总部的演讲》，《人民日报》2016年1月25日。
② 《习近平谈治国理政》第4卷，外文出版社，2022，第151页。

处的思想，被大儒张载概括为"天人合一"，但在人与自然的统一中，人并非消极被动的，而是发挥主观能动性，与"天"实现主动的统一。中华民族在漫长的传统社会中，构建了"向里用力"①的中华优秀传统价值观。"向里用力"的中华优秀传统价值观，对中国式现代化的开拓与推进产生了重要影响。中国现代化史可以以1949年新中国成立为界，划分为前后两个不同的历史时期。从洋务运动到新中国成立，这段历史时期可称为早期现代化发展阶段；从新中国成立至今，可称为社会主义现代化发展阶段。这两个不同的现代化发展阶段，有着不同的历史运行方式。在中国早期现代化发展阶段，无论是追求器物层面的现代化、制度层面的现代化、思想层面的现代化，还是从经济、社会、军事各方面推进的资本主义现代化，无不以失败而告终。中国开启现代化探索之路，是从学习西方开始的。现代化起步于西方，西方作为现代化建设的先行者，积累了不少有益的经验，这些经验值得吸收与借鉴。问题的关键在于学习什么以及怎样学习。洋务运动时期，人们主张学习西方的器物，而器物恰恰是西方文明最外层的东西。维新运动和辛亥革命时期，先进人士主张学习西方的制度，但并没有以我为主，未能充分考虑在资本主义发展不充分的条件下，是无法支撑其资本主义制度正常运转的。习近平总书记在学习贯彻党的二十大精神研讨班开班式上发表讲话指出："实现中华民族伟大复兴是近代以来中国人民的共同梦想，无数仁人志士为此苦苦求索、进行各种尝试，但都以失败告终。"②仁人志士虽竭力拼搏，但并未能改变旧中国积贫积弱的面貌。有研究资料显示，1949年的中国是一个极度贫困落后的农业国，远未实现向资本主义工业化国家的转型。从主要工业产品的产量上看，中国不仅与美国相比差距巨大，就是较之于挣脱英国殖民枷锁不久的印度，也有相当的差距。也正是在这个意义上，人们通常将中国早期现代化称为"被延误了的现代化"③。在此阶段，给处于黑暗中的中国带来希望曙光的是中国共产党。中国共产党是中华优秀传统价值观的忠实传承者。中国共产党自诞

① "向里用力"是梁漱溟对中华文化特性的分析，也即在发展的各个方面都强调依靠自身的力量。
② 《习近平在学习贯彻党的二十大精神研讨班开班式上发表重要讲话》，中央政府门户网站，2023年2月7日，https://www.gov.cn/xin wen/2023-02/07/content_5740520.htm。
③ 马敏：《历史视角下的"中国式现代化"》，《江汉论坛》2023年第5期。

生以来，在"求真务实"的中华优秀传统价值观的熏陶下，不断地在现代化建设之路上探索、实践与总结。中国共产党在领导革命之初，曾试图"走俄国人的路"，但因忽视自身的国情和发展要求未能走通。中国共产党结合中国国情和革命实际，探索出适合自身发展的新民主主义革命道路，为中国式现代化的开创积累了经验。在新民主主义革命道路的指引下，中国共产党带领人民冲破了主观主义、教条主义等禁锢，克服了重重磨难，最终建立了新中国，取得了新民主主义革命的胜利。

新中国成立以后，中国的现代化运动呈现出别样的景象。经由新民主主义革命的过渡，从大规模的工业化发展到社会主义现代化探索，继而在改革开放后迎来了中国现代化建设事业突飞猛进的发展。值得我们深入思考的问题是，为什么新中国成立后现代化运动展现的景象，会较之于新中国成立前迥然不同？中国早期现代化是并不成功的资本主义近代化，其之所以会失败，原因是多方面的，但究其根本，在于未能依靠自己的力量，将国家、民族的命运牢牢地掌握在自己手中。现代化建设的一大规律是建立一个真正意义上的现代化国家政权。一个主权不完整、民族不独立的国家，是无法独立自主进行现代化建设的。赢得了民族独立与国家统一，仅仅是具备了实现现代化的基础性条件，并不意味着必然能够创造现代化发展的奇迹。比如，北美洲的海地共和国，其是北美洲继美国后第二个独立的国家，但自1804年独立以来，独立了200余年的海地，仍然是世界上最不发达的国家之一，全国几乎一大半人生活困苦，除了首都太子港有一些现代基础设施，其他地区的现代化建设进展极为缓慢。在国家统一、民族独立的基础上，还应探索与国情相符合、同传统价值观相契合的现代化之路。邓小平同志在1979年，在走什么样的发展道路的问题上，曾指出"现在搞建设，也要适合中国情况，走出一条中国式的现代化道路"[1]。这条道路，我们是"在干中学，在实践中摸索"[2]出来的。

中国式现代化作为一项新事业，"在干中学，在实践中摸索"，必须排斥虚妄，注重现实，克服一切形式的功利、虚华。王阳明在《传习录》中，阐发了"名"与"实"的辩证统一关系。他认为，"名与实对，务实

---

[1]　《邓小平文选》第2卷，人民出版社，1994，第163页。
[2]　《邓小平文选》第3卷，人民出版社，1993，第258页。

之心重一分，则务名之心轻一分"。将名与实相对，反映了我国古人崇尚实干、拒绝空想的价值取向。由此可以看出，"求真"就是"求是"。① 中国式现代化在建设上晚于西方，带有明显的"赶超"特征，但倡导求真务实、脚踏实地的中华优秀传统价值观促使中国在迈向现代化的过程中，结合自身的国情和实际，走出了一条适合自身的发展道路。沿着这条道路奋进，中国不仅用几十年的时间走完了西方几百年走过的道路，还取得了现代化建设中经济快速发展与社会长期稳定的成就。历史与实践证明：中国式现代化是适合中国国情与发展要求的，"求真"的中华优秀传统价值观是中国式现代化的价值根基。

二 从延续性看传统价值观是中国式现代化的价值根基

人类为了生存和发展不得不劳动实践，劳动实践过程创造文字、语言、思想等文化以助推劳动实践。而文化一经产生便注定了具有代代传承、延续发展的特性。中华传统价值观便是在中华文化产生、演进发展历程中传承、延续的产物。从延续性看传统价值观是中国式现代化的价值根基，即是从文化、价值观传承性、延续性特征审视二者之间的必然联系。延续性体现着主体在历史进程中的价值判断、价值选择，由价值立场、价值取向所决定。纵观整个中华文明，其蕴含着显著的"尚善"价值取向。"尚善"的价值取向便是联结传统价值观与中国式现代化的关键所在。中国式现代化既造福中国人民，又促进世界共同发展。中国式现代化是"善中国"与"善世界"的有机统一，这直接与中华优秀传统价值观相联系。在中华传统语境下，"尚善"是"善心"、"善举"与"善功"三者的统一。中国式现代化蕴含着"不忍人"的善心、"得道多助"的善举、"造福于民"的善功。质言之，"尚善"的中华优秀传统价值观是中国式现代化的价值根基。

"不忍人"的善心是中国式现代化的价值根基。英国百科全书式思想家罗素在《幸福之路》一书中指出："如果整个世界像中国，那么整个世

① 转引自李姝睿、张栋《建党精神中的优秀传统文化底蕴》，《青海师范大学学报》（哲学社会科学版）2021 年第 5 期。

界就会幸福。"① 幸福是针对不幸而言的。在现代世界，致使人们陷入不幸的原因有很多，其中一个重要方面是没有道德理想。孟宪清认为，"近代以来的中西方社会，是一个没有道德理想，只有幸福理想的社会"②。他所谈及的幸福，侧重于物质富足，而指称的道德则偏重于精神追求。孟宪清所指明的"没有道德理想"，绝不是否定道德的事实性存在，但道德仅仅是作为一种与法律相对应的建构社会秩序的手段，而非作为人生与社会的最终理想存在的。生活在一个只有幸福理想的社会，人们在享受充裕物质生活的同时，非但没有带来普遍的幸福感，反而普遍感到不幸。在对这一现代社会的悖论进行分析时，孟宪清指出，"除了社会关系等方面的原因外，在观念上，现代人忽视一种人格的完善，抛弃了古代的至善思想"③。中国古代的至善思想，是中国在现代化建设中不容忽视、倍加珍惜的精神财富。罗素认为，人类有三大追求，分别是对爱的渴望、对知识的向往以及对人类苦难的同情。汉语语境下意指同情的术语有"恻隐之心"，这是一种"不忍人"的善心。将罗素提到的"如果整个世界像中国，那么整个世界就会幸福"作进一步的阐发，可以说"如果整个世界都像中国人那样持有一颗'不忍人'的善心，那么整个世界就会更加幸福"。

中国式现代化是人口规模巨大、全体人民共同富裕、物质文明和精神文明相协调、人与自然和谐共生、走和平发展道路的现代化，其中的每一个方面，均蕴含着"不忍人"的善心。"不忍人"的同情对象，并不仅仅是中国人，还有外国人。中国不仅致力于将现代化的发展成果惠及人口规模巨大的本国人民，促进本国人民的共同富裕，努力实现物质文明和精神文明之间的协调，还致力于走和平发展道路，与其他国家人民同心共筑世界梦，打造人类命运共同体。"不忍人"的同情对象，除了人，还有天地万物。中国式现代化是人与自然和谐共生的现代化，内蕴着人对自然持有一颗"不忍"的善心。同情的对象不管是中国人还是外国人，不管是人还是物，均是就人的"不忍"而言的。人的"不忍"指称的是人的自我意识

---

① 〔英〕罗素：《幸福之路》，吴默朗、金剑译，中央编译出版社，2009，第 244 页。
② 孟宪清：《论现代至善理念的重建》，《河南社会科学》2012 年第 3 期。
③ 孟宪清：《论现代至善理念的重建》，《河南社会科学》2012 年第 3 期。

的觉醒。[①] 中国式现代化所蕴含的"不忍人"的善心，是把同情心的自觉归结为人的意识的觉醒。构成中国式现代化价值根基的并非单纯意义上的"不忍"，而是基于"人"之自觉的"不忍人"的善心。

"得道多助"的善举是中国式现代化的价值根基。中国的现代化不同于西方先发内生型的现代化，其是因为"落后挨打"而被迫进行的。后发外缘型的现代化，自开启之日起，就带有明显的"赶超"痕迹。自洋务运动到新中国成立前，在仁人志士的努力下，一次又一次地进行现代化"赶超"实践，但一次又一次地遭遇失败。孟子指出，"得道者多助，失道者寡助。寡助之至，亲戚畔之。多助之至，天下顺之"。中国共产党领导下的新中国，是在得到人民的拥护与支持下建立的。中国共产党带领人民站在历史正确的一边，做合乎正道的事情，因而在新中国成立到改革开放前，尽管经历了重重曲折，但仍开启了大规模的工业化建设，为实现现代化奠定了坚实基础。

孟子提出的"得道者多助，失道者寡助"，关键在于是否站在历史正确的一边，能否做合乎正道的事情。中国共产党在新中国成立到改革开放前这一中国式现代化的奠基时期，逐渐认识到片面发展工业化所造成的弊端。周恩来在 1954 年指出，"我国的经济原来是很落后的。如果我们不建设起强大的现代化的工业、现代化的农业、现代化的交通运输业和现代化的国防，我们就不能摆脱落后和贫困，我们的革命就不能达到目的"[②]。不能摆脱落后的贫困，人民就过不上好日子。为了赶上和超过世界先进水平，为了让人民能够真正过上好日子，我国开始将相对单一的工业化，转向更为全面的现代化。这一"善举"得到了人民的响应与拥护。

党的十一届三中全会的召开，既是改革开放的起点，也是中国式现代化全面展开的重要节点。中国共产党将工作重点转移到社会主义现代化建设上来，是反映人民迫切愿望、满足人民切身利益的"善举"。党的十一届三中全会召开至今，在中国共产党带领下，中国式现代化不断拓展，我国社会面貌发生巨大变化、我国国际地位得到大幅提升，这是"得道多助"的生动写照。中国式现代化是实现中华民族伟大复兴的光明之路。在

---

① 李巍：《从"不忍"到"不忍人"——孟子的同情概念》，《人文杂志》2018 年第 5 期。
② 《周恩来选集》下卷，人民出版社，1984，第 132 页。

实现梦想的征途上，面临着各种各样的挑战，其中就包括没有硝烟的贸易摩擦与技术封锁。

国际社会的博弈，虽离不开实力的较量，但决定胜负的关键在于人心向背。习近平总书记指出："我们坚定站在历史正确的一边、站在人类文明进步的一边，高举和平、发展、合作、共赢旗帜，在坚定维护世界和平与发展中谋求自身发展，又以自身发展更好维护世界和平与发展。"① 走和平发展道路是中国式现代化的显著标识。把和平与发展联系起来，把中国自身的利益同全人类共同的利益紧密结合起来，必将在国际社会团结正义力量的绝大多数，战胜不得人心的霸权势力，让道义的力量彰显于天下。从这个意义上讲，中国式现代化是彰显道义的现代化。"得道多助"的善举是中国式现代化的价值根基。

"造福于民"的善功是中国式现代化的价值根基。中国式现代化是一个个"现实的人"的现代化，而不是"抽象的人"的现代化。"现实的人"的现代化，是让人民群众收获实实在在的而非虚幻的幸福。《淮南子·汜论训》指出："治国有常，而利民为本。"这是说，治理国家有不变的法则，但最根本的是让人民获得利益。关于怎样让人民获得利益，中国式现代化蕴含着"造福于民"的善功论。中国式现代化作为"造福于民"的现代化，是多种作用力不断促进的过程，不可能一蹴而就。宋朝思想家苏洵指出，"夫功之成，非成于成之日，盖必有所由起"。对于中国式现代化的推进与拓展而言，其是一个薪火相传的过程。也正因如此，中国式现代化恪守"功成不必在我，功成必定有我"的善功论。

"功成不必在我"是一种精神境界，"功成必定有我"是一种历史担当。"功成不必在我"却"属于我"，这说的是在中国共产党领导下，每一代人都要为中国式现代化建设事业贡献最大的力量，这是一种崇高的精神境界。习近平总书记指出："一张蓝图抓到底，不仅需要科学决策，也需要思想境界。"② 什么是思想境界？就是功成不必在我。中国式现代化是实

---

① 习近平：《高举中国特色社会主义伟大旗帜 为全面建设社会主义现代化国家而团结奋斗——在中国共产党第二十次全国代表大会上的报告》，人民出版社，2022，第23页。

② 《大胆使用批评和自我批评有力武器——习近平总书记参加河北省委常委班子专题民主生活会纪实》，人民出版社，2013，第19页。

现中华民族伟大复兴的必由之路。将中国式现代化这张蓝图抓到底，关系到人民的切身利益，关系到民族的伟大复兴。"功成不必在我"是一种精神境界，蕴含着"功成在谁"的时代之问。答案是在"他人"。孔子认为，"君子惠而不费，劳而不怨，欲而不贪，泰而不骄，威而不猛"。这种境界，是"大局观""宗旨观""公字观"的统一。具体而言，中国式现代化蕴含的"功成不必在我"的善功论，是"前人栽树，后人乘凉"（《通俗编·卷一·俚语对句》）的大局观、"先天下之忧而忧，后天下之乐而乐"（《岳阳楼记》）的宗旨观、"有容乃大，无欲则刚"的公字观的统一。有了这种人生境，中国式现代化不管遇到什么样的挑战，都能迎难而上，驶向中华民族伟大复兴梦想的彼岸。

"功成必定有我"而"需要我"是每个人都应该具有的责任担当，它要求人人树立起中国式现代化的推进与拓展"必须有我"的志向。在中国式现代化的推进与拓展中，没有旁观者，不存在局外人。我国古人尤为看重个人对民族、国家的责任与贡献，故而有"天下兴亡，匹夫有责"的名言警句。"功成必定有我"是说中国式现代化的实现离不开"我"、抛不开"我"。"我"在中国式现代化的奋进征程中占有一定的位置，其强调的是"需要我"与"功成"的关系。在中国式现代化时代号角已经吹响的历史条件下，二者是成正比的。每一个人在中国式现代化的征程上，都应"撸起袖子加油干，斗志昂扬向前行"，用自己的劳作与汗水，在实现民族复兴的"接力赛"中，跑好属于自己的"这一棒"。

"功成不必在我，功成必定有我"之于中国式现代化的建设而言，有一个共同的价值指向与衡量标准，就是造福于民。民生福祉增加还是没有增加，人民最有发言权，实践最有说服力。"功成不必在我"与"功成必定有我"二者各有侧重。前者侧重于推进与拓展造福于民的中国式现代化，"功成"不能视为非属于我不可；后者偏重于推进与拓展造福于民的中国式现代化，要有"我"的参与贡献。中国式现代化的推进与拓展，重在长远。诚如我国古人所言"居功之行，人不功其行；求报之惠，人不报其惠"。中国式现代化的推进与拓展，关系到民生福祉的增加，容不得半点虚假。古语有云"名不徒生，而誉不自长，功成名遂，名誉不可虚假"。造福于民的中国式现代化，在推进与拓展的过程中，不能急功近利，否则会"欲速则不达"。"祸莫大于不知足,咎莫大于欲得。"对于中国式现代化的推进与拓展而言,不宜操之过急,而需要久久为功、绵绵用力、稳扎稳打、步步为营。因此,中国式现代化蕴含着矢志造福于民的善功论,其是中国式现代化的价值根基。

三　从同构性看传统价值观是中国式现代化的价值根基

文化在传承演进发展过程中会逐渐凝练同一的价值观念,形成趋于稳定的文化模式,该过程便是文化的同构性过程。经历同构形成稳定的文化模式不仅具备了主体性特性,拥有自身的独特气质,而且会进一步推进文化同构、价值同构。从同构性看传统价值观是中国式现代化的价值根基,即是从中华5000多年的文化历史传统同构形成的中华文化的独特文化主体特质中审视中华传统价值观与中国式现代化之间的必然联系。中华5000多年的文化历史传统同构形成的中华文化独特文化主体特质,使中华文化、中华价值观发展更具有主动性、自觉性。中华民族有着悠久的"臻美"传统,便是文化上、价值观上主体性、自觉性的表现。美的追求与创造,在中华优秀传统价值观中占有极为重要的地位。马克思指出:"动物只是按照它所属的那个种的尺度和需要来构造,而人却懂得按照任何一个种的尺度来进行生产,并且懂得处处都把固有的尺度运用于对象;因此,人也按照美的规律来构造。"① 人可以按照"美的规律来构造",是人的自由劳动的一种内在要求。"美的规律"指的是人可以"按照它所属的那个种的尺度和需要来构造",也能够"按照任何一个种的尺度来进行生产"。也就是说,人既可以从自身的需要出发来改造自然,也可以用尊重事物自身天性的方式积极、能动地改造事物。发现美、感受美、创造美,是人类作为类属性的必然选择,人的尺度与物的尺度在"臻美"的实践活动中得到了统一。中国共产党作为中华优秀传统价值观的忠实传承者与积极弘扬者,创造性地提出了具有鲜明主体性的中国式现代化。中国式现代化是满足人民对美好生活期待的现代化、是实现中华民族伟大复兴这一美好愿景的现代化、是开创更加美好世界的现代化。在以中国式现代化创造美好生活、实

---

① 《马克思恩格斯文集》第1卷,人民出版社,2009,第163页。

现美好梦想、开创美好世界的时代条件下，亟须对其传统价值根基有深层次的认识。

"臻自然之美"的中华优秀传统价值观是中国式现代化的价值根基。黑格尔认为："美是理念的感性显现。"① 这里的"显现"，有现外形、放光辉的意思。人与自然和谐共生的中国式现代化是一种理念。中国式现代化之美是中华儿女数千年来的审美实践与审美体验相结合的产物。习近平总书记指出："中华文明历来崇尚天人合一、道法自然，追求人与自然和谐共生。"② "究天人之际"是我国古人热衷于探讨的一大重要议题。儒释道等诸家围绕"天"与"人"的关系，发表了各自的看法。《周易·上经·乾》记载："夫大人者，与天地合其德，与日月合其明，与四时合其序，与鬼神合其吉凶。"③ 这是说，大人的德性，要与天地的功德、日月的光明以及四季的时序相契合。庄子提出："天地与我并生，而万物与我为一。"④ 在我国古代典籍中，"天"代表的是自然以及自然界的客观规律，"人"是生活于现实世界的大众苍生。北宋理学创始人张载明确提出了"天人合一"的概念，指出"儒者则因明致诚，因诚致明，故天人合一，致学而可以为圣，得天而未始遗人"。我国古人从人与自然在发生上的一致性来看待自然，得出自然万物有其变化发展的规律，万物包括人在内都是自然演化的结果。"美"作为一种和谐统一的生命状态，人本身就镶嵌于这种状态之内。⑤

在"天人合一"的思维模式中，中华民族向来秉持"臻自然之美"的价值理念，践行着"敬畏生命""爱护自然""取之有度""用之有节"等生态观念。自然资源是有限且宝贵的，对自然资源的索取不能毫无节制。我国古人在代际传承中，强调对自然的保护与资源的合理利用，这些理念构成了中国式现代化的价值基础。习近平总书记在党的二十大报告中指

① 〔德〕黑格尔：《美学》第 1 卷，朱光潜译，商务印书馆，1979，第 142 页。
② 习近平：《共同构建人与自然生命共同体——在"领导人气候峰会"上的讲话》，《中国产经》2021 年第 9 期。
③ （魏）王弼撰《周易注》，楼宇烈校释，中华书局，2011，第 7 页。
④ 孙通海译注《庄子》，中华书局，2007，第 39 页。
⑤ 唐琼：《人与自然的和合——中国传统与现代的生态观照》，湖南师范大学出版社，2017，第 25 页。

出："我们坚持可持续发展，坚持节约优先、保护优先、自然恢复为主的方针，像保护眼睛一样保护自然和生态环境。"① 中国式现代化主张对自然和生态环境要像保护眼睛一样悉心爱护。唯有如此，方能实现中华民族的永续发展。天人合一是美的最高境界，体现了人与自然和谐共生的美好关系。"美"是相对于"丑"而言的。人与自然处于一种敌对关系，是一种反文明的丑陋现象。诚如习近平总书记所言："山峦层林尽染，平原蓝绿交融，城乡鸟语花香。这样的自然美景，既带给人们美的享受，也是人类走向未来的依托。"② 反之，"无序开发、粗暴掠夺，人类定会遭到大自然的无情报复"③。"臻自然之美"的中华优秀传统价值观是中国式现代化的价值根基，其有助于中华儿女以美的心态投身到中国式现代化美的实践之中，从而建设好美丽中国、守护好美丽地球。

"臻生活之美"的中华优秀传统价值观是中国式现代化的价值根基。习近平总书记在党的二十大报告中指出："我们不断厚植现代化的物质基础，不断夯实人民幸福生活的物质条件，同时大力发展社会主义先进文化，加强理想信念教育，传承中华文明，促进物的全面丰富和人的全面发展。"④ 促进物的全面丰富与人的全面发展是高度统一的。物质富足是社会主义现代化的根本要求，但"不论我们国家发展到什么水平，不论人民生活改善到什么地步，艰苦奋斗、勤俭节约的思想永远不能丢"⑤。

倡导"艰苦奋斗、勤俭节约"的中华优秀传统价值观，是为中国式现代化而奋斗的每一个个体的修身之基。宋朝的理学家邵雍在《奢侈吟》中讲："侈不可极，奢不可穷；极则有祸，穷则有凶。"⑥ 这是说，人的奢侈一旦到了极致，就会面临祸事、凶事。对每个人来说，奢侈的生活比天灾还要可怕。艰苦奋斗、勤俭节约倡导的是一种适度、合理、节用的生活理

---

① 习近平：《高举中国特色社会主义伟大旗帜　为全面建设社会主义现代化国家而团结奋斗——在中国共产党第二十次全国代表大会上的报告》，人民出版社，2022，第23页。

② 《十九大以来重要文献选编》（中），中央文献出版社，2021，第24页。

③ 《十九大以来重要文献选编》（中），中央文献出版社，2021，第24页。

④ 习近平：《高举中国特色社会主义伟大旗帜　为全面建设社会主义现代化国家而团结奋斗——在中国共产党第二十次全国代表大会上的报告》，人民出版社，2022，第23页。

⑤ 《习近平关于"不忘初心、牢记使命"论述摘编》，党建读物出版社、中央文献出版社，2019，第245页。

⑥ 郭彧整理《邵雍集》，中华书局，2010，第375页。

念。中国式现代化纵使创造再多的物质成果，每一个奋斗个体仍然不能停下奋斗的脚步，仍然要恪守勤俭节约的美好品德。"臻生活之美"的中华优秀传统价值观蕴含的是一种以勤劳奋斗、节俭惜物为荣，以好逸恶劳、奢侈浪费为耻的道德品质。贪图享乐、奢侈浪费不仅糟蹋物质财富，还会消弭人的意志品质，其与促进物的全面丰富与人的全面发展是严重背离的。

倡导"艰苦奋斗、勤俭节约"的中华优秀传统价值观，是为中国式现代化而奋斗的每一个家庭的齐家之要。中华民族自古以来就尤为看重家风建设，将艰苦奋斗、勤俭节约摆在家风建设的突出位置。比如《诫子书》有言"俭以养德"，《颜氏家训》记载"俭者，省约为礼之谓也"。我国古人说："家败离不开一个'奢'字，人败离不开一个'逸'字。"[①] 一个人贪图安逸享乐，一个家族耽于过奢靡的生活，距离败亡也就不远了。习近平总书记指示我们大力传承中华文明，其中就包括了传承艰苦奋斗、勤俭节约的好家风。

倡导"艰苦奋斗、勤俭节约"的中华优秀传统价值观，是中国式现代化的推进之道。我国古人倡导"家国同构""家国一体"。艰苦奋斗、勤俭节约，不仅是为中国式现代化而奋斗的每一个个体的修身之基、为中国式现代化而奋斗的每一个家庭的齐家之要，也是中国式现代化持续推进之道。人无俭不立，家无俭不旺，国无俭必亡。晚唐诗人李商隐在《咏史》一诗中写道："历览前贤国与家，成由勤俭败由奢。"无数历史经验启示我们：艰苦奋斗、勤俭节约是海晏河清之基，奢侈享乐是灾祸危亡之根。中国式现代化能取得今日之成就，靠的是一代又一代的中华儿女勤俭节约、自强奋斗。艰苦奋斗、勤俭节约，不仅关系到为中国式现代化而奋斗的每一个个体的发展、每一个家庭的兴旺，还关系到中国式现代化本身的前途命运。在中国式现代化新征程上，每一个大力弘扬艰苦奋斗、勤俭节约精神的个体，都是"最美的个体"；每一个大力弘扬艰苦奋斗、勤俭节约精神的家庭，都是"最美的家庭"；从"艰苦奋斗、勤俭节约"的中华优秀传统价值观中不断汲取精神养料的中国式现代化，是"最美的现代化"。"臻生活之美"的中华优秀传统价值观，永远是中国式现代化需要坚实筑

---

① （清）曾国藩：《曾国藩家书》，李青译，北京联合出版公司，2015，第120页。

牢的价值根基。

"臻人性之美"的中华优秀传统价值观是中国式现代化的价值根基。中国式现代化是人的现代化。现代化的人要具备最起码的道德操守。刘余莉指出，"美德是从人性中自然发展出来的"①。中国式现代化深深植根于中华优秀传统文化之中。诚实守信、重义轻利、尊道贵德等"臻人性之美"的中华优秀传统价值观，是中国式现代化的价值根基。诚信是为人之道，是立身处世之本。党的二十大报告在"提高全社会文明程度"部分中指出："弘扬诚信文化，健全诚信建设长效机制。"② "臻人性之美"的中华传统"诚信观"，是中华民族诚信文化的重要价值资源。健全诚信建设长效机制，必须从"根"抓起。而"诚"与"信"在中华优秀传统价值观中一直处于至高的地位，所谓至诚可参天地。"信"是儒家倡导的"五常"之一，是支撑我国人伦关系和社会发展的柱石之一。"诚"与"信"是中国式现代化推进过程中人们需要恪守的道德约束与行为规范，它们所内含的价值意蕴彰显了中华优秀传统价值观的"臻人性之美"。

中国式现代化是对资本逻辑的驾驭与超越。靠什么驾驭并超越资本逻辑？"臻人性之美"的中华传统"义利"观提供了价值启迪。我国儒家认为，人之所以有别于禽兽，在于人有礼义、讲道德。在"义"与"利"的关系中，儒家倡导"义以为上""以义统利""先义后利""见利思义"。当"义"与"利"存在矛盾时，强调"行义去利"。"臻人性之美"的中华传统"义利"观有助于人们在推进中国式现代化的进程中作出正确的义利抉择。我国古人尤为重视个体在德性层面的修为，比如道家创始人老子强调"万物作焉而不辞，生而不有，为而不恃，功成而弗居"③，主张在关爱他人的过程中磨砺自己的心性，最终实现自身的发展。道家尤为推崇"尊道贵德"的价值观念。我国当代著名哲学家冯友兰认为，古之所谓道，均谓人道。④ 老子就将自身的价值理想归结为"尊道""法道""从道"，

---

① 刘余莉：《儒家伦理学：规则与美德的统一》，中国社会科学出版社，2011，第57页。
② 习近平：《高举中国特色社会主义伟大旗帜 为全面建设社会主义现代化国家而团结奋斗——在中国共产党第二十次全国代表大会上的报告》，人民出版社，2022，第45页。
③ （春秋）老子：《道德经》，王丽岩译注，中国文联出版社，2016，第5页。
④ 冯友兰：《中国哲学小史》，中国人民大学出版社，2005，第24页。

提出"人法地，地法天，天法道，道法自然"①。而"德"是从"道"之万物总原理中获取的特殊而具体的原理。在老子看来，"万物莫不尊道而贵德"②。道家号召人们要遵从自然规律行事，广积德行，济物救世，如此可以进入"保身""全生""养亲""尽年"③的美好人生境界。因此，"臻人性之美"的中华优秀传统价值观，是中国式现代化的重要价值根基。

第三节　中国式现代化厚植中华优秀传统价值之根

中华优秀传统价值观是中国式现代化的价值根基。"根深才能叶茂，本固方可枝荣。"中国式现代化作为中国共产党领导全国各族人民在长期探索和实践中取得的重大成果，其拓展与深化有助于厚植中华优秀传统价值之根。

一　从主动性传承认识中国式现代化厚植中华优秀传统价值之根

2014 年 10 月 13 日，习近平总书记在主持中共十八届中央政治局第十八次集体学习时提出："怎样对待本国历史？怎样对待本国传统文化？这是任何国家在实现现代化过程中都必须解决好的问题。"④ 怎样对待中华民族在绵延 5000 多年历史中形成的中华传统价值观？这是中国现代化进程中需要直面的问题。问题的分析与解决，必须立足本国国情。"中国式现代化，是中国共产党领导的社会主义现代化，既有各国现代化的共同特征，更有基于自己国情的中国特色。"⑤ 习近平总书记指出："中国最大的国情就是中国共产党的领导。"⑥ 中国共产党的领导是中国式现代化的根本特征。毛泽东同志在对我国革命经验进行深刻总结时指出，"离开了中国共

---

①　（春秋）老子：《道德经》，王丽岩译注，中国文联出版社，2016，第 85 页。
②　（春秋）老子：《道德经》，王丽岩译注，中国文联出版社，2016，第 59 页。
③　（战国）庄子：《庄子》，方勇译注，中华书局，2010，第 44 页。
④　习近平：《论党的宣传思想工作》，中央文献出版社，2020，第 89 页。
⑤　习近平：《高举中国特色社会主义伟大旗帜　为全面建设社会主义现代化国家而团结奋斗——在中国共产党第二十次全国代表大会上的报告》，人民出版社，2022，第 22 页。
⑥　《习近平著作选读》第 1 卷，人民出版社，2023，第 190 页。

产党的领导，任何革命都不能成功"①。中国式现代化的开拓与推进也同样如此。习近平总书记在学习贯彻党的二十大精神研讨班开班式上发表讲话指出："党的领导直接关系中国式现代化的根本方向、前途命运、最终成败。党的领导决定中国式现代化的根本性质，只有毫不动摇坚持党的领导，中国式现代化才能前景光明、繁荣兴盛。"② 从现代化的类型上看，存在先发内生型与后发外生型两种现代化。不同于现代性因素逐渐积累，自下而上的主动型的渐进型现代化，中国现代化并非由于内部因素累积而形成的现代化，而是回应西方资本主义列强入侵的"挑战—回应"型的后发外生型现代化。推动此种现代化的前提，是具有强有力的政治领导力量。中华优秀传统价值观是中华民族的价值根脉，它是先人留给中国共产党的一笔弥足宝贵的精神遗产和价值财富。百余年来，中国共产党在现代化道路上不懈求索。而现代化道路的求索又始终脱离不开如何科学、辩证地认识中华传统价值观的问题。回首百余年来中国共产党带领人民推进的中国现代化史，如何厚植中华优秀传统价值观，始终是中国共产党所面临、所思考与实践的一个重要问题。中国共产党的传统价值观与中国共产党带领人民谱写的中国现代化史是在同一历史发展轨迹中产生、形成、发展与演进的。

　　中国共产党带领人民进行现代化探索，对传统价值观进行反思和批判地吸收。传统与现代的问题，与古今中西相杂糅。有人片面地将中国传统的事物视为落后的，而将西方现代的事物视为进步的。鉴于这种情况，中国共产党主张实事求是地对待包括中华传统价值观在内的传统事物。中国共产党对待中华传统价值观，始终采取具体分析和反思批判的态度。在现代化道路的探索中，对中华传统价值观采取绝对否定的态度，无异于斩断民族的价值之根。中国共产党带领人民进行现代化探索的过程中，在面对中华传统价值观的问题时，注重在批判中进行反思，在反思中开展批判，这种反思与批判的价值诉求，是破旧立新、推陈出新，因此这种反思与批判带有建设性与革命性。早期中国共产党在带领人民投身现代化建设事业的过程中，在对待传统价值观的问题上呈现出一种"建设性批判"的思

---

① 《毛泽东选集》第 2 卷，人民出版社，1991，第 651 页。

② 《习近平在学习贯彻党的二十大精神研讨班开班式上发表重要讲话》，中央政府门户网站，2023 年 2 月 7 日，https://www.gov.cn/xinwen/2023-02/07/content_5740520.htm。

路。从批判的角度来看，中国共产党认识到封建专制价值观给人民群众带来的思想上的禁锢，提出现代化建设要反对思想禁锢，要求人人平等。比如，中国共产党的创始人之一李大钊就明确指出："吾民族思想之固执，终以沿承因袭，踏故习常，不识不知，安之若命。言必称尧、舜、禹、汤、文、武、周、孔，义必取于《诗》、《礼》、《春秋》。"① 特别值得我们注意的是，早期中国共产党对封建社会价值观进行批判的目的，在于唤醒民众的现代意识，为中国现代社会的发展扫清思想障碍。在对传统价值观进行批判的同时，中国共产党亦实事求是地指出对之不能采取历史虚无主义的态度。比如，李大钊在谈及孔子的思想时，就明确指出"孔子之道有几分合于此真理者，我则取之；否者，斥之"②。这就是说，对待孔子之道，应以其是否合乎真理为判断标尺，与真理相契合，就予以吸收、继承；而与真理相违背，则予以剔除。对待孔子之道，李大钊倡导要"以为发育自我性灵之资养"③。对待中华传统价值观中的积极因素，应该"但学其有我，遵其自重之精神"④。现代化是从西方开始起步的，中国作为后发外生型现代化国家，应该积极、主动地向西方学习。但对于中华传统价值观，不能一概予以否定，而是要在中国现代化的推进中厚植其价值根基。关于怎样在中国现代化的推进中厚植中华传统价值的根基，李大钊给出的方案是走中西融合之道，他精辟地将东洋文明与西洋文明比喻为世界进步的两大机枢，二者好似车之双轮、鸟之两翼，是缺一不可的。在李大钊看来，二者"时时调和、时时融会，以创造新生命，而演进于无疆"⑤。陈独秀对儒家的纲常名教进行了猛烈批判，但并非全盘否定儒家的学说。诚如贺麟所言，"新文化运动的最大贡献在于破坏和扫除儒家的僵化部分的躯壳的形式末节，及束缚个性的传统腐化部分。它并没有打倒孔孟的真精神、真思想、真学术"，是"促进儒家思想新发展的一个大转机"⑥。由此

① 《李大钊全集》第 1 卷，人民出版社，2006，第 152 页。
② 《李大钊全集》第 1 卷，人民出版社，2006，第 245 页。
③ 《李大钊全集》第 1 卷，人民出版社，2006，第 245 页。
④ 《李大钊全集》第 1 卷，人民出版社，2006，第 152 页。
⑤ 《李大钊全集》第 2 卷，人民出版社，2006，第 214 页。
⑥ 转引自宋志明《儒家思想的新开展：贺麟新儒学论著辑要》，中国广播电视出版社，1995，第 76 页。

可以看出，早期中国共产党对传统价值观进行批判而非全盘否定，引发了后人进一步思考哪些传统价值观可以为现代化的发展提供助益，哪些会妨碍现代化的进步而需要坚决抛弃。中国共产党早期领导人恽代英也认为"居于今日之世界，宜沟通中西文明之优点，以造成吾国之新精神"①。沟通中西文明之优点，既包括汲取西方价值观之所长，也包括吸收西方现代化的优点。与此同时，在现代化建设上亦不能失掉"中国特色"，对中华优秀传统价值观予以赓续与传承。沟通中西文明之优点，反映在价值观层面上，可理解为结合中国式现代化的拓展与深化状况，在推动中华优秀传统价值观更新与转型基础上，构建中国式价值观。而中国式价值观的塑造，正是以中国共产党的领导为根本的中国式现代化厚植中华优秀传统价值观的生动展现。

关于怎样厚植中国式现代化中华优秀传统价值观之根，中国共产党提出了"创造性转化与创新性发展"的路径。习近平总书记在文艺工作座谈会上的讲话中指出："传承中华文化，绝不是简单复古，也不是盲目排外，而是古为今用、洋为中用，辩证取舍、推陈出新，摒弃消极因素，继承积极思想，'以古人之规矩，开自己之生面'，实现中华文化的创造性转化和创新性发展。"② 在现代化建设中，对待中华优秀传统价值观，不能原封不动地搬来，不加分析地套用。数千年积淀下来的中华传统价值观，其中既有精华成分，又不乏糟粕；既有与中国式现代化拓展与深化相适宜的成分，也有与中国式现代化拓展与深化不相适宜的成分。厚植中华优秀传统价值观，必须结合中国式现代化的建设所需，做到目标明确、心中有数。习近平总书记强调："中华优秀传统文化，蕴含着丰富的思想道德资源。比如，在坚守道德底线方面，强调'己所不欲，勿施于人'、'与人为善'、'以己度人'、'推己及人'，'君子忧道不忧贫'，要恪守'良知'，做到'俯仰无愧'。再比如，在树立道德理想方面，强调'大道之行也，天下为公'，人要'止于至善'，有社会责任感，追求崇高理想和完美人格，倡导'兼善天下'、'利济苍生'、'修身齐家治国平天下'，'见贤思齐焉，见不

---

① 《恽代英文集》上卷，人民出版社，1984，第55页。
② 习近平：《在文艺工作座谈会上的讲话》，人民出版社，2015，第26页。

贤而内自省也',做君子、成圣贤。"① "中华民族在长期实践中培育和形成了独特的思想理念和道德规范,有崇仁爱、重民本、守诚信、讲辩证、尚和合、求大同等思想,有自强不息、敬业乐群、扶正扬善、扶危济困、见义勇为、孝老爱亲等传统美德。"② 习近平总书记谈到的凡此种种中华传统价值观中的精华部分,是中国式现代化拓展与深化的坚实基础。与此同时,我们也应认识到中华传统价值观中既存在与中国式现代化建设相适应的积极思想,也存在与中国式现代化建设不相适应的消极因素。厚植中华优秀传统价值观之根,不可能在封闭、孤立的环境中进行。而在开放的条件下厚植中华优秀传统价值观之根,就不仅要处理好中华优秀传统价值观与落后价值观的关系,还要处理好中华传统价值观与现代价值观、西方价值观的关系。对待中华传统价值观,既不能简单复古,也不能盲目排外,而是要古为今用、洋为中用,辩证取舍,如此才能推陈出新。结合中国式现代化的拓展与深化所需,推动中华优秀传统价值观创造性转化与创新性发展,关键是坚持党的领导。中国共产党作为一个有着强烈使命意识、明确担当精神的责任型政党,在中国式现代化的思想文化建设特别是创造性转化与创新性发展中华优秀传统价值观方面,展现出前所未有的自觉性与主动性。中国共产党百余年的发展史,既是一部现代化建设的担当史,也是一部中华优秀传统价值观在党的领导的现代化进程中,根据不同历史时期的现代化建设目标与任务,而展开的从批判、反思到辩证分析和继承发展,再到进入创造性转化与创新性发展境界的历史。③ 中国共产党为创造性转化与创新性发展中华优秀传统价值观明确了坚持社会主义的发展方向,设定了建成文化强国的发展目标,部署了分阶段推进的战略任务。以中国共产党的领导为根本的中国式现代化,在推动中华优秀传统价值观创造性转化与创新性发展上,发挥了"指南针""定盘星"的作用。因此,以中国共产党的领导为根本的中国式现代化厚植了中华优秀传统价值之根。

---

① 《习近平关于社会主义文化建设论述摘编》,中央文献出版社,2017,第141页。
② 习近平:《在文艺工作座谈会上的讲话》,人民出版社,2015,第25—26页。
③ 堂圣元:《从建设性批判到创新性转化——中国共产党人的百年传统文化观》,《江海学刊》2021年第5期。

二 从创造性转化认识中国式现代化厚植中华优秀传统价值之根

中国共产党在开拓、推进与拓展中国式现代化中厚植中华优秀传统价值之根，回答的是中国式现代化进程中对待传统价值观的态度问题。中国共产党以什么为指导在中国式现代化建设中厚植中华优秀传统价值之根，回答的是中国式现代化如何传承运用传统价值观的问题。中国式现代化厚植中华优秀传统价值根基之所以行，就在于始终以马克思主义为指导，结合实际对中华传统价值观进行创造性转化。习近平总书记在纪念马克思诞辰 200 周年大会上，将马克思主义的本质特征概括为科学性、人民性、实践性与开放性四个方面。这四个方面的本质特征，决定了厚植中华优秀传统价值根基具有科学的世界观与方法论作引导，在价值立场上具有非中立性，在价值追求上致力于满足于人民获得真幸福，在对话对象上突破时空界限。

首先，作为中国式现代化指导思想的马克思主义具有科学性，这决定了厚植中华优秀传统价值根基具有科学的世界观与方法论作引导。中华传统价值观形成于传统农业社会，并不是所有的中华传统价值观都与中国式现代化相契合。中国式现代化以具有科学性的马克思主义为指导，马克思主义的科学性集中体现在对中华传统价值观的认识上并非全面肯定或全面否定，而是结合中国式现代化的建设实际，对中华传统价值观取其精华、去其糟粕，这使中华传统价值之根的厚植与接续，得以建立在优秀传统价值之根的基础上。马克思主义不是主观臆想的产物，而是"在批判旧世界中发现新世界"中形成的科学理论。这里的"新"和"旧"，并不仅仅是时间层面的，而是偏重于发展是否具有合理性。中国式现代化以具有科学性的马克思主义为指导，在批判西方现代化不合理之处的同时，不断拓展与深化自身发展的空间。中华优秀传统价值观在中国式现代化的开拓、拓展与深化中，始终作为价值基因而延续。人类社会当前不管是在人与人的关系、人与自然的关系、人与社会的关系还是人与自身的关系上，都面临诸多挑战，可谓陷入一种总体性的困境之中。从根本上说，人类所陷入的总体性困境，主要是西方不合理的价值观与欠妥当的现代化发展模式造成的。在对西方现代化进行深刻反思的同时，从具有世界性、人类性维度的非西方价值智慧中寻求给养，就显得尤为重要。习近平总书记指出，"包括儒家思想在内的中国优秀传统文化中蕴藏着解决当代人类面临的难题的重要启示"①。中华优秀传统价值观不仅为中国人提供了价值滋养，对解决人类难题也具有重要价值，其之于人类现代化的发展具有世界性的意义。中国式现代化具有深厚的中华优秀传统价值意蕴。以具有科学性的马克思主义为指导的中国式现代化，越是在与西方现代化的对比中彰显价值优势，越有助于中华优秀传统价值根基的厚植与接续。

其次，作为中国式现代化指导思想的马克思主义具有人民性，这决定了厚植中华优秀传统价值根基在价值立场上具有非中立性。形成于古代的中华传统价值观，服务的对象主要是封建统治者。而马克思主义作为中国式现代化的指导思想，并不是价值中立的，而是为无产阶级服务的。以马克思主义为指导的中国式现代化，所厚植的中华传统价值之根，突出地体现为它的人民性。以具有人民性的马克思主义为指导的中国式现代化，致力于为人民造福。以马克思主义为指导的中国式现代化之所以具有乘风破浪、一往无前的伟大力量，之所以为亿万人民群众所认同，就是因为它反映与代表了人民的利益和愿望。反映与代表人民利益和愿望的中国式现代化，在发展动力上，始终依靠人民；在发展目标上，始终追求人民共享现代化成果；在发展评价上，始终以人民是否拥护、赞成、高兴、答应为衡量标准。中国式现代化的开拓与推进离不开中华优秀传统价值观的滋养。而以具有人民性的马克思主义为指导的中国式现代化，在促进全体人民共同富裕、人的全面发展、人与自然和谐共生等方面所作出的努力，也为富民、裕民、惠民、利民等传统价值之根的厚植与接续提供了现实依托。

再次，作为中国式现代化指导思想的马克思主义具有实践性，这决定了厚植中华优秀传统价值根基建立在创造幸福生活上。马克思主义具有鲜明的实践品格，其是指导人们能动地改造世界的理论。以具有实践性的马克思主义为指导思想的中国式现代化，有助于为探讨"新文明再造之前途"贡献中国价值、中国智慧。"新文明再造之前途"的命题，是由梁启超提出的。他认为西方"一百年物质的进步，比从前三千年所得的还加几

---

① 习近平：《在纪念孔子诞辰 2565 周年国际学术研讨会暨国际儒学联合会第五届会员大会开幕会上的讲话》，人民出版社，2014，第 6 页。

倍，我们人类不惟没有得着幸福，倒反带来灾难"①。西方作为现代化的发源地，至今拥有着包括话语权在内的极大势能。② 然而，西方现代化所带来的贫富两极分化、人与自然关系的紧张以及充满血腥罪恶的发展方式等弊病，促使人们对之进行整体性的批判。在马克斯·韦伯看来，现代化从本质上看，就是工具理性化。罗荣渠从中西价值观对比的角度指出："在现代化阶段缺少工具理性价值的文化资源，被西方价值观视为无价值的东西，也可能具有超越的价值。"③ 罗荣渠所分析的这种"可能"，在中华民族已经"站起来"、"富起来"并走在"强起来"道路上的今天，已经成为现实。以具有实践性的马克思主义为指导的中国式现代化在推动全体人民共同富裕、促进物质文明与精神文明相协调、实现人与自然和谐共生等方面，与西方现代化形成了鲜明对比。中华优秀传统价值观作为中国式现代化总体超越西方现代化的价值根基，蕴含着纠治西方现代化种种弊病的"药方"。而这一"药方"的获取，并不是简单地将整个中华优秀传统价值观作为根基，而是在具有实践性的马克思主义指导下，在中国式现代化的推进与拓展中，始终坚持现实导向、问题导向，从"新文明再造之前途"的价值维度进行反思。

最后，作为中国式现代化指导思想的马克思主义具有开放性，这决定了厚植中华优秀传统价值根基要同古今中西的价值观展开对话。马克思主义具有开放性，是不断发展着的理论。以具有开放性的马克思主义为中国式现代化的指导思想，在厚植中华优秀传统价值之根上表现为纵横两个方面的开放。从横向上看，中国式现代化的"中国式"，有一个重要的"他者"，那就是西方现代化。④ 以具有开放性的马克思主义为指导的中国式现代化，在厚植中华优秀传统价值之根上，要处理好与西方价值观的关系。其中既包括处理好与中国式现代化发展相协调、相适应的西方价值观的关系，也包括处理好与中国式现代化发展不相适应、不相协调的西方价值观的关系。也就是说，以具有开放性的马克思主义为指导的中国式现代化，

---

① 梁启超：《欧游心影录》，商务印书馆，2014，第 52 页。
② 沈湘平：《中国式现代化道路的传统文化根基》，《中国社会科学》2022 年第 8 期。
③ 罗荣渠：《现代化新论——中国的现代化之路》，华东师范大学出版社，2013，第 417 页。
④ 沈湘平：《中国式现代化道路的传统文化根基》，《中国社会科学》2022 年第 8 期。

在厚植中华优秀传统价值之根的问题上要向同时代的形形色色的价值观开放。从纵向上看，中国式现代化的"现代"，是相对于"传统"而言的，以具有开放性的马克思主义为指导的中国式现代化，在向同时代的各种价值观开放的同时，也要向传统社会形成的中西方价值观开放。与此同时，以具有开放性的马克思主义为指导的中国式现代化，还要向未来开放。随时准备研究中国式现代化推进过程中的新情况、解决中国式现代化推进过程中的新问题。中华优秀传统价值观有助于对中国式现代化新情况、新问题的解决起到濡化作用。与此同时，中华优秀传统价值观也有助于在中国式现代化新情况的分析与新问题的解决中，实现自身价值根基的厚植与接续。由此可知，以具有开放性的马克思主义为指导的中国式现代化，无论是从横向维度来看，还是从纵向维度来看，都要解决中华优秀传统价值观的滋养与精神家园的问题。

中国共产党既是马克思主义的忠诚信奉者与坚定实践者，也是中华优秀传统价值观的忠实继承者与积极弘扬者。马克思主义是中国共产党的精神武器，其不仅在基本原理上是科学的，还拥有与时俱进的理论品质。换而言之，与时俱进是马克思主义具有科学性的重要体现。中国现代化起步于近代。"在近代中国最危急的时刻，中国共产党人找到了马克思列宁主义，并坚持把马克思列宁主义同中国实际相结合，用马克思主义真理的力量激活了中华民族历经几千年创造的伟大文明，使中华文明再次迸发出强大精神力量。"[1] 马克思主义作为深刻揭示自然界、人类社会、人类思维发展普遍规律的理论体系，被中国共产党作为精神武器以后，极大地促进了中华民族的觉醒。中国共产党之所以能用马克思主义真理力量激活中华民族历经几千年创造的包括中华优秀传统价值观在内的中华文明，一个重要原因在于诸多中华优秀传统价值观与马克思主义是相融相通的。比如，马克思主义实践观与中华优秀传统价值观中的"经世致用""知行合一"相契合，马克思主义对建立自由人联合体的向往与中华优秀传统价值观中的"天下大同"相融通。马克思主义与中华优秀传统价值观的相融相通，为以马克思主义为指导的中国式现代化厚植中华优秀传统价值根基提供了重

---

[1] 《习近平谈治国理政》第 4 卷，外文出版社，2022，第 509 页。

要的思想文化基础。

习近平总书记指出："不忘本来才能开辟未来,善于继承才能更好创新。"① 中国共产党领导的中国式现代化,以马克思主义为人类求解放为目标,致力于不断满足人民对美好生活的期待,这使中华传统价值观以民为本的思想得到创造性转化与创新性发展;中国共产党领导的中国式现代化,以马克思主义认识论、马克思主义实践论为指导,坚持解放思想、实事求是、与时俱进、求真务实,赋予中华优秀传统价值观中的实事求是精神以新的时代意涵;中国共产党领导的中国式现代化,以马克思主义世界历史理论为指导,矢志不渝坚持走和平发展道路,在坚定站在历史正确一边、站在人类文明进步一边的条件下,赋予中华优秀传统价值观中的"协和万邦""和衷共济""守望相助"等以更为丰富的思想意涵。100 余年来,中国共产党立足本国国情,坚持马克思主义的立场、观点、方法,紧密结合现代化建设在理论与实践上的要求,不断从中华优秀传统价值观中汲取思想智慧,逐渐深化对中国现代化建设的规律性认识,成功开辟并逐渐拓展了中国式现代化新道路。而以马克思主义为指导的中国式现代化,不断为中华优秀传统价值观注入新的时代血液,推动其持续焕发新的生机与活力,也即不断厚植了中华优秀传统价值之根。

三　从创新性发展认识中国式现代化厚植中华优秀传统价值之根

习近平总书记在学习贯彻党的二十大精神研讨班开班式上提出了"中国式现代化体现科学社会主义的先进本质"的重要论断。作为科学社会主义的最新重大成果,中国式现代化生动体现了科学社会主义价值观主张的本质意蕴。党的二十大报告强调,"中华优秀传统文化源远流长、博大精深,是中华文明的智慧结晶,其中蕴含的天下为公、民为邦本、为政以德、革故鼎新、任人唯贤、天人合一、自强不息、厚德载物、讲信修睦、亲仁善邻等,是中国人民在长期生产生活中积累的宇宙观、天下观、社会观、道德观的重要体现,同科学社会主义价值观主张具有高度契合性"②。

---

① 《习近平谈治国理政》,外文出版社,2014,第 164 页。

② 习近平:《高举中国特色社会主义伟大旗帜 为全面建设社会主义现代化国家而团结奋斗——在中国共产党第二十次全国代表大会上的报告》,人民出版社,2022,第 18 页。

文化的核心是价值观。中华优秀传统价值观同科学社会主义价值观主张具有高度契合性。科学社会主义价值观主张，是科学社会主义宇宙观、科学社会主义天下观、科学社会主义社会观、科学社会主义道德观的重要体现。习近平总书记的重要论述从价值观主张层面回答了体现科学社会主义先进本质的中国式现代化厚植中华优秀传统价值之根何以可能，即以科学社会主义价值观主张为指引创新性发展中华优秀传统价值观。我们可以进一步从宇宙观、天下观、社会观、道德观四个方面，阐明体现科学社会主义价值观主张的中国式现代化如何厚植中华优秀传统价值之根。

在"宇宙观"方面，体现科学社会主义价值观主张的中国式现代化厚植中华优秀传统价值之根。习近平总书记指出："马克思主义传入中国后，科学社会主义的主张受到中国人民热烈欢迎，并最终扎根中国大地、开花结果，决不是偶然的，而是同我国传承了几千年的优秀历史文化和广大人民日用而不觉的价值观念融通的。"① 在宇宙观方面，体现科学社会主义宇宙观的中国式现代化强调"人与自然和谐共生"，其与中华优秀传统价值观的"天人合一""道法自然""系统性思维"等主张具有高度契合性。

"人与自然和谐共生"是科学社会主义价值观的鲜明主张。人是自然界的有机组成部分。马克思指出，"自然界，就它自身不是人的身体而言，是人的无机的身体"②。恩格斯强调，"我们决不像征服者统治异族人那样支配自然界，决不像站在自然界之外的人似的去支配自然界——相反，我们连同我们的肉、血和头脑都是属于自然界和存在于自然界之中的"③。现代化起步于西方。西方资本主义虽然创造了巨大的物质财富，但把大自然作为被征服、被攫取的对象，人与自然呈现出一种对立性的关系。有研究者指出，典型的人类中心主义是在经过西方的文艺复兴和启蒙运动之后，由人道主义逐渐膨胀而形成的。原来追求天国的西方人，已把精力和才能几乎完全集中于发现物质、制造物品和商业算计，于是物质主义、经济主义和消费主义盛行。无数人的强大物欲在市场经济制度和现代法治的协调和规范之下，转化为可怕的征服自然和榨取自然的整体力量。这股整体力

---

① 《十九大以来重要文献选编》（中），中央文献出版社，2021，第301页。
② 《马克思恩格斯全集》第3卷，人民出版社，2002，第272页。
③ 《马克思恩格斯全集》第26卷，人民出版社，2014，第769页。

量一方面创造了巨量的物质财富，另一方面导致了当代人类正面临生态危机。① 中华优秀传统价值资源中蕴藏着人类摆脱此种危机的宝贵智慧。"天"与"人"的关系自古就是中国人尤为关注的一个重要议题。"天人合一"作为中华优秀传统价值观的精髓，是中华传统宇宙观的集中体现。"天人合一"的价值观强调人与自然是和谐共生、相互协调的关系。倡导"天人合一"的中华优秀传统价值观从统一性的角度来看待人与自然的关系，肯定二者是一个不可分割的统一体，人与自然应该而且能够和谐共生。中国式现代化是人与自然和谐共生的现代化，"人与自然和谐共生"实质上就是科学社会主义价值观主张强调的"自然的人化"与"人化的自然"的有机统一。这一价值观主张与中华优秀传统价值观中"天人合一"的价值理念具有高度的契合性。党的二十大报告将"人与自然和谐共生的现代化"概括为中国式现代化的五大中国特色之一，既有助于推动绿色发展，亦有助于厚植中华优秀传统价值之根。

科学社会主义反对资本主义生产方式下，对自然资源进行无节制的掠夺式开发。科学社会主义认为在资本主义生产方式下，生态危机之所以会出现，是人与自然的关系出现了不和谐。党的二十大报告指出："人与自然是生命共同体，无止境地向自然索取甚至破坏自然必然会遭到大自然的报复。"② 自然界的运行规律，是不以人的主观意志为转移的。人类能够能动地改造自然，但在改造自然的过程中，必须尊重并顺应自然规律。体现科学社会主义宇宙观主张的中国式现代化，追求人与自然和谐相处。推进并拓展中国式现代化，有助于厚植中华优秀传统价值之根。"道法自然"是我国道家内在的生存理念。我国古人认为，人的行为不能违背自然规律。比如，老子在《道德经》中就指出："人法地，地法天，天法道，道法自然。"③ 老子在这里所谈到的"自然"，是自身本然也即自然而然。在他看来，万物的本然状态是最好的状态。老子认为"天下万物生于有，有

---

① 卢风：《启蒙之后——近代以来西方人价值追求的得与失》，湖南大学出版社，2003，第325页。

② 习近平：《高举中国特色社会主义伟大旗帜 为全面建设社会主义现代化国家而团结奋斗——在中国共产党第二十次全国代表大会上的报告》，人民出版社，2022，第23页。

③ （春秋）老子：《道德经》，王丽岩译注，中国文联出版社，2016，第114页。

生于无"，提出"道生一，一生二，二生三，三生万物"①的宇宙生成模式。以老子为代表的道家，以"道"为本源，揭示了宇宙的发展规律。儒家也提出"天行有常"，强调自然规律的客观性，以"制天命而用之"强调人在自然面前不是完全消极被动的。习近平总书记指出："人类发展活动必须尊重自然、顺应自然、保护自然，否则就会遭到大自然的报复，这个规律谁也无法抗拒。"②在党的二十大报告中，尊重自然、顺应自然、保护自然被作为全面建设社会主义现代化国家的内在要求，促进人与自然和谐共生被视为中国式现代化的本质要求，其厚植了中华优秀传统价值之根。

科学社会主义认为事物是普遍联系的，强调运用发展的、系统的、联系的、全面的思维方法看待事物。这一思维方法与我国古人认识事物存在高度的契合性。我国古人强调的物极必反、否极泰来等传统价值观念，都体现了发展的、系统的、联系的、全面的价值思维。党的二十大报告提出"人与自然是生命共同体"的价值理念，指出："中国式现代化是人与自然和谐共生的现代化。"③科学阐述了人与自然是和谐共生的关系，生态治理应以发展、系统、联系、全面的价值思维推进。习近平总书记指出："生态是统一的自然系统，是相互依存、紧密联系的有机链条。"④他提出"山水林田湖是一个生命共同体，人的命脉在田，田的命脉在水，水的命脉在山，山的命脉在土，土的命脉在树"⑤等论断。我们唯有"像保护眼睛一样保护自然和生态环境"⑥，树立"人与自然是生命共同体"⑦的价值理念，坚持推动人与自然和谐共生的现代化，才能实现人类社会的永续发展。凡此种种观点，既体现并创新发展了科学社会主义的辩证思维方法，

---

① （春秋）老子：《道德经》，王丽岩译注，中国文联出版社，2016，第191页。
② 《习近平谈治国理政》第2卷，外文出版社，2017，第207页。
③ 习近平：《高举中国特色社会主义伟大旗帜 为全面建设社会主义现代化国家而团结奋斗——在中国共产党第二十次全国代表大会上的报告》，人民出版社，2022，第23页。
④ 《十九大以来重要文献选编》（上），中央文献出版社，2019，第452页。
⑤ 《习近平谈治国理政》，外文出版社，2014，第85页。
⑥ 习近平：《高举中国特色社会主义伟大旗帜 为全面建设社会主义现代化国家而团结奋斗——在中国共产党第二十次全国代表大会上的报告》，人民出版社，2022，第23页。
⑦ 习近平：《高举中国特色社会主义伟大旗帜 为全面建设社会主义现代化国家而团结奋斗——在中国共产党第二十次全国代表大会上的报告》，人民出版社，2022，第23页。

也极大地厚植了中华优秀传统价值之根。

在"天下观"方面，体现科学社会主义价值观主张的中国式现代化厚植中华优秀传统价值之根。科学社会主义"天下观"的核心要义是"人的解放"，这与中华优秀传统价值观中的"天下一家""王道天下""天下为公"等主张具有高度契合性。体现科学社会主义价值观与中华优秀传统价值观高度契合的"天下观"中的"天下"，具有不同层面的多样性意涵。我们大体可以从地理、政治、文化、哲学等维度，解析体现科学社会主义价值观主张的中国式现代化厚植中华优秀传统价值之根。

从地理维度来看，"天下"可从物理空间意义上来理解。深刻体现"人的解放"这一科学社会主义天下观核心要义的中国式现代化，把超越自然地域的全人类作为一个整体，致力于追求全人类的共同解放、共同进步，其与倡导"天下一家"的中华优秀传统价值观存在高度的契合性。推进并拓展体现科学社会主义天下观主张的中国式现代化，有助于厚植倡导"天下一家"的中华优秀传统价值之根。

从政治维度来看，"天下"可理解为政治疆域内的领土以及在这个领土上共同生活的主体所建构的一种政治结构和政治秩序。习近平总书记在党的二十大报告中明确指出："我国不走一些国家通过战争、殖民、掠夺等方式实现现代化的老路，那种损人利己、充满血腥罪恶的老路给广大发展中国家人民带来深重苦难。"[1] 在现代化道路上通过战争、殖民、掠夺的方式实现自身发展，所行的是"霸道之举"。体现科学社会主义"为人类求解放"价值观主张的中国式现代化，所走的是一条有别于西方"霸道之举"的和平发展道路，其与中华优秀传统价值观中的"王道天下"存在高度的契合性。推进并拓展体现科学社会主义"天下观"主张的中国式现代化，有助于厚植恪守"王道天下"的中华优秀传统价值之根。

从文化维度来看，"天下"可理解为一种价值思想和精神。科学社会主义认为，无产阶级只有解放全人类，才能解放自身。深刻体现"人类解放与民族解放相统一"这一科学社会主义天下观核心要义的中国式现代

---

[1]　习近平：《高举中国特色社会主义伟大旗帜 为全面建设社会主义现代化国家而团结奋斗——在中国共产党第二十次全国代表大会上的报告》，人民出版社，2022，第23页。

化，致力于构建人类命运共同体、创造人类文明新形态，其与秉持"天下情怀"、向往"天下大同"的中华优秀传统价值观存在高度的契合性。推进并拓展体现科学社会主义"天下观"主张的中国式现代化，有助于厚植崇尚"至大无外""至公无私"等中华优秀传统价值之根。

从哲学维度来看，"天下"可理解为一种价值思维和方法。科学社会主义的创始人马克思恩格斯曾经预言，"各民族的原始封闭状态由于日益完善的生产方式、交往以及因交往而自然形成的不同民族之间的分工消灭得越是彻底，历史也就越是成为世界历史"①。科学社会主义主张"无产阶级只有在世界历史意义上才能存在，就像共产主义——它的事业——只有作为'世界历史性的'存在才有可能实现一样"②，这种站位高远的价值思维以及透视大势的智慧方法，与倡导"以天下观天下"、强调"中和天下"的中华优秀传统价值观存在高度的契合性。推进并拓展体现科学社会主义"天下观"主张的中国式现代化，有助于厚植崇尚"以天下观天下""中和天下"等中华优秀传统价值之根。

在"社会观"方面，体现科学社会主义价值观主张的中国式现代化厚植中华优秀传统价值之根。社会观的核心问题，是处理人与社会的关系。中国式现代化是以人为中心的现代化。以人为中心的中国式现代化在社会以人为本与人以社会为本上的目的是一致的，即要提升人与社会的文明度。中国式现代化创造了人类文明新形态，"新"就新在人与社会文明度的双向提升上。旨在双向提升人与社会文明度的中国式现代化，体现了科学社会主义"社会观"中人与社会互本的价值思想，这一价值思想与中华传统民本社会观存在高度的契合性。推进与拓展体现人与社会互本主张的中国式现代化，有助于厚植中华传统民本社会观的价值根基。

科学社会主义的创始人马克思认为人是社会存在物，他将人的本质概括为一切社会关系的总和。人是社会存在物，是相对于人是类存在物而言的。费尔巴哈将人视为类存在物，然而类仅仅是人的自然属性。人作为灵长类动物，其之所以区别于动物，能够成为万物之灵，关键在于"化"。中国式现代化的推进过程，也是现代人不断实现社会化的过程。动物社会

---

① 《马克思恩格斯文集》第1卷，人民出版社，2009，第540—541页。
② 《马克思恩格斯文集》第1卷，人民出版社，2009，第539页。

具有简单性与机械性，其是"化"不起来的，社会化是人类社会独有的特征。社会化是由自然人到社会人的转变过程。无论是传统社会的人还是现代社会的人，降生到这个世界伊始，与动物并无多大的分别。人之所以成为人、之所以成为现代人，关键在于能够实现社会化。实现社会化的现代人，身上同样带有动物的属性。中国式现代化是促进人的全面发展的现代化，其有助于蜕掉人身上因资本逐利而保留甚至放大的动物性，彰显人作为万物之灵长的人性。

中国式现代化体现了"社会不以人为本就不成其为社会"的科学社会主义价值观主张，其推进与拓展有助于厚植中华优秀传统价值观。马克思作为科学社会主义的创始人，明确指出："社会，即联合起来的单个人。"① 无数的个人，是中国式现代化开拓、推进与拓展的主体。开拓、推进与拓展中国式现代化的目的，在于塑造更加理想的社会图景。人是实现中国式现代化的根本，以中国式现代化擘画更加美好的社会蓝图，必须时时处处以人为本，为人着想、为人造福。中华传统民本社会观蕴含的"民惟邦本，本固邦宁"②，"为政之道，以顺民心为本，以厚民生为本，以安而不扰为本"③ 等价值思想，同"社会不以人为本就不成其为社会"的科学社会主义价值观主张存在高度的契合性。致力于增进民生福祉的中国式现代化的推进与拓展，有助于厚植中华优秀传统价值观。公平正义是中国式现代化的内在要求，这一内在要求既是空想社会主义者奋力实现的"乌托邦""太阳城""法郎吉"，以及马克思和恩格斯所致力打造的"自由人联合体"的价值追求，也是中国古人向往建立的"大同社会"的首要价值取向。公平正义是衡量社会是不是以人为本的标尺，也是以中国式现代化推动幸福社会建设的底线。随着体现科学社会主义社会观主张的中国式现代化的推进与拓展，"安民富民""公平正义"等中华优秀传统价值根基也得以越扎越深。

中国式现代化体现了"人不以社会为本就不成其为人"的科学社会主义价值观主张，其推进与拓展有助于厚植中华优秀传统价值之根。人是社

---

① 《马克思恩格斯全集》第 30 卷，人民出版社，1995，第 526 页。
② 《尚书·五子之歌》。
③ 《二程集·代吕公著应诏上神宗皇帝书》。

会的人，社会是人的社会。社会是由人组成的，人也不能脱离社会而存在。社会在以人为本的同时，人也应以社会为本。以社会为本的人，才是真正意义上的人。中国式现代化的推进与拓展过程，也是塑造真正意义上"现代化的人"的过程。现代化的人既要维护作为个体的利益，同时又要顾及集体的利益。我国战国时期大思想家孟子认为"物之不齐，物之情也"①。个体之间的利益不相协调甚至存在冲突，是中国式现代化推进过程中不能回避的问题。党的二十大报告强调："我们坚持把实现人民对美好生活的向往作为现代化建设的出发点和落脚点。"② 实现人民对美好生活的向往，既要满足个体合理、合法的利益诉求，不能无端以维护集体利益为理由，妨碍个体享有美好生活的权利，同时也要避免因过分强调个体利益，而损害他人甚至集体的利益。科学社会主义的创始人马克思将人的本质归结为"一切社会关系的总和"③。中国式现代化体现的"人不以社会为本就不成其为人"的科学社会主义价值观主张，归根结底是由人的本质决定的。越是按照现代化的伦理规范来处理人与人、人与社会的关系，其"总和"就越大，人的本质也就越凸显。反之，越是置现代化的伦理规范于不顾，其"总和"就越小，人的本质就越弱化。④ 中华优秀传统价值观注重从整体上把握思维对象，当个体利益与他人利益、集体利益发生矛盾时，强调顾及他人利益、服从整体利益。比如，我国古人强调的"先天下之忧而忧，后天下之乐而乐"⑤，"天下兴亡，匹夫有责"⑥ 等，就凸显了把整体作为人生的价值取向，突出个体对社会整体的责任与义务。在这一传统价值取向的熏陶下，逐渐养成了中国人以社会为本的价值理念。中国式现代化体现了"人不以社会为本就不成其为人"的科学社会主义价值观主张，这一价值观主张与中华传统民本社会观存在高度的契合性。随着体现科学社会主义"社会观"主张的中国式现代化的推进与拓展，中华传统

---

① 《孟子·滕文公上》。
② 习近平：《高举中国特色社会主义伟大旗帜 为全面建设社会主义现代化国家而团结奋斗——在中国共产党第二十次全国代表大会上的报告》，人民出版社，2022，第 22 页。
③ 《马克思恩格斯文集》第 1 卷，人民出版社，2009，第 505 页。
④ 邓伟志：《以人为本，还是以社会为本？——一种人与社会"互本"的理论图景》，《人民论坛·学术前沿》2014 年第 1 期。
⑤ 《岳阳楼记》。
⑥ 《日知录·卷十三·正始》。

民本社会观的价值根基也得以更好地厚植与接续。

在"道德观"方面，体现科学社会主义价值观主张的中国式现代化厚植中华优秀传统价值之根。中国式现代化是以人为本的现代化。推进并拓展中国式现代化的重要目的之一，在于塑造现代化的人。如果我们进一步追问，现代化的人又以什么为本？答案是"品德"。

习近平总书记指出："人无德不立，品德是为人之本。"① 关于"道德"，马克思用"旧"与"新"对之进行了进一步的区分。马克思眼中的"道德"，一共有两种。一种是抽象的、虚假的旧道德，此种道德是马克思无情加以批判的。此外，还有一种是在批判旧道德的过程中，潜在表达出的新道德，这种道德不同于抽象的、虚假的旧道德，其是真正的、具体的。② 在道德观方面，体现科学社会主义价值观主张的中国式现代化，注重从现实生活出发想问题、办事情。马克思明确表示："不是意识决定生活，而是生活决定意识。"③ 道德作为意识的重要表现形式之一，是从现实的前提出发的，它一刻也离不开这种前提。中国式现代化建设的目标在于塑造现代化的人。现代化的人"不是处在某种虚幻的离群索居和固定不变状态中的人，而是处在现实的、可以通过经验观察到的、在一定条件下进行的发展过程中的人"④。中国式现代化体现了科学社会主义理论的先进性。科学社会主义理论的先进性，体现在将真正的道德建立在"现实的人"的基础之上。马克思强调，我们"不是从观念出发来解释实践，而是从物质实践出发来解释各种观念形态"⑤。所有的道德基础，均是以物质利益和由物质生产关系制约与决定的意志为基础的。道德背后一定承载着利益。

体现科学社会主义道德观的中国式现代化，在推进与拓展中当触及道德问题时，没有脱离物质利益和价值理念来抽象地加以谈论，而是将着眼点始终聚焦于"真正人的道德"。"真正人的道德"何以可能，是中国式现代化在推进与拓展中关注的一大核心议题。恩格斯给了我们思想上的启

---

① 《习近平谈治国理政》第 3 卷，外文出版社，2020，第 337 页。
② 王秀华、靳娇娇：《马克思主义如何认识"道德"》，《学习时报》2022 年 10 月 24 日。
③ 《马克思恩格斯文集》第 1 卷，人民出版社，2009，第 525 页。
④ 《马克思恩格斯文集》第 1 卷，人民出版社，2009，第 525 页。
⑤ 《马克思恩格斯文集》第 1 卷，人民出版社，2009，第 544 页。

迪。他认为："只有在不仅消灭了阶级对立，而且在实际生活中也忘却了这种对立的社会发展阶段上，超越阶级对立和超越对这种对立的回忆的、真正人的道德才成为可能。"① 也就是说，"真正人的道德"建立的核心在于"消除对立"。贫富两极分化、人与自然关系的紧张、物质文明与精神文明的不相协调、因奉行霸权而带来紧张的国际关系等，都是在现代化建设中出现的对立现象。中国式现代化的推进与拓展过程，也是"获得真正的道德"的过程。而这需要摧毁"贫困、劳动折磨、受奴役、无知、粗野和道德堕落的积累"②，通过现实运动消除人与人、人与自然、人与社会以及人与自身的对立关系，从而实现真正的道德。中国式现代化体现了科学社会主义价值观主张的本质意蕴。而科学社会主义价值观主张，是科学社会主义基本原则在价值理念上的体现。诸如"真正人的道德"等价值观主张，反映了科学社会主义的本质要求，其是中国式现代化所蕴含独特价值观的科学基础。科学社会主义基本原则体现的是人民的利益诉求，其价值观主张彰显了以人民为中心的价值立场，表达了人民的价值思想，体现了人民的价值追求。

中华优秀传统价值观与科学社会主义价值观主张在深层次上具有一致性和相通性。无论是中华优秀传统价值观还是科学社会主义价值观，关注的一大焦点问题都是"成人"。科学社会主义价值观侧重于人如何从资本的奴役下解放出来，强调在阶级关系极端对立的资本主义社会中，总有不道德的一面，总是"激起人们的最卑劣的冲动和情欲"③，认为"鄙俗的贪欲是文明时代从它存在的第一日起直至今日的起推动作用的灵魂"④。而我国古人也提出了"道德当身，故不以物惑"等价值观主张。由此可见，"成人"是二者的共同轴心。

"成人"并非一个自然而然的过程，而是不断建构与造就的结果。中华优秀传统价值观注重"修身"以成人，"修身"不是一蹴而就的，而是需要不断地建构与造就。科学社会主义价值观强调建立"真正人的道德"，

---

① 《马克思恩格斯文集》第9卷，人民出版社，2009，第100页。
② 《马克思恩格斯文集》第5卷，人民出版社，2009，第744页。
③ 《马克思恩格斯文集》第4卷，人民出版社，2009，第196页。
④ 《马克思恩格斯文集》第4卷，人民出版社，2009，第196页。

要通过努力不断消除各种对立关系。体现科学社会主义价值观主张的中国式现代化，在塑造"现代化的人"的问题上，与注重过程性、强调"修身"以"成人"的中华优秀传统价值观是同频共振的，均呈现出建构主义的特点。江畅指出："近一个世纪以来，科学社会主义与中国实际结合所取得的重大历史成就证明，科学社会主义是适合中国国情的，它可以回答和解决当代中国面临的时代问题和发展问题，有可能与中国历史文化实现更深程度、更富成果的融合。"[1] 科学社会主义价值观主张与中华优秀传统价值观在"成人"特别是造就"现代化的人"的问题上具有高度的契合性。

中国式现代化蕴含中华优秀传统价值之根，而中国式现代化又体现了科学社会主义价值观主张的本质意蕴。从推进与拓展中国式现代化的角度来看，科学社会主义价值观主张与中华优秀传统价值观融合的立足点，是科学社会主义价值观。科学社会主义是现代化大工业发展的产物，它既肯定了现代化大工业的历史进步性，也认识到了资本主义的历史局限性。由此所形成的科学社会主义价值观为人们指明了走出资本主义困境的道路，而这一道路就是以社会主义超越资本主义，它为中国式现代化的发展指引了正确方向。而中华传统价值观与科学社会主义价值观不同，其形成于传统社会时期，建立在小农经济基础之上，其中一些内容为封建专制主义所利用，被尊奉为传统社会的意识形态与价值体系。[2] 江畅在谈及二者融合的问题时特别强调，"立足点是科学社会主义的融合，而不是相反"[3]。他将二者的融合称为一种"化学反应式"的融合。在化学反应中，催化剂的作用至关重要。将二者的融合比拟为"化学反应式"的融合，也即要用科学社会主义价值观以及当前先进的思想文化为"催化剂"，对中国传统思想文化内容进行创新性发展。如此，二者才能实现更深程度、更富成果的融合。"实现更深程度的融合"可理解为是就中华优秀传统价值之根"厚植的深度"而言的，而"实现更富成果的融合"可理解为是就中华优秀传统价值之根"接续的广度"而言的。中国式现代化蕴含独特的价值观，而

---

① 江畅：《儒家道德与中国社会主义精神》，《思想理论教育》2017年第2期。
② 江畅：《儒家道德与中国社会主义精神》，《思想理论教育》2017年第2期。
③ 江畅：《儒家道德与中国社会主义精神》，《思想理论教育》2017年第2期。

中华优秀传统价值观是中国式现代化的价值之根。科学社会主义代表着人类社会的前进方向，将立足点置于体现科学社会主义"道德观"的中国式现代化的推进与拓展上，有助于更深入地厚植并更广泛地接续中华优秀传统价值之根。

第二章　中国式现代化蕴含独特的
传统价值立场

中国式现代化建设的出发点和落脚点均是"人民"。[①] "人民性"是中国式现代化的价值底色，这一底色是由中国式现代化的领导力量决定的，是由人民是推动历史发展根本力量的历史唯物主义原理决定的，是由社会主义的本质属性决定的。中国式现代化始终把人民立场作为根本价值立场，把坚持人民至上、紧紧依靠人民、不断造福人民融贯于中国式现代化建设过程中。姓"中"名"社"的中国式现代化，蕴含着"国以守民心、尊民意、解民忧、聚民力为本"的鲜明价值立场。其内在的价值逻辑是，中国式现代化蕴含中华传统"民为国本"的价值立场，既然民为国本，就要守好人民群众的心，而守好人民的心就必须体察并尊重人民的意志，尊重人民的意志就要体恤人民、关心人民的疾苦，唯有忧人民之所忧，不断为民谋利，才能更好地汇聚民力。从世界现代化发展谱系上看，现存的现代化模式主要有两种，即在价值立场上以资本为中心的西方现代化和以人民为中心的中国式现代化。在价值立场上以资本为中心的西方现代化是为资本服务的，其导致了人的异化，以人民为中心的中国式现代化内蕴着"民为国本"的中华优秀传统价值立场，从根本意义上讲，其是为人民服务的，价值指向在于为民造福。从资本逻辑到人本逻辑是中国式现代化在价值立场上对西方现代化的根本超越。

---

① 陈忠：《世界文明史意蕴下中国式现代化的方法论价值》，《探索与争鸣》2022 年第 11 期。

第一节　中国式现代化始终把人民立场作为根本价值立场

习近平总书记于 2023 年 5 月 31 日在《求是》杂志发表的文章《中国式现代化是中国共产党领导的社会主义现代化》中指出："'中国式现代化，是中国共产党领导的社会主义现代化。'这是对中国式现代化定性的话，是管总、管根本的。"① 人民立场是中国共产党的根本政治立场，社会主义是中国式现代化的根本性质。中国共产党的领导决定了具有社会主义性质的中国式现代化，是以人民为中心的现代化，是紧紧依靠人民的现代化，是不断造福人民的现代化。

一　中国式现代化是以人民为中心的现代化

现代化是人类不可逆转的历史潮流，也是近代以来中国人民孜孜以求的崇高梦想。中国的现代化之路充满了坎坷与曲折，在中国共产党成立以前，各种政治力量轮番登上历史的舞台，但没有一个领导力量能真正肩负起引领中国实现现代化的时代重任。中国共产党的成立，标志着中国的现代化之路开启了新的历史篇章。中国共产党之所以能开启中国现代化历史新篇章，是因为其作为马克思主义政党具有先进性。人民性是马克思主义的本质属性，人民立场是中国共产党的根本政治立场，这是马克思主义政党较之于其他政党具有先进性的显著标志。中国式现代化是由具有人民性的中国共产党领导的，这决定了其是以人民为中心的现代化。

（一）中国共产党是中国式现代化的领导力量

党的二十大报告指出，"中国式现代化，是中国共产党领导的社会主义现代化"②。这一重大论断旗帜鲜明地指出中国共产党的领导是中国式现代化的根本保证。带领人民建设社会主义现代化强国是中国共产党自成立以来不渝的目标追求。一部中国共产党的历史，就是一部党领导人民追求

---

① 习近平：《中国式现代化是中国共产党领导的社会主义现代化》，《求是》2023 年第 11 期。
② 习近平：《高举中国特色社会主义伟大旗帜 为全面建设社会主义现代化国家而团结奋斗——在中国共产党第二十次全国代表大会上的报告》，人民出版社，2022，第 22 页。

现代化、创造现代化、发展现代化的伟大历史。新民主主义革命时期，中国共产党团结带领广大的人民群众，经过28年的浴血奋斗，完成了救国大业，为开辟中国式现代化道路创造了根本社会条件。社会主义革命和建设时期，中国共产党团结带领人民完成了兴国大业，为中国式现代化奠定了物质和制度基础。改革开放和社会主义现代化建设新时期，中国共产党团结带领人民扬起了改革开放的时代风帆，开创并发展了中国特色社会主义，为中国式现代化的形成提供了坚实的物质条件和实践基础。党的十八大以来，以习近平同志为核心的党中央，科学回答了"建设什么样的社会主义现代化强国，怎样建设社会主义现代化强国"的重大时代课题，成功推进并拓展了中国式现代化。在中国共产党的领导下，中国式现代化道路得以开辟、中国式现代化理论得以形成、中国式现代化实践不断推进。中国共产党是中国式现代化的根本领导力量，没有中国共产党就没有中国式现代化。

（二）人民立场是中国共产党百余年来始终如一的价值基础

为什么中国共产党能够带领人民成功推进并拓展中国式现代化？对这一问题的求索，有必要从中国共产党的价值基础中寻找答案。一个政党的价值基础，反映的是其"来源于谁""为了谁"等基本面。《中国共产党章程》明确指出，中国共产党是中国工人阶级的先锋队，同时是中国人民和中华民族的先锋队。在这两个先锋队中，前者表明中国共产党有着坚实的阶级基础，后者表明中国共产党有着广泛的群众基础。这也意味着中国共产党来源于工人阶级和人民大众中的先进分子。[①] 来源于工人阶级和人民大众中先进分子的中国共产党，除了人民的利益之外没有自己特殊的利益。《共产党宣言》鲜明指出，"共产党人不是同其他工人政党相对立的特殊政党"，"他们没有任何同整个无产阶级的利益不同的利益"。[②] 中国共产党为了人民的利益而生，其对于人民的最大价值在于不仅代表人民的利益，而且能够将人民有效组织起来投身实现自己利益的伟大实践。中国共产党与人民的关系好似鱼与水的关系。脱离了人民群众的中国共产党，好

---

① 欧健、邱婷：《习近平人民中心观的形成逻辑与基本内涵》，《社会主义研究》2019年第1期。
② 《马克思恩格斯文集》第2卷，人民出版社，2009，第44页。

似离开了"水"的"鱼",一天都不能生存。正是因为党与人民之间存在一体的价值联系,因而百余年来党所进行的一切奋斗、一切牺牲、一切创造,都是为了增进民生福祉。中国共产党的性质决定了人民立场是其根本的政治立场,决定了百余年来始终坚持人民的价值基础地位。

(三)中国式现代化以党的领导为政治保障,决定了其是以人民为中心的现代化

中国共产党是代表全体人民利益的马克思主义政党,是真正服务全体人民的政党。习近平总书记指出,中国共产党要讲党性,而"党性说到底就是立场问题"[1]。坚持人民立场,是中国共产党向世人作出的庄严承诺。中国式现代化由坚持人民立场的中国共产党领导,决定了其推进与拓展始终把"人民高兴不高兴、答应不答应、满意不满意"作为判断各项工作成败得失的标准。习近平总书记于2013年6月18日在党的群众路线教育实践活动工作会议上强调:"我们党来自人民、植根人民、服务人民,党的根基在人民、血脉在人民、力量在人民。"[2] 2016年7月1日,习近平总书记在庆祝中国共产党成立九十五周年大会上的讲话中强调:"人民立场是中国共产党的根本政治立场,是马克思主义政党区别于其他政党的显著标志。党与人民风雨同舟、生死与共,始终保持血肉联系,是党战胜一切困难和风险的根本保证。"[3] 推进中国式现代化是一项探索性事业,前行过程中不可避免地会遇到风险挑战,但只要党为人民谋幸福、为民族谋复兴的初心不改,党与人民同呼吸共命运的立场不变,纵使遇到再多的困难、再大的挑战,也能够击楫勇进、破浪前行。正是基于对人民立场的矢志坚守,决定了中国式现代化是以人民为中心的现代化。

二 中国式现代化是紧紧依靠人民的现代化

习近平总书记指出:"我们党深刻认识到中国式现代化是亿万人民自己的事业,人民是中国式现代化的主体,必须紧紧依靠人民,尊重人民创

---

[1] 《习近平谈治国理政》,外文出版社,2014,第395页。
[2] 《习近平谈治国理政》,外文出版社,2014,第367页。
[3] 《习近平谈治国理政》第2卷,外文出版社,2017,第40页。

造精神，汇集全体人民的智慧和力量，才能推动中国式现代化不断向前发展。"① 这一重要论述蕴含三重要义。第一重要义在于中国式现代化不是与人民群众无关的事业，而是亿万人民自己的事业。第二重要义在于阐明了人民是中国式现代化的主体，具体而言，其包括的内容有：亿万人民既是中国式现代化实践的主体，又是中国式现代化认识的主体；既是中国式现代化创造的主体，又是中国式现代化发展的主体。第三重要义在于揭示了中国式现代化唯有尊重人民创造精神，才能充分汇聚人民的智慧和力量。

（一）中国式现代化是亿万人民自己的事业

认识中国式现代化的根本特性，对于推动这一事业不断向前发展至关重要。"中国式现代化是亿万人民自己的事业"②，这一命题的内涵极为丰富、思想极为深刻，其核心是马克思主义的唯物史观、要义在于坚持中国共产党的领导。唯物史观认为历史是由人民群众创造的。比如，马克思和恩格斯就明确指出"历史活动是群众的活动"③。坚持以唯物史观洞察社会历史规律的中国共产党也将人民群众视为历史的创造者，是真正的英雄。比如，毛泽东同志就指出："人民，只有人民，才是创造世界历史的动力。"④中国共产党是代表人民利益、维护人民利益并致力于增进民生福祉的政党。习近平总书记指出："中国式现代化是亿万人民自己的事业。"⑤ 这一重要论述既点明了中国式现代化这一伟大事业的根本特性，同时也点明了中国式现代化与人民主体地位关系的根本特性，即人民性、主体性。中国人民渴盼过上幸福美好的生活，而探索出适合本国国情的现代化发展之路，是人民由衷的期盼。中国式现代化体现了党的主张与人民的要求的统一。最广大的人民群众是历史的创造者和中国式现代化的实践主体。中国式现代化在理论和实践上的每一次突破和发展，每一个方面经验的积累和创造，都是亿万人民在党的领导下共同创造出来的。认清中国式现代化的根本特性是亿万人民自己的事业，就应对其主体地位有更深层次的把握。

① 习近平：《中国式现代化是中国共产党领导的社会主义现代化》，《求是》2023 年第 11 期。
② 习近平：《中国式现代化是中国共产党领导的社会主义现代化》，《求是》2023 年第 11 期。
③ 《马克思恩格斯文集》第 1 卷，人民出版社，2009，第 287 页。
④ 《毛泽东选集》第 3 卷，人民出版社，1991，第 1031 页。
⑤ 习近平：《中国式现代化是中国共产党领导的社会主义现代化》，《求是》2023 年第 11 期。

（二）人民是中国式现代化的主体

推进中国式现代化，有一个紧紧围绕的核心问题，即"依靠谁"的问题。中国式现代化是亿万人民自己的事业。人民作为中国式现代化的主体，是该事业不断向前发展的依靠性力量。人民要认清自身的主人翁地位，就应认识到其自身既是中国式现代化的实践主体，又是中国式现代化的认识主体；既是中国式现代化的创造主体，又是中国式现代化的发展主体。习近平总书记在二十届中央政治局常委同中外记者见面时强调："中国式现代化是中国共产党和中国人民长期实践探索的成果，是一项伟大而艰巨的事业。"[①] 这项伟大而艰巨的事业既有现代化的一般性特征，也有基于本国国情的鲜明特色。中国在现代化进程中既要遵循现代化发展的普遍规律，也需要直面专属于中国的诸多问题与挑战。由此产生的冲突以及解决的可能性不应将力量寄托于外部，而只能依靠亿万人民自己的创造性实践活动。也就是说，人民是中国式现代化的实践主体。中国式现代化从语言表述上看，其不同于中国的现代化。中国的现代化是一种相对客观的进程描述，而中国式现代化则是党带领人民不懈奋斗、自主探索取得的根本成果。对这一成果形成主体性、规律性认识的，正是最广大的人民群众。中国式现代化是一项前无古人的开创性事业，创造这一历史伟业的不是少数的英雄人物，而是人民群众。中国式现代化不仅改变了中国人民的生活状况，还改写了世界现代化的发展图景，促成这些变化的发展主体是中国人民自己。因此，人民在中国式现代化的推进过程中，同时扮演着实践主体与认识主体、创造主体与发展主体等多重角色。

（三）推动中国式现代化必须尊重人民创造精神、汇聚人民智慧和力量

习近平总书记指出："中国人民是具有伟大创造精神的人民。"[②] 在他看来，"中国人民的创造精神正在前所未有地迸发出来，推动我国日新月异向前发展，大踏步走在世界前列"[③]。中国式现代化彰显了中国人民的历

---

① 习近平：《在二十届中央政治局常委同中外记者见面时的讲话》，《求是》2022年第22期。
② 习近平：《论党的宣传思想工作》，中央文献出版社，2020，第296页。
③ 习近平：《论党的宣传思想工作》，中央文献出版社，2020，第297页。

史创造精神。这种创造精神反映为人民群众既是中国式现代化物质财富的创造者，也是中国式现代化精神财富的创造者。推动中国式现代化必须尊重人民创造精神，一方面体现在尊重中国式现代化物质财富创造者与精神财富创造者的主体地位，另一方面体现在尊重人民群众作为中国式现代化创造者所创造的物质成果与精神成果。中国人民作为中国式现代化的主体，不仅所创造的物质成果要在世界处于领先水平，而且所创造的精神成果也要在世界位居前列。不管是物质成果的创造还是精神成果的创造，皆是中国人民主观能动性的集中体现，是中国人民伟大智慧的有效汇聚。尊重人民创造精神必须汇聚人民智慧。人民中蕴藏着无穷的智慧和力量。不重视人民中蕴藏的丰富智慧，不重视调动人民的集体性力量，就难以创造应有的现代化成果。反之，充分尊重人民的创造精神，把人民建设中国式现代化的智慧和力量有效汇聚与调动起来，就有助于创造更为丰硕的现代化果实。人民创造的现代化果实，是其智慧的结晶。无论是人民在中国式现代化进程中创造的物质成果还是人民在中国式现代化进程中创造的精神成果，其创造精神与劳动付出都应得到相当程度的尊重。尊重人民创造精神与集中人民智慧，在中国式现代化建设中是高度统一的。因此，唯有切实尊重人民创造精神，努力汇聚全体人民的智慧和力量，才能推动中国式现代化不断向前发展，这一价值理念贯穿于中国式现代化建设的过去、现在和未来。

三 中国式现代化是不断造福人民的现代化

中国式现代化作为党的重大理论创新成果，之所以具有持久而旺盛的生命力，既源于其始终坚持人民至上、紧紧依靠人民，又源于其不断造福人民。习近平同志在党的二十大报告中指出："党的理论是来自人民、为了人民、造福人民的理论，人民的创造性实践是理论创新的不竭源泉。一切脱离人民的理论都是苍白无力的，一切不为人民造福的理论都是没有生命力的。"[①] 中国式现代化理论是造福人民的理论，这是由其所呈现的非资

---

① 习近平：《高举中国特色社会主义伟大旗帜 为全面建设社会主义现代化国家而团结奋斗——在中国共产党第二十次全国代表大会上的报告》，人民出版社，2022，第19页。

本主义性质所决定的。走社会主义道路的中国式现代化从理论与实践两个层面证明,其不仅是造福中国人民的现代化,还是促进世界共同发展也即造福世界各国人民的现代化。

(一) 中国式现代化在道路性质上是社会主义现代化

人类的现代化进程是一个世界性的历史过程。由于这一历史过程受到资本、技术、文化等因素的影响,故而不同国家和地区的现代化进程存在差异性。在世界历史坐标轴上,西方资本主义现代化确定了近代工业文明的基本框架,但这种现代化由于资本的主导与控制,而引发了人与自然、人与人、人与社会以及人与自身关系紧张,甚至造成了"现代的灾难",造成了"现代性之殇"。① 西方现代化最根本的"问题因"是资本及其扩张逻辑,其所带来的最明显的社会问题是两极分化和贫富差距,所造成的最深层的问题是人的异化。② 马克思认为,走资本主义道路的西方现代化不可能通过自身的调节,彻底消除西方现代化固有的弊端。在马克思看来,资本主义社会现代化本身就是建立在资本逻辑对人的发展的排斥基础之上的。从现代化的世界方位来看,中国式现代化开创了一条不同于西方以资本为轴心的现代化道路。走社会主义道路的中国式现代化,始终把人民立场作为根本价值立场,坚持人民至上、紧紧依靠人民并不断为人民造福,真正将人民作为历史发展的主体和决定力量。中国式现代化的道路性质,意味着中国要跨越资本主义的"卡夫丁峡谷",在实践中探索出一条以社会主义的发展逻辑来驾驭资本逻辑的现代化新路。③ 列宁认为:"一切民族都将走向社会主义,这是不可避免的,但是一切民族的走法却不会完全一样。"④ 牢牢把握社会主义方向、始终驾驭资本逻辑的中国式现代化,正是这种"不同的现代化走法"。而正是这种道路性质与资本主义现代化不同的新走法,既造福了中国人民,也造福了世界人民。

---

① 黄建军:《唯物史观视野下中国式现代化的历史坐标与世界意义》,《马克思主义研究》2022 年第 6 期。
② 黄建军:《唯物史观视野下中国式现代化的历史坐标与世界意义》,《马克思主义研究》2022 年第 6 期。
③ 赵义良:《中国式现代化与中国道路的现代性特征》,《中国社会科学》2023 年第 3 期。
④ 《列宁全集》第 28 卷,人民出版社,2017,第 163 页。

（二）走社会主义道路的中国式现代化是造福中国人民的现代化

2023 年 3 月 15 日，习近平总书记在中国共产党与世界政党高层对话会上的主旨讲话中指出："中国式现代化是人口规模巨大、全体人民共同富裕、物质文明和精神文明相协调、人与自然和谐共生、走和平发展道路的现代化，既基于自身国情、又借鉴各国经验，既传承历史文化、又融合现代文明，既造福中国人民、又促进世界共同发展，是我们强国建设、民族复兴的康庄大道，也是中国谋求人类进步、世界大同的必由之路。"[①] 中国式现代化造福于民有总体的价值指向。对于亿万中国人民而言，最大的幸福，莫过于实现中华民族伟大复兴。而要实现最大多数人的最大幸福，就要矢志不渝地走中国式现代化道路，这是一条社会主义性质的现代化道路，这条道路决定了中国式现代化是隶属于社会主义文明的全新的现代化。

中国式现代化造福于民既有总体的价值指向，又有具体的价值指向，党的二十大报告指出，到 2035 年基本实现社会主义现代化的总体目标包括"人的全面发展、全体人民共同富裕取得更为明显的实质性进展"[②]，到 2050 年把我国全面建成富强、民主、文明、和谐、美丽的社会主义现代化强国。习近平总书记指出："解放和发展社会生产力，增强社会主义国家的综合国力，是社会主义的本质要求和根本任务。"[③] 走社会主义道路的中国式现代化，展现了其为人的全面发展提供物质基础的现实性。促进生产力的发展，满足人民日益增长的物质生活需要，是贯穿中国式现代化始终的重要主题。习近平总书记于 2021 年 8 月 17 日在主持召开中央财经委员会第十次会议时强调："共同富裕是社会主义的本质要求，是中国式现代化的重要特征。"[④] 体现社会主义本质要求的中国式现代化，所要实现的共同富裕，不是一种建立在普遍贫困基础上的简单平均，而是建立在一种高

① 《携手同行现代化之路——在中国共产党与世界政党高层对话会上的主旨讲话》，《人民日报》2023 年 3 月 16 日。
② 习近平：《高举中国特色社会主义伟大旗帜 为全面建设社会主义现代化国家而团结奋斗——在中国共产党第二十次全国代表大会上的报告》，人民出版社，2022，第 24 页。
③ 习近平：《论把握新发展阶段、贯彻新发展理念、构建新发展格局》，中央文献出版社，2021，第 294 页。
④ 《习近平谈治国理政》第 4 卷，外文出版社，2022，第 142 页。

水平发展基础上的共同"富裕"。①

在新时代，我国社会主要矛盾已经转化为人民日益增长的美好生活需要和不平衡不充分的发展之间的矛盾。人民期待的美好生活，已经不仅仅局限于单一的物质层面，还有文化、社会、生态、政治等方方面面；不仅仅是"好生活"的自我享受，更是"美生活"的通感传递。② "人民日益增长的美好生活需要"，一以贯之地坚持了真正以人为本的社会主义价值立场。根据中国式现代化的本质要求，走社会主义道路的中国式现代化就是在党的领导下不断满足人民美好生活需要的现代化。推动中国式现代化就是要在解决好不平衡不充分的发展问题的基础上，到2035年基本实现社会主义现代化的总体目标、到2050年把我国全面建成社会主义现代化强国。因此，走社会主义道路的中国式现代化是造福中国人民的现代化。

（三）走社会主义道路的中国式现代化是促进世界共同发展的现代化

现代化滥觞于西方，并且在随后的几次工业革命中，以欧美为代表的西方国家均处于领先地位。这样就给人们制造了一种错觉，错把现代化等同于以西欧或北美为蓝本的"欧化"或者是"美化"，似乎后发国家想要实现现代化，只有西方资本主义现代化这一唯一模式。苏联作为社会主义国家，在现代化建设上曾开辟出一条以国家为中心的道路。但是这条道路并没有持续造福苏联人民。苏联的解体，意味着苏联式的传统社会主义现代化之路是走不通的。在资本逻辑的推动下，很多非西方国家在世界现代化潮流席卷之下，沦为了西方的附庸。在由西方主导的世界经济秩序中，不少非西方国家处于全球价值链、产业链、供应链的最底端。与此同时，西方资本主义还将其自身在同封建势力作斗争中形成的价值观包装成所谓的"普世价值"，以此来对非西方国家进行文化殖民。不少非西方国家潜移默化地受之影响，惯于按照西方价值观所确立的坐标来确证自己，不仅在经济上丧失了独立性，精神上也处于依附地位。世界期待新的现代化图景，而中国式现代化正是在这种时代境遇下应运而生的。习近平总书记指

---

① 董键铭：《从人的全面发展看社会主义对资本主义的超越》，《哲学研究》2023年第2期。

② 李建华、施佳：《脱贫攻坚的政治伦理价值——学习〈习近平谈治国理政〉第三卷》，《浙江日报》2020年10月12日。

出："坚持中国特色社会主义道路。坚持以经济建设为中心，坚持四项基本原则，坚持改革开放，坚持独立自主、自力更生，坚持道不变、志不改，既不走封闭僵化的老路，也不走改旗易帜的邪路，坚持把国家和民族发展放在自己力量的基点上，坚持把中国发展进步的命运牢牢掌握在自己手中。"① 中国式现代化走得通、走得好，为世界上那些既希望在经济上加快发展又希望在精神上保持独立性的非西方国家提供了全新选择，中国在将发展进步的命运牢牢掌握在自己手中的同时，也为非西方国家掌握发展进步命运的主动权提供了"范导"。因此，走社会主义道路的中国式现代化是促进世界共同发展也即造福世界各国人民的现代化。

第二节　中国式现代化蕴含"国以民为本"的传统价值立场

中国式现代化是具有主体性、创造性的重大思想理论成果。梁晓声说："一切古代的优秀思想的总和，乃是人类社会近当代优秀思想成果的母体。"② 我国古代的优秀思想文化，是中国式现代化在价值观层面的母体。习近平总书记在不同的场合，多次引用孟子"国以民为本"的古训，意思是说"国家以人民为根本"。中国式现代化是坚持人民至上、紧紧依靠人民、不断造福人民的现代化，其蕴含着"民为国本"的鲜明价值立场。中国式现代化姓"中"名"社"，其蕴含的独特价值立场，是由"国以守民心、尊民意、解民忧、聚民力为本"的中华优秀传统价值观规定的。

一　中国式现代化蕴含"国以守民心为本"的传统价值立场

中国式现代化作为后发外生型现代化，在发展道路上以"并联式"为显著特征，也即坚持工业化、信息化、城镇化、农业现代化的叠加发展形式，③ 这意味着其较之于先发内生型、坚持"串联式"发展道路的西方现代化，在奋起直追的同时要承受更大的压力。中国式现代化之所以能，源

---

① 习近平：《高举中国特色社会主义伟大旗帜 为全面建设社会主义现代化国家而团结奋斗——在中国共产党第二十次全国代表大会上的报告》，人民出版社，2022，第27页。
② 梁晓声：《中国文化的性格》，现代出版社，2018，第13页。
③ 赵义良：《中国式现代化与中国道路的现代性特征》，《中国社会科学》2023年第3期。

自其根植于"民为国本"的中华优秀传统价值观,在开拓、推进与拓展的过程中,得到了人民的支持。而人民之所以会支持中国式现代化建设事业,是因为这一事业在中国共产党的领导下守住了民心。守民心、固国本与得天下,三者之间是一个内在联系的统一体。孟子对此就发表过精辟的论述,他指出,"桀纣之失天下也,失其民也;失其民者,失其心也。得天下有道,得其民,斯得天下矣。得其民有道,得其心,斯得民矣"①。这是说,夏桀、商纣之所以失掉天下,是因为失去百姓的支持,之所以失去百姓的支持,是因为失去了民心。取得天下有一定的途径,即得到老百姓,就得到天下了。要得到老百姓,也有一定的途径,即得到民心,就得到老百姓了。孟子通过总结我国历史上国家兴衰存亡的经验教训,得出了"得民心者得天下,失民心者失天下"的重要论断。

人心向背是决定中国式现代化能否成功开拓并顺利推进的第一要素。中国式现代化是由坚守人民立场、代表人民执政的中国共产党领导的。习近平总书记指出:"人民是党执政的最大底气,也是党执政最深厚的根基。正是从这个意义上讲,民心是最大的政治。"② 在汉语中,"民"的意思是被统治者,"心"的意思是思维的器官,"民心"指的是被统治的人民群众所思所想所需所盼等。中国式现代化是一项造福于民的德政工程。我国古人关于民心与政治的关系,有不少精辟的论述,如"民为邦本,本固邦宁""民为贵,社稷次之,君为轻""以民为本"等。将"守民心"视为"最大的政治",将顺应民心作为政治统治的源头和目的来看待。以人民立场为根本政治立场的中国共产党,在中国式现代化的开拓、推进与拓展中,科学吸收了中华优秀传统价值观中"民为国本"的精神内核,把"守民心"作为中国式现代化建设的最重要基础,作为评价建设工作开展成效的最高标准。中国式现代化所蕴含的"国以守民心为本"的价值立场,不是喊口号,而是实实在在的行动;不是一朝一夕之事、一时一事之功,而是要靠长期的实践。诚如孟子所言:"苟为不畜,终身不得。"③ 蕴含"国以守民心为本"的中国式现代化,注重长期地从一点一滴做起,真

---

① 《孟子·离娄上》。
② 《习近平谈治国理政》第 3 卷,外文出版社,2020,第 137 页。
③ 《孟子·离娄上》。

心实意地为百姓着想，因而得到了人民的拥护。

中国式现代化蕴含"国以守民心为本"的价值立场，其中"民"的对象范围不仅包括中国人民，还包括世界其他国家的人民。如果说西方现代化走的是对内剥削压迫、对外殖民扩张的道路，那么中国式现代化则走的是对内聚合人民、对外和平发展的道路。① 习近平总书记指出："没有和平，一切都无从谈起。和平是我们最大的共同利益，也是各国人民最大的共同期盼。"② "和平"是中华优秀传统核心价值理念之一，其内蕴于中国人民的灵魂深处，外显于中国人民的行为之中。习近平总书记于 2021 年 10 月 9 日在纪念辛亥革命 110 周年大会上的讲话中指出："实现中华民族伟大复兴，不仅需要安定团结的国内环境，而且需要和平稳定的国际环境。"③ 创设和平稳定的国际环境，是以中国式现代化实现中华民族伟大复兴的必要条件。我国历史上的统治者无不向往"天下安宁""天下和平"的美好景象。比如，西汉时期的刘安强调："天下安宁，政教和平，百姓肃睦，上下相亲。"④ 西汉时期的董仲舒提出"天下和平，则灾害不生"⑤。外在的行为反映出内在隐含的价值观。对外走和平发展道路的中国式现代化，隐含"国以守民心为本"的传统价值立场。这里的"民"，不仅包括中国人民，还包括世界各国人民。中国式现代化不仅蕴含中华优秀传统价值观中以守中国人民之心为本的价值立场，还包括以守世界各国人民之心为本的价值立场。

二 中国式现代化蕴含"国以尊民意为本"的传统价值立场

中国式现代化蕴含"国以守民心为本"的价值立场，那么该如何守民心？答案是"尊民意"。习近平总书记在中共中央党校（国家行政学院）中青年干部培训班开班式上发表重要讲话指出："共产党人必须牢记，为民造福是最大政绩。我们谋划推进工作，一定要坚持全心全意为人民服务的根本宗旨，坚持以人民为中心的发展思想，坚持发展为了人民、发展依

---

① 赵义良：《中国式现代化与中国道路的现代性特征》，《中国社会科学》2023 年第 3 期。
② 《习近平谈治国理政》第 4 卷，外文出版社，2022，第 441 页。
③ 习近平：《在纪念辛亥革命 110 周年大会上的讲话》，人民出版社，2021，第 9—10 页。
④ 《淮南子·氾论训》。
⑤ 《春秋繁露·郊语》。

靠人民、发展成果由人民共享，把好事实事做到群众心坎上。什么是好事实事，要从群众切身需要来考量，不能主观臆断，不能简单化、片面化。哪里有人民需要，哪里就能做出好事实事，哪里就能创造业绩。业绩好不好，要看群众实际感受，由群众来评判。"① 中国共产党推进与拓展中国式现代化，始终坚持站稳人民立场，将有没有为民造福、为民造了多大的福作为评价事业是非得失的重要标尺。在中国式现代化建设中，把好事实事做到群众心坎上，不能主观臆断，不能简单化、片面化，而是要从人民群众的需要出发，要真正地尊重民意。2022 年 6 月 26 日，习近平总书记就研究吸收网民对党的二十大相关工作意见建议作出重要指示，强调要"更好倾听民声、尊重民意、顺应民心，把党和国家各项工作做得更好"②，把中国式现代化这项伟大事业开展好，同样要切实尊重人民的意志与愿望。

中国式现代化既传承又创新了中华优秀传统思想文化中"国以尊民意为本"的价值立场。在我国古人看来，得到民心是有途径的，而最重要的莫过于尊重民意。比如，在孟子看来，"得其心有道：所欲，与之聚之；所恶，勿施尔也"③。也就是说，百姓想要的就替他们聚集起来，不想要的就不要强加给他们。对于中国式现代化的推进与拓展而言，也要尽可能尊重人民的合理诉求。尊重人民的合理诉求，是我国人民自古以来就恪守的价值准则。在我国古代农业社会，由于社会生产力水平有限，不少人存在宗教迷信思想，将天意视为最大的权威。比如，《尚书·泰誓》说道："天视自我民视，天听自我民听。""视"是眼睛的意思，"听"是耳朵的意思。天意是既看不见也听不到的，那么这种最大的权威该如何彰显出来？在我国古人看来，天意是通过民意体现出来的。这两句话字面的意思是天的眼睛就是百姓的眼睛，天的耳朵就是百姓的耳朵。意思是百姓没有看不到、听不见的。意即告诫统治者要尊重民意。将民意与天意相等同的思想尽管带有明显的历史局限性，但其以人民意愿为最大权威，高扬尊重民意的价值立

---

① 《习近平在中央党校（国家行政学院）中青年干部培训班开班式上发表重要讲话》，中央政府门户网站，2022 年 3 月 1 日，https://www.gov.cn/xinwen/2022-03/01/content_5676282.htm。

② 《习近平就研究吸收网民对党的二十大相关工作意见建议作出重要指示》，中央政府门户网站，2022 年 6 月 26 日，https://www.gov.cn/xinwen/2022-06/26/content_5697809.htm。

③ 《孟子·离娄上》。

场是值得充分肯定的。尊重民意，就要实现好、维护好、发展好最广大人民的根本利益，把所有精力都用在让老百姓过上好日子上。诚如习近平总书记于 2014 年 9 月 30 日在庆祝中华人民共和国成立六十五周年招待会上的讲话中指出的那样："我们要坚持'以百姓心为心'，倾听人民心声，汲取人民智慧，始终把实现好、维护好、发展好最广大人民根本利益作为一切工作的出发点和落脚点，让发展成果更多更公平惠及全体人民。"① 习近平同志在党的二十大报告中也指出："维护人民根本利益，增进民生福祉，不断实现发展为了人民、发展依靠人民、发展成果由人民共享，让现代化建设成果更多更公平惠及全体人民。"② 康有为从自然人性的角度阐发了人与人之间是平等的价值理念。他指出："人皆天所生也。同为天之子，同此圆首方足之形，同在一种族之中，至平等也。"③ 平等价值观在几千年的中国传统社会中绵延不息，从未断绝，让中国式现代化建设成果更多更公平惠及全体人民，是真实民意的现实表达。历史与现实证明，中国式现代化的推进与拓展越是能够尊重真实民意，就越能够守住民心，而越能够守住民心，就越容易争得人民对中国式现代化的拥护与支持。因此，中国式现代化蕴含深刻的"国以尊民意为本"的传统价值立场。

三　中国式现代化蕴含"国以解民忧为本"的传统价值立场

中国式现代化蕴含"国以尊民意为本"的价值立场，而"尊民意"就要"解民忧"。中国式现代化是由始终坚持人民至上的中国共产党领导的，其致力于解决 14 亿多人的急难愁盼问题。习近平主席在二○二二年新年贺词中指出："民之所忧，我必念之；民之所盼，我必行之。"④ 念民之所忧、行民之所盼，彰显了以人民为中心的根本政治立场。"念民之所忧"，是中国式现代化推进与拓展的全过程与各阶段都要心里装着人民、时刻想着百姓；"行民之所盼"，是中国式现代化推进和拓展的全过程与各阶段都要紧紧依靠

---

① 《十八大以来重要文献选编》（中），中央文献出版社，2016，第 81 页。
② 习近平：《高举中国特色社会主义伟大旗帜 为全面建设社会主义现代化国家而团结奋斗——在中国共产党第二十次全国代表大会上的报告》，人民出版社，2022，第 27 页。
③ （清）康有为：《大同书》，周振甫、方渊校点，中华书局，2012，第 44 页。
④ 《习近平谈治国理政》第 4 卷，外文出版社，2022，第 65 页。

人民、不断为民造福。"解民忧、行民盼"就要"视民如伤",而"视民如伤"需要常怀"仁者之心"。"视民如伤",常怀"仁者之心"等,是中华优秀传统价值观的精华。中国式现代化内含了"视民如伤"、怀有"仁者之心"等忧民利民的价值要求,其蕴含"国以解民忧为本"的鲜明价值立场。

习近平总书记指出:"只有坚持以人民为中心的发展思想,坚持发展为了人民、发展依靠人民、发展成果由人民共享,才会有正确的发展观、现代化观。"① 开拓、推进与拓展中国式现代化,是为了解决发展的问题。只有站稳人民立场,才会形成正确的发展观、现代化观。"增进民生福祉是发展的根本目的,必须多谋民生之利,多解民生之忧。"② 关于该秉持什么样的价值观增进民生福祉,我国古人提出了"视民如伤"的观念。有人将之解释为"把百姓看作受伤的病人一样加以体恤、关爱"。对于中国式现代化的推进与拓展而言,这个程度还不够。为人民而生、因人民而生的中国共产党,在推进与拓展中国式现代化的全过程和各阶段,始终把老百姓的民生疾苦视为自己的"伤病"。当一个人自己生病的时候,会四处求医,想方设法将自己的病治好。中国共产党领导的中国式现代化,面对人民所呼、所需、所盼的问题,好似救治自己的疾病一样心急如焚,其背后所彰显的是"国以解民忧为本"的价值立场。关于何谓正确的发展观、现代化观,可从我国古代典籍中获得价值启发。比如,《绎史·春秋第六十三》讲道:"国之兴也,视民如伤,是其福也;其亡也,以民为土芥,是其祸也。"站在不同的价值立场,会形成不同的发展观与现代化观。对于中国式现代化的发展而言,其领导力量站在"视民如伤"的价值立场上,既是人民之福,也会推动该事业的兴旺发达。反之,其他国家的领导力量如若站在"以民为土芥"的价值立场上,则是人民之祸,现代化建设事业则会困难重重。由此可知,能否关心民生疾苦,是判断发展观与现代化先进与落后的标尺。

关心民生疾苦该树立何种价值观,我国古人也给出了相应的解决方案。只有爱民如子,才能"视民如伤"。诚如姜尚所说的,"善为国者,御民如父母之爱子,如兄之慈弟。见之饥寒,则为之哀;见之劳苦,则为之悲"③。这

---

① 《习近平谈治国理政》第 4 卷,外文出版社,2022,第 171 页。
② 李玉赋主编《党的十九大精神职工学习问答》,人民出版社,2018,第 11 页。
③ 《群书治要·六韬》。

是说，善于治理国家的统治者，对于百姓就像父母慈爱自己的子女，像兄长慈爱自己的弟弟一样，见到他们饥寒交迫，就为他们感觉到哀伤，见到他们劳苦奔波，会为他们感到悲愁。在我国传统社会，人民将最高的统治者称为天子。"天子之所以称为天子，就是因为他顺着天道而行事，他作为人民的父母才能够名副其实。"①《汉书·洪范》写道："天子作民父母，为天下王。"这是说，天子是人民的父母，才得以称王于天下。《群书治要·典语》论曰："王者所以称天子者，以其号令政治，法天而行故也。"君王被称为天子的原因，是其行事是遵循天道的。而天皆有一颗"仁者之心"。上古君王在持守"仁者之心"上堪称后世的典范。《说苑》就记载了尧存心于天下苍生的事迹，指出"尧存心于天下，加志于穷民，痛万姓之罹罪，忧众生之不遂也"。尧心里无时无刻不记挂着受苦受穷的百姓，对于人民的苦难、罪过都感到哀痛，也对众生不能顺利生长感到忧虑。我国古人的治国之道，对今人也多有启迪。中国共产党是一个深受中华传统忧民利民价值理念影响的政党，其在领导中国式现代化建设的过程中，常怀"仁者之心"，通过采取更多暖民心、顺民意的举措，着力解决人民群众急难愁盼问题。习近平总书记告诫我们"要始终把人民安危冷暖放在心上，帮助群众解决就业、收入、就学、社保、医保、住房等方面的实际困难，扎扎实实做好保障和改善民生各项工作"②。中国式现代化的推进过程，是着力解决人民群众急难愁盼的过程，是扎实做好保障和改善民生工作的过程。而中华优秀传统价值观中"国以解民忧为本"的价值立场，贯穿于中国式现代化建设的始终。

四 中国式现代化蕴含"国以聚民力为本"的传统价值立场

习近平总书记指出："我们要始终把人民立场作为根本立场，把为人民谋幸福作为根本使命，坚持全心全意为人民服务的根本宗旨，贯彻群众路线，尊重人民主体地位和首创精神，始终保持同人民群众的血肉联系，凝聚起众志成城的磅礴力量，团结带领人民共同创造历史伟业。"③"人民"

---

① 刘余莉：《政德：刘余莉精解〈群书治要〉》，红旗出版社，2018，第127页。
② 《习近平谈治国理政》第4卷，外文出版社，2022，第105页。
③ 《习近平谈治国理政》第3卷，外文出版社，2020，第136页。

是党的根本立场、根本使命、根本宗旨的主题词。中国式现代化是充分尊重人民主体地位和首创精神而开创出来的历史伟业，这项事业内含着中华优秀传统价值观中"国以聚民力为本"的价值立场。

中国式现代化是由中国共产党领导的社会主义现代化。早在中国共产党成立前，毛泽东同志就认识到了民众的巨大力量。他于1919年7月14日在《湘江评论》创刊宣言中明确指出："什么力量最强？民众联合的力量最强。"① 毛泽东同志在《湘江评论》第2号到4号上，连载了《民众的大联合》。他在文中阐述了民众的大联合是改造国家、改造社会的根本方法。中国共产党自成立之日起，就把不懈探索中国现代化道路、推进中国现代化事业作为自己的历史使命。在中国式现代化建设的每一个重要关头，中国共产党都反复强调汇聚民众力量的极端重要性。习近平总书记于2021年7月1日在庆祝中国共产党成立100周年大会上的讲话中指出："经过全党全国各族人民持续奋斗，我们实现了第一个百年奋斗目标，在中华大地上全面建成了小康社会，历史性地解决了绝对贫困问题。"② 紧接着，习近平总书记使用了"三个伟大光荣"：这是中华民族的伟大光荣！这是中国人民的伟大光荣！这是中国共产党的伟大光荣！全面建成小康社会既是中华民族的第一个百年奋斗目标，也是中国式现代化建设的一个重大阶段性目标。这一目标的如期实现，是中国人民的伟大光荣，体现了人民中蕴藏着无穷的力量，其是对人民力量的高扬与肯定。习近平总书记于2023年3月13日在第十四届全国人民代表大会第一次会议上的讲话中指出："全面建成社会主义现代化强国，人民是决定性力量。"③ 中国共产党得以汇聚人民的力量，共同推动中国式现代化建设事业的发展，源于其善于从中华优秀传统价值观中汲取思想智慧并将之进行创造性转化与创新性发展。从人的个体性力量而言，在自然属性上并不具有长于动物的优势。但人之所以能让动物如牛、马为人所用，源于人能够结合成为群体。荀子在对人进行评价时指出，其"力不若牛，走不若马，而牛马为用，何也？

① 《毛泽东年谱（1893~1949）》（修订本）上卷，中央文献出版社，2013，第41页。
② 习近平：《在庆祝中国共产党成立100周年大会上的讲话》，人民出版社，2021，第2页。
③ 《习近平：在第十四届全国人民代表大会第一次会议上的讲话》，中国人大网，2023年3月13日，http://www.npc.gov.cn/npc/c2/kgfb/202303/t20230313_424433.html。

曰：人能群，彼不能群也"。① 关于人为什么能够结合成为群体从而汇聚起中国式现代化建设的磅礴力量，从荀子的相关论述中亦能找到答案。他认为："人何以能群？曰：分。分何以能行？曰：义。故义以分则和，和则一，一则多力，多力则强，强则胜物。"② 这是说，人之所以能够结合成为群体，是因为有名分。名分之所以可以实行，是因为人有道义。依据道义确定名分，人就能和睦相处；和睦相处就能够团结一致；人们团结一致，力量就会变得强大；而力量变得强大就会走向强盛；而走向强盛就可以战胜外物。关于依据道义确定名分，中国共产党对"爱民如子""视民如伤"等中华优秀传统价值观进行了创造性转化与创新性发展。在中华优秀传统价值观中，"民"特指被统治者，而"视民如伤"是针对统治者而言的。统治者与被统治者之间，存在一种上对下的关系。而来自人民、植根人民、代表人民执政的中国共产党，与人民是一种血浓于水的关系。中国共产党之于中国人民，不是高高在上的统治者，而是全心全意为人民服务的主体。作为人民勤务员、人民公仆的中国共产党，有着"视民如伤"的价值情怀，但在名分上并不是"视民如子"，而是"视民如父母"。中国共产党以对待父母的感情对待百姓，像孝敬自己的父母一样对待群众，在建设中国式现代化的全过程和各阶段，始终把人民群众放在心坎上，积极关心群众的疾苦，真正做到急人民之所急、想人民之所想，切实解决人民群众的现实问题，由此得到了人民群众的拥护与爱戴，进而汇聚起了中国式现代化建设事业的磅礴伟力。不注重从中华优秀传统价值观中汲取智慧养料，不站在以民为本的价值立场上，没有对人民群众的深厚感情，就没有人民对中国式现代化建设的大力支持。因此，中国式现代化蕴含深刻的"国以聚民力为本"的传统价值立场。

第三节　中国式现代化在价值立场上实现了
对西方现代化的超越

中国式现代化与西方现代化在价值观层面的根本区别在于，前者是站

---

① 《荀子·王制》。
② 《荀子·王制》。

在以人民为中心的价值立场上看问题，而后者是站在以资本为中心的价值立场上看问题。在价值立场上以资本为中心的西方现代化是为资本服务的，其导致了人的异化；在价值立场上以人民为中心的中国式现代化，蕴含着"国以守民心、尊民意、解民忧、聚民力为本"的中华优秀传统价值立场，从根本意义上讲，其是为人民服务的。在价值立场上以人民为中心的中国式现代化超越了以资本为中心的西方现代化对人的异化和宰制。以人民为中心的价值立场，是中华民族显著的文明特质。研究中国式现代化蕴含的独特中华优秀传统价值立场，有助于在古与今、中与西的价值立场比较中建设中华民族现代文明。

一 在价值立场上坚持资本至上的西方现代化导致人的异化

现代化是由传统向现代演进的过程，其本质在于促使人们过上更加美好的生活。人们过上更加美好的生活，必须恪守一定的"现代之道"。价值立场从根本上决定着人们思维与实践活动的方向，决定着现代化的前途命运。恪守"现代之道"的价值立场主要有两种：一种是恪守"物之道"的价值立场，另一种是恪守"人之道"的价值立场。恪守"物之道"的价值立场是相对于恪守"人之道"的价值立场而言的。西方在现代化的发展历程中，是站在以资本为中心的价值立场上看问题的，因而其所持守的主要是"物之道"。"物之道"并不排斥"人之道"，但在资本逻辑主导下，西方国家在现代化的发展中，以"物之道"来替代甚至束缚"人之道"，从而导致了人的异化，其主要体现在以下三个方面。

（一）坚持资本至上的西方现代化导致人的精神世界陷入空虚

现代化的本质在于促使人民过上更加美好的生活。然而，价值立场不同，人们观察、认识和处理问题的立足点也存在差异性。习近平总书记指出："立场，是人们观察、认识和处理问题的立足点。这个立足点，从根本上讲是由人们的经济政治社会利益和地位决定的。"[①] 价值立场从本质上看，是一种阶级立场，其反映的是特定阶级的利益。站在以资本为中心的

---

① 习近平：《深入学习中国特色社会主义理论体系努力掌握马克思主义立场观点方法》，《求是》2010 年第 7 期。

价值立场上看问题的西方现代化说到底代表的是资产者的利益。资产者对于物质财富的追求是没有止境、不知餍足的。价值立场决定人们思维与实践活动的方向。站在以资本为中心的价值立场上看问题，会导致人们在现代化的发展过程中片面追求物质财富的增长，将占有资本（金钱）的多寡与自我实现的程度相等同，认为谁拥有的资本（金钱）越多，谁的自我实现程度就越高。反之，谁拥有的资本（金钱）越少，谁的自我实现程度就越低。这在相当程度上体现了资本主义"以物的依赖性为基础的人的独立性"的社会特征。[1] 这种基于单一维度评价人的自我实现程度的价值立场，导致人的物质世界愈发充实，而人的精神世界却愈加空虚。诚如法国学者吉尔·利波维茨基所指出的，资本主义现代化造成经济与文化"相脱节"，人在资本主义生产方式下完全丧失了作为独立个体的存在，个性化使人的个体精神世界陷入了空虚。[2] 站在以资本为中心的价值立场上看问题的西方现代化，一味强调物质性并将其作为现代化发展的重要乃至唯一指标，对人的精神世界的充盈起到负面效应。以资本为中心的西方现代化导致人的物质生活与精神生活产生裂痕，具体而言，表现在人的物质条件持续提升而人的精神世界逐渐空虚上。以物的依赖性为基础的人的独立性，意味着西方现代化在促进物质财富增长的同时，人本身也处于"异化"状态，人们或是陷入失去"物"的焦虑，或是在缺乏"物"的状态中走向极端，或是无节制地要求占有"物"，恣意"吸食""物的鸦片"。[3] 综上可知，在价值立场上坚持资本至上的西方现代化导致人的精神世界陷入空虚。

（二）坚持资本至上的西方现代化致使人的自由劳动出现异化

在马克思看来，"一个种的整体特性、种的类特性就在于生命活动的性质，而自由的有意识的活动恰恰就是人的类特性"[4]。自由自觉的活动，意味着人能够自由地进行物质生产活动与精神思维活动。这种活动是人类最幸福的生存方式，也是现代化建设的关键所在。然而，在价值立场上坚

---

[1] 周丹：《现代性问题与中国现代化反思》，《中国特色社会主义研究》2013年第4期。

[2] 〔法〕吉尔·利波维茨基：《空虚时代》，倪复生译，万卷出版公司，2022，第125页。

[3] 张桂芳、黄梦佳：《人的精神世界与物的现代化"脱节"的学理透视》，《毛泽东邓小平理论研究》2023年第2期。

[4] 《马克思恩格斯全集》第3卷，人民出版社，2002，第273页。

持资本至上的西方现代化，在开拓与演进的过程中，并没有让劳动者全部占有劳动成果。一切价值立场的产生与形成无不源于一定的阶级利益。西方现代化的实现，维护的是资产者的利益，其最终目的不过是为资产者创造私有财产。在价值立场上坚持资本至上的西方现代化，致使人的自由劳动出现了异化，摧毁了劳动产品、劳动过程以及人的类本质之美。劳动产品作为劳动对象化的产物，在西方现代化的开拓与演进中，本该是对人的本质力量的确证。然而，在西方现代化的实际推进过程中，劳动者非但未能占有自身的劳动成果，反而使劳动成果成了异己的对象，成为束缚自身的对抗性力量。西方现代化囿于以资本为本的价值立场，因而在推进过程中，无论是劳动者还是资本家，均沦为了资本实现增殖的工具。从现代化建设应然的意义上看，劳动本该是劳动者自我实现的途径。然而，西方现代化在推进与拓展中，囿于资本至上的价值立场，劳动者无时无刻不处于劳动异化的场域之中，其被迫地实施着外在性、重复性的劳动。劳动者在西方现代化的推进与拓展中，开展自由的有意识的活动成了奢望。现代化的本质是人的现代化。人的现代化理应高扬人之所在的价值。人之所以能同动物区别开来，在于人的类本质。人不仅可以从事维系自身生存所需要的劳动，还可以从事满足自身更高层次需要的劳动。然而，西方现代化囿于坚持资本至上的价值立场，其在推进与拓展过程中，劳动者持续进行劳动的目的，仅仅是为了获取维持自身生存的物质资料。劳动者甚至只有处于"运用自己的动物机能——吃、喝、生殖，至多还有居住、修饰等等"[1]的生活状态时，也即回到动物式的生活状态时，才能够感受到自由。综上可知，坚持资本至上价值立场的西方现代化致使人的自由劳动出现异化。

（三）坚持资本至上的西方现代化造成人与外界关系日趋紧张

现代化的本质在于促使人们过上更加美好的生活。而人们享有美好生活，一方面要处理好与自身的关系，使自身与劳动产品、劳动行为以及人的"类本质"保持同在性；另一方面还要处理好自身与外部世界的关系。坚持资本至上价值立场的西方现代化，破坏了人与外部世界关系的和谐。现代化代表了一种社会进步。这种社会进步是当下的一种进步。现代化的

---

① 《马克思恩格斯全集》第 3 卷，人民出版社，2002，第 271 页。

人要实现当下的这种社会进步，要处理好与外部世界的关系，而外部世界的关系具体包括人与他人、人与自然以及人与社会的关系。马克思在《1844年经济学哲学手稿》中提出了"异化劳动"的概念，其中第四个规定就是从人与他人的角度进行界说的。在他看来，在资本主义生产条件下，人与他人的关系出现了异化。马克思明确指出："人的本质不是单个人所固有的抽象物，在其现实性上，它是一切社会关系的总和。"[1] 人是一切社会关系的总和，这是被客观社会历史现实所经验、所验证了的。在《1844年经济学哲学手稿》中，马克思还特别强调"只有在社会中，人的自然的存在对他来说才是自己的人的存在，并且自然界对他来说才成为人"[2]。马克思阐明了人、社会、自然之间本然地存在着一种相互贯通的关系。

交往活动是人的基本存在方式。对于人及世界的把握，可从人所特有的实践的生产方式着手。在人的总体性的实践活动中展开并生成着人与人、人与社会以及人与自然的关系。从人与人的关系来看，它内含着主体与主体的结构或主体间性。坚持资本至上的西方现代化在推进与演化过程中，交往中主体与主体的关系被降格为主体与客体的关系，其表现为交往的一方不是将与之交往的对象视为与自己平等、自主的主体，而是将之视作客体、物、抽象的实体，与之交往的另一方仅仅被视作实现交往主体某种目的的手段。这种性质的交往使人丧失了本该具有的价值与尊严。[3] 从人与社会的关系来看，坚持资本至上的西方现代化在推进与演化过程中，使人们感受到了物质带来的各种便利，物质主义成为人们奉行的价值观念。然而，西方现代化的发展，并没有让所有人共享现代化发展的红利，而是出现了愈加严重的两极分化。普通劳动者在西方现代化推进与演进过程中的生存状态是拿着微薄的薪资，像陀螺式地工作个不停，然而资产者只想从他们身上获得更多的剩余价值，他们鲜有空闲、停歇的时间。在这种社会条件下，人变得像机器一样越来越机械、越来越麻木。从人与自然的关系来看，随着坚持资本至上价值观的西方现代化的推进，人与自然的

---

① 《马克思恩格斯文集》第1卷，人民出版社，2009，第505页。
② 《马克思恩格斯全集》第3卷，人民出版社，2002，第301页。
③ 参见《交往与异化——关于现代交往的负面研究》，《哲学研究》1994年第5期。

关系也呈现日趋紧张的状态，人们为了尽可能多地获取物质财富不惜以破坏生态环境为代价，让地球承载了难以想象之重。通过以上分析可知，在价值立场上坚持资本至上的西方现代化造成人与外界的关系日趋紧张。

二 坚持人民至上的中国式现代化申明了现代化的题中应有之义

人们的价值立场不同，观察事物的立足点不同，围绕相关事物形成的价值立场、价值目标、价值思维及价值路径往往也不同。现代化是人类社会发展进程中相对发达、先进、文明的历史阶段，其本质在于促使人民过上更加美好的生活。现代化具有多重特征，而进步性是其首要特征。人类的现代化从总体上看是持续进化的。如若不能持续进化，也就无法满足人民过上更加美好生活的期待。现代化具有过程性，其不仅是一个状态量，还是一个过程量。"现代化"的"化"，其本身就是一个持续发展的变量。价值立场不同，"化"的目标、思维及路径也存在差异性。现代化的实现过程具有非线性特征。也就是说，人类现代化在不同的历史时期、不同的时代条件下，会具有波动性与起伏性。当出现波动与起伏时，会偏离现代化的本来之"道"甚至背"道"而驰。现代化的题中应有之义是"人之道"而非"物之道"。蕴含"民为国本"的中华优秀传统价值立场，阐明了现代化的题中应有之义，有助于为人类现代化建设坚守正道指明方向。

（一）蕴含"国以守民心为本"传统价值立场的中国式现代化申明了现代化的题中应有之义

现代化具有鲜明的地域性，其一般以国家或多个国家组成的区域为地理单元。各个国家无不是站在特定的价值立场上，开启现代化历史征程的。价值立场是一切价值观念体系的基础和依据。[①] 价值立场不同，所赖以形成的价值目标、价值思维及价值路径也会存在一定的差异性。价值立场形成的基础是确立价值主体。考察中西方现代化所蕴含的独特价值观，需要先确立价值主体的价值立场。从价值主体的角度来看，西方现代化的发展历程是由资产阶级开创的。由资产阶级开创的西方现代化，

---

① 赵中源：《以人民为中心：中国道路的价值坐标》，《求索》2020 年第 1 期。

在给人类文明带来巨大进步的同时，也陷入了饱受质疑的"现代性危机"之中。

促使人类社会摆脱"西方现代性之困"，需要申明现代化的题中应有之义。我国古人认为"道不远人"①。现代化的题中应有之义是人而非物。现代化的本质是人的现代化，人的现代化与"物"的现代化相比更显重要。没有现代化的人，就没有现代化的"物"。② 资产阶级在扬起人类现代化历史风帆伊始，也是以人的现代化为核心的。但是资产阶级对剩余价值的狂热追求，致使西方现代化在价值立场上转变为坚持资本至上，由此带来了人的精神世界陷入空虚、人的自由劳动以及人与外界关系出现异化，各种"西方现代性危机"集中爆发。

中国式现代化蕴含深刻的"国以守民心为本"的中华优秀传统价值立场。习近平总书记于 2021 年 10 月 13 日在中央人大工作会议上发表讲话时引用了北宋程颐在《代吕晦叔应诏疏》中的名句"为政之道，以顺民心为本"。这句话的意思是说，为政者当以顺应民心为根本。习近平总书记在中国共产党百年华诞之际饱含深情地指出："江山就是人民，人民就是江山，打江山、守江山，守的是人民的心。"③ 人民的心作为精神存在，是看不见摸不着的，但是可以明确感知。人民在现代世界中的生活是真实的，其会通过各种方式表达自己的内心想法。西方现代化在发展过程中产生的两极分化、精神贫乏、人与自然关系紧张等现代性之困不得人心。而与之形成鲜明对比的是，中国共产党领导的中国式现代化以守住民心为最大底气。民心是通晓现代化题中应有之义的一把金钥匙。蕴含"国以守民心为本"传统价值立场的中国式现代化，在推进与拓展中有力申明了现代化的题中应有之义。

（二）蕴含"国以尊民意为本"传统价值立场的中国式现代化申明了现代化的题中应有之义

中国式现代化是有组织、有领导的现代化。这一伟大事业是由深受中

---

① 《礼记·中庸》。
② 刘方平、李家庆：《"人的现代化"重构：中国式现代化开创人类现代化新形态》，《科学社会主义》2023 年第 2 期。
③ 《习近平谈治国理政》第 4 卷，外文出版社，2022，第 63 页。

华优秀传统价值观影响的中国共产党领导的。赵中源指出："一个执政党的价值观念必须首先确立价值主体的价值立场。"[1] 在骆郁廷看来，"立场，从根本上讲是由人们的经济、政治、社会利益和地位决定的，并且首先是由人们的经济利益所决定的。在阶级社会中，这种经济、政治、社会利益集中体现为一定的阶级利益，阶级利益决定着人们的阶级立场"[2]。在阶级社会中，立场具有鲜明的阶级属性。人们常以"特殊材料制成的人"来赞誉中国共产党。中国共产党之所以特殊，最突出的表现就在于，中国共产党除了工人阶级和最广大人民群众的利益，没有自己特殊的利益。中国共产党作为中国式现代化的重要价值主体，其所代表的是工人阶级和最广大人民群众的利益。也正因如此，代表工人阶级和最广大人民群众利益的中国共产党，能够真正做到站在尊重并敬畏民意的价值立场上治国理政。

2014 年 9 月 21 日，习近平总书记在庆祝中国人民政治协商会议成立 65 周年大会上的讲话中引用了《尚书·泰誓》中的古训"天视自我民视，天听自我民听"。这是说，上天的看法，出自人民的看法；上天的听闻，出自人民的听闻。关于天意来自民意，《尚书·皋陶谟》也指出："天聪明自我民聪明。"意思是上天以百姓的视听作为视听。凡此种种古训，皆是站在尊重民意的价值立场上看问题，皆是告诫统治者要尊重民意，用心倾听人民的呼声。中国共产党既传承又创新了"国以尊民意为本"的传统价值立场，其剔除了该价值立场中的封建迷信成分，保留了爱民、尊民、敬民的价值精华，在中国式现代化的开拓与拓展中强调尊重人民的意志与愿望。而人民最大的意志与愿望，莫过于满足自身对美好生活的需要。田鹏颖和谭言认为，根据中国式现代化的本质要求，中国式现代化就是中国共产党领导的满足人民美好生活需要的社会主义现代化。[3] 蕴含"国以尊民意为本"传统价值立场的中国式现代化，将满足人民美好生活需要视作比天还大的事，其申明了让人民过上更加美好生活这一现代化的题中应有之义。

---

[1] 赵中源：《以人民为中心：中国道路的价值坐标》，《求索》2020 年第 1 期。

[2] 骆郁廷：《论立场》，《马克思主义研究》2020 年第 9 期。

[3] 田鹏颖、谭言：《中国式现代化是解决社会主要矛盾的时代选择》，《河南师范大学学报》（哲学社会科学版）2023 年第 3 期。

（三）蕴含"国以解民忧为本"传统价值立场的中国式现代化申明了现代化的题中应有之义

现代化的题中应有之义，是让人民过上更加美好的生活。现代化建设具有鲜明的地域性特征。不同国家在推进与拓展现代化的过程中，人民对过上美好生活的具体诉求是不尽相同的。中国式现代化是由视人民如父母的中国共产党领导的，"人民"二字在中国共产党的心目中重若千钧。中国共产党结合我国具体实际，明确了我国社会主要矛盾是人民日益增长的美好生活需要和不平衡不充分的发展之间的矛盾。[①] 不平衡不充分的发展，是蕴含"国以解民忧为本"传统价值立场的中国式现代化，在推进与拓展中需要直面的最大民忧。我国古人认为得民心者才能得天下，而欲得民心，必须尊重并敬畏民意。仅仅有顺民心、敬民意的想法，对于坚持人民立场而言，仍是远远不够的。能不能真正关心并切实解决民之所忧，是彰显中国式现代化所蕴含"国以解民忧为本"传统价值立场的重要一环。

习近平总书记指出，"党和人民事业能不能沿着正确方向前进，取决于我们能否准确认识和把握社会主要矛盾、确定中心任务"[②]。中国式现代化是党领导人民共同开创的伟大事业。认识社会主要矛盾的变化，直接关乎这一伟大事业的建设全局。"人民日益增长的美好生活需要"这一精准概括，一以贯之地坚持了"国以解民忧为本"的传统价值立场，准确把握了人民生活需求的升级变化趋势，显示出当代中国人对人的生活价值与意义的思考，反映了党在守民心、尊民意等方面所作出的努力。人的生存与其所属的传统价值土壤不可分离，民族性的传统价值观对一个民族的生活导向和价值追求具有重要影响。[③] 中国式现代化蕴含"国以解民忧为本"的价值立场。"由己溺之""匍匐救之"等忧民古训，深蕴于中国式现代化的推进与拓展之中，其有助于我们认识党的中心任务就是要尽快解决社会主要矛盾，努力突破发展不平衡不充分这个困难点。孟子指出："禹思天下有溺者，由己溺之也；稷思天下有饥者，由己饥之也，是以如是其急也。"[④]

---

① 参见《习近平谈治国理政》第 3 卷，外文出版社，2020，第 9 页。
② 《习近平谈治国理政》第 4 卷，外文出版社，2022，第 30 页。
③ 常新：《儒家关于美好生活的思想资源及其价值发掘》，《伦理学研究》2021 年第 4 期。
④ 《孟子·离娄下》。

溺水与饥饿同"视民如伤"情形一样，均借指百姓身处困厄之际。人民对美好生活的向往已经从"有没有"转向"好不好"。在中国式现代化的推进与拓展中，满足人民多样化、多层次、多方面的需求，已经到了刻不容缓的地步。"由己溺之"之于中国式现代化建设的基本命意，在于促使人们更好地认清满足人民美好生活需要的紧迫性。"不平衡不充分的发展"是对中国式现代化经济社会建设状况的客观描述，其是制约人民日益增长的美好生活需要的主要客观因素。该如何突破发展不平衡不充分这个中国式现代化建设的困难点，我国古人提出的"匍匐救之"在理解价值立场上颇有助益。郑玄在给《毛诗》作注时指出："匍匐，言尽力也。"① "匍匐"也就是婴儿还不能行走时伏地爬行，引申为大人连行走的力气都没有了，也要拼尽最后一丝力气，救人于危难之中。"匍匐救之"有助于我们理解中国式现代化在党的领导下突破发展不平衡不充分这个困难点始终站稳人民立场，誓将为了满足人民过上美好生活的需要拼尽全力、奋斗到底，其生动彰显了中国式现代化"国以解民忧为本"的价值立场。因此，蕴含"国以解民忧为本"传统价值立场的中国式现代化申明了让人民过上更加美好生活这一现代化的题中应有之义。

（四）蕴含"国以聚民力为本"传统价值立场的中国式现代化申明了现代化的题中应有之义

现代化的本质是人的现代化。在价值立场上坚持资本至上的西方现代化，扭曲了现代化的题中应有之义，导致人的精神世界陷入空虚，致使人的自由劳动出现异化，造成人与外界关系日趋紧张。凡此种种负面现象，背离了现代化的本质。党的二十大报告指出："物质富足、精神富有是社会主义现代化的根本要求。物质贫困不是社会主义，精神贫乏也不是社会主义。我们不断厚植现代化的物质基础，不断夯实人民幸福生活的物质条件，同时大力发展社会主义先进文化，加强理想信念教育，传承中华文明，促进物的全面丰富和人的全面发展。"② 物的全面丰富和人的全面发

---

① （清）阮元校刻《十三经注疏》，中华书局，2009，第641页。
② 习近平：《高举中国特色社会主义伟大旗帜 为全面建设社会主义现代化国家而团结奋斗——在中国共产党第二十次全国代表大会上的报告》，人民出版社，2022，第22—23页。

展，是中国式现代化的重要特征。中国式现代化旨在让人民过上更加美好的生活，而人民过上美好生活，既包括物质层面的富足，也包括精神层面的富有。人们只有在中国式现代化的推进与拓展中不断实现物质层面的富足与精神层面的富有，才能在真正意义上消解因持守"物之道"而造成的异化现象。在中国式现代化建设中实现物质富足与精神富有进而消解异化现象，既是"为了人民"同时也要"依靠人民"。诚如习近平总书记所言："为了人民而发展，发展才有意义；依靠人民而发展，发展才有动力。"①为了人民并依靠人民而发展，巩固人民大团结大联合，直接关乎中国式现代化的人心与力量。

中国式现代化不仅是能够凝聚民心、反映民意的现代化，还是可以充分汇聚民力的现代化。姜辉指出，中国式现代化进程中形成的人民共同体"是为人民服务而不是为物异化的联合体，是个人自觉自愿而不是在压迫力量支配下结成的共同体"②。确保中国式现代化推进过程中形成的人民共同体始终为人民服务而不为物所异化，需认识到这一伟大事业矢志坚守的人民立场与"国以聚民力为本"的传统价值立场具有一脉相承性。在我国古人看来，人是善群的存在。人之所以善群而动物不善群，是因为人之欲不同于动物之欲，人善群是因为人有情有义。倘若在现代化建设中抛绝了人之善群的"情"与"义"，为了谋取利益而不择手段、没有底线、离心离德，人民共同体的力量就会涣散软弱，物的丰富与人的发展也将迟滞缓慢。在我国大思想家孟子看来，人之所以有别于禽兽，在于接受了教育。他指出："人之有道也，饱食、暖衣，逸居而无教，则近于禽兽。"③ 在中国式现代化的推进过程中，实现了物的全面丰富，并不意味着能促进人的全面发展。如果不接受教育，纵使拥有再丰富的物质生活，也难以避免精神上的空虚、自由劳动的异化以及人与外界关系的紧张。关于避免为物异化该接受什么样的教育，我国古人倡导持守"五常之性"。比如朱熹指出："故人为最灵而备有五常之性，禽兽则昏而不能备，草木、枯槁则又并与

---

①　《习近平著作选读》第 2 卷，人民出版社，2023，第 544 页。
②　姜辉：《中国特色社会主义新时代的世界意义》，江西人民出版社，2021，第 339 页。
③　《孟子·滕文公上》。

其知觉者而亡焉。"① 人有仁义礼智信"五常之性"。如果将中华优秀传统价值观比喻为一个车轮，那么"五常之性"则象征着车轮构造中的核心部分，其在车轮的诸多部件中，不会随着车轮一起转动。"群"既是人的生存方式，也是人的本质的展开形式。② "五常之性"是我们避免为物异化，实现人的本质的复归的精神瑰宝，其不仅让我们成为我们自己，还让我们凝聚成强有力的共同体，协力促进物的全面丰富与人的全面发展，推动中国式现代化巨轮勇毅前行。因此，深蕴"国以聚民力为本"传统价值立场的中国式现代化，申明了让人民过上更加美好生活这一现代化的题中应有之义。

三 中国式现代化把资本与人颠倒了的主客体关系矫正过来

现代化是世界发展的大势所趋，实现现代化是世界各国普遍面临的历史重任。担负起这一时代赋予的重要任务，应该区分中国式现代化与西方现代化在价值立场上的不同定位，辨析、选择并坚持正确的价值立场进而"依道而行"。当下，在价值立场上坚持资本至上的西方现代化已经出现了严重的异化现象，其与现代化的本质要求大相径庭。"物之道"大行其道、"人之道"日渐衰微的后果是人们深陷于西方现代性危机之中。蕴含"民为国本"传统价值立场的中国式现代化，申明了现代化的题中应有之义是"人之道"而非"物之道"，其超越了坚持资本至上的西方现代化对人的异化和宰制，有助于人们摆脱西方现代化之困，享有更加幸福而美好的生活。

（一）中国式现代化与西方现代化价值立场之定位

中国式现代化与西方现代化在价值立场上有着不同的定位，价值定位解决的是现代化为谁服务的问题。中国式现代化是中国共产党领导的社会主义现代化。党的性质和社会主义的本质属性，决定了中国式现代化是为人民服务的。习近平同志在党的二十大报告中将中国式现代化的中国特色阐发为人口规模巨大的现代化、全体人民共同富裕的现代化、物质文明和

---

① （清）黄宗羲原著，（清）全祖望补修《宋元学案》，中华书局，1986，第1567页。
② 周慧：《儒家"人何以能群"的论证维度及伦理审视》，《湖南师范大学社会科学学报》2022年第4期。

精神文明相协调的现代化、人与自然和谐共生的现代化、走和平发展道路的现代化①，"人民"二字贯穿其中，人民立场是中国式现代化推进与拓展中矢志坚持的价值立场。西方现代化在价值立场上坚持资本至上。要认识西方现代化在价值立场的定位，就要科学认识资本的特性。马克思在《资本论》中明确指出："资本不是物，而是一定的、社会的、属于一定历史社会形态的生产关系，后者体现在一个物上，并赋予这个物以独特的社会性质。"② 资本具有二重规定性，其在社会形式上表现为价值增殖的生产关系，而在物质内容上体现为生产资料与劳动过程。资本所具有的二重规定性，决定了其本身具有独特的运行逻辑。具体而言，其要遵循劳动过程与价值增殖过程的对立统一规律。一方面，劳动过程受价值增殖过程所支配，然而价值增殖过程又始终受到劳动过程的制约。在资本逻辑的作用下，其在为人类现代化发展提供动力的同时又成为现代化陷入困境的根源所在。西方现代化的真正价值主体，表面上看是资产者，而实质上是统驭现代化发展的资本。马克思将现代资本主义社会称为"资本处于支配地位的社会形式"③。资本统治从根本上规定着西方现代化是为资本服务的。最大化地获取剩余价值，是西方现代化推进与拓展中不变的价值追求。价值立场不仅决定人们的价值思想，还决定人们的价值情感。中国式现代化坚持人民至上价值立场，其与"国以民为本"的传统价值观具有高度的契合性，这决定了其在推进与拓展中始终葆有对人民的爱，这种爱不仅局限于爱中国人民，而且包括爱全世界人民。这种价值立场上的定位决定了中国式现代化建设所造福的不仅是中国人民，还是世界人民。而西方现代化站在坚持资本至上的价值立场上，其所爱的是最大化地获取剩余价值。这种对资本的畸恋导致了资本拜物教。资本拜物教的普遍发展，使西方现代化在推进与拓展中造成了物对人的异化与宰制，人与人的关系被颠倒，错位为物与物的关系。人们对资本物化各种形态的盲目追逐，衍生出以对物的追逐与占有为核心目标的扭曲价值观。中国式现代化与西方现代化在价值

①　习近平：《高举中国特色社会主义伟大旗帜 为全面建设社会主义现代化国家而团结奋斗——在中国共产党第二十次全国代表大会上的报告》，人民出版社，2022，第22页。

②　《马克思恩格斯文集》第7卷，人民出版社，2009，第922页。

③　《马克思恩格斯文集》第8卷，人民出版社，2009，第31页。

立场上的不同定位，决定了二者服从并服务于不同的对象并衍生出不同的价值目标、价值思维及价值路径。

（二）中国式现代化与西方现代化价值立场之辨析

中国式现代化与西方现代化在价值目标、价值思维以及价值路径等方面存在的差异性，从根本上看，是由其站在不同的价值立场决定的。深入比较、分析和辨别中国式现代化与西方现代化所秉持的价值立场，有助于为选择和坚持与人类现代化本质要求相契合的价值立场提供认识基础。

中国式现代化与西方现代化均蕴含具有独特性的价值目标、价值思维与价值路径。价值目标、价值思维与价值路径总是由一定的价值立场所决定，总是反映了一定的价值立场。在价值立场上"有比较才能鉴别。有鉴别，有斗争，才能发展"①。中国式现代化与西方现代化坚持不同的价值立场，前者所坚持的是人民至上的价值立场，后者所坚持的是资本至上的价值立场。在人类现代化史上，由于中国式现代化与西方现代化站在不同的价值立场上看问题，因此其所蕴含的价值目标、价值思维及价值路径存在差异性，不仅客观存在，而且必然发生。比较、分析二者所蕴含的价值目标、价值思维以及价值路径，有助于更好地认识中国式现代化与西方现代化所秉持的价值立场，进而坚持并发展体现人类现代化本质要求的价值立场。

在人类现代化进程中，西方是先行者。但先行者当下所选择的推进现代化发展的价值立场，并不必然代表人类现代化的发展方向，并不必然体现现代化的本质要求。中国在人类现代化发展历程中，是后发追赶者。后发追赶者在推进自身现代化发展中所秉持的价值立场，因之与人类现代化发展方向相一致、与人类现代化本质要求相契合，可以给世界提供新的样式与范本。现代化是人的现代化，在现代化的推进与拓展中，必须站在人民至上的价值立场上，秉持以人为本的发展宗旨。然而，西方现代化在推进与拓展中，站在资本至上的价值立场上看问题，其所秉持的是以物为本的发展宗旨，致使人与自身、人与人、人与社会、人与外部世界的关系发生异化。辨析中国式现代化与西方现代化所秉持的价值立场，均不能就

---

① 《毛泽东文集》第 7 卷，人民出版社，1999，第 280 页。

"现代"看现代，而应回到"传统"看现代，特别是回到体现民族精神的"传统价值观"中看现代。从价值立场上看，中国式现代化坚持人民至上而西方现代化坚持资本至上，二者是迥然有别的。然而，中国式现代化与西方现代化在推进与拓展中需要直面的现代性问题，诸如人在资本逻辑控制下出现异化乃至被宰制，则是具有共通性的。中国式现代化在价值立场上坚持人民至上，但绝不意味着西方现代化在推进与拓展中出现的现代性问题在中国就不会存在甚至已经消失。我们在关注当下问题的同时，还有必要将目光转回到传统价值观中寻找智慧启迪。比较中国式现代化与西方现代化的价值立场是为了鉴别，而鉴别的过程中不可避免存在价值交锋，存在价值交锋就涉及价值立场孰优孰劣的问题，我们比较、分析西方现代化与中国式现代化所蕴含的独特价值目标、价值思维及价值路径，是为了批判西方现代化背后隐藏的资本至上的价值立场是错误的，而凸显中国式现代化矢志坚持的人民至上价值立场具有科学性。但价值交锋的最终目的不是"为了斗争而斗争"，而是"为了发展而斗争"。辨析中国式现代化与西方现代化不同价值立场旨在解决人类现代化发展中需要共同直面的现代性问题，探索更契合人类现代化发展方向的现代价值观。

（三）中国式现代化与西方现代化价值立场之选择

在人类现代化发展之路上，有两种选择：一种是西方现代化发展之路，另一种是中国式现代化发展之路。前者在价值立场上坚持资本至上，也即遵循"物之道"，后者在价值立场上坚持人民至上，也即遵循"人之道"。遵循"人之道"的中国式现代化深受"民为国本"传统价值立场的影响。中华传统典籍蕴含着大量的申明"人之道"的古训。比如，《性自命出》认为"惟人道为可道也"；再比如，荀子强调"道者，非天之道，非地之道，人之所以道也，君子之所道也"[①]。该以"人之道"弘扬"物之道"还是以"物之道"弘扬"人之道"，衡量标准取决于哪种价值立场契合人类现代化的发展方向。西方现代化价值立场在于以"物之道"弘扬"人之道"，而中国式现代化的价值立场在于以"人之道"弘扬"物之道"。

认识中国现代化的题中应有之义，并不是一件容易的事情。"现代化"

---

① 《荀子·儒效篇》。

之于中国而言，是一个引自西方的"舶来品"。西方现代化的发展历程，所坚持的价值立场是资本至上。中国作为现代化建设曾经的"追赶者""跟跑者"，早在18世纪中叶以后就将实现现代化视为公认的"大道"。在一个生产力极端落后并遭到外来侵略的国家推进现代化，当务之急是发展经济，赢得民族独立。因此，在相当长的时期内，我们是以"物之道"来理解现代化的。"现代之道"强调物的价值的提高，这本是无可厚非的。物的现代化能够为人的现代化提供坚实的物质基础。但物的价值在提高的同时，也应实现人的价值的同步提升。但从中国现代化的实践来看，也出现了物的价值的提高和人的价值的贬损同时存在的现象。"物的世界的增值同人的世界的贬值成正比"①，这种与人类现代化本质要求背道而驰的现象，是由资本主义异化造成的。中国在现代化发展中，同样未能跳出这一窠臼。

跳出这一窠臼，既需要关注现实，也要从传统价值资源中寻找智慧。从现实层面来看，人类现代化的题中应有之义，是人本之道。人本之道包含两个方面的含义。一方面是就"人本然的面目"而言的，要实现人的复归。诚如马克思所言，人的"任何一种解放都是把人的世界和人的关系还给人自己"②，也即人要从资本主义生产关系的束缚中挣脱出来，回归人的本来世界和本来关系，总之就是实现人的复归。另一方面是就"现代化本然的目的"而言的，也即发展要回归以人为本位。西方现代化在人类社会历史上发挥了不可忽视的进步作用，其将人从对神的崇拜中解放出来，转向相信自己；将人从自然的束缚下解放出来，实现生产力的提高和物质财富的充盈。然而，西方现代化在建设中不是将人的发展作为物质发展的目的，而是将之转变为了手段。回归人本之道，就是要将人从异化状态中解放出来，明确一切发展都是为了人本身，而不是为了发展生产力而发展生产力。③

中国式现代化具有鲜明的国别特征，同时也具有极强的世界意义。中华民族"民为国本"的传统价值立场，与人类现代化的本质要求存在高度

① 《马克思恩格斯文集》第1卷，人民出版社，2009，第156页。
② 《马克思恩格斯全集》第1卷，人民出版社，1956，第443页。
③ 高德步：《现代化之道：从异化到回归》，《政治经济学评论》2016年第5期。

的契合性。至于人的世界与物的世界究竟哪个更重要，我国古人早已给出了清晰而明确的回答。比如，孟子提出"民为贵"，苏舜钦认为"民为邦本，未有本摇而枝叶不动者"，等等。凡此种种论述，在价值立场上所坚持的均是人民至上。人类现代化发展的最高目的，是促进人的发展，物质财富的增长是促进人的发展的手段，不能反客为主、不能错把手段当目的。从概念上看，中国式现代化与中国的现代化是不同的，中国的现代化是对现代化发展历程的客观描述，在这一发展历程中，不同的阶级在主导现代化发展历程中所秉持的价值立场是不同的。而中国式现代化是中国共产党领导的社会主义现代化，其深蕴"民为国本"的传统价值立场，在开拓与拓展中始终坚持人民至上的价值立场，始终将人的发展视为本质和目的。习近平总书记在文化传承发展座谈会上指出："在新的起点上继续推动文化繁荣、建设文化强国、建设中华民族现代文明，是我们在新时代新的文化使命。"① 在中华民族现代文明的建设上，只有不忘本来，才能开创未来。中华民族在数千年的文明史上，一直坚持"人之道"的价值传统。② 这一价值传统深蕴于中国式现代化之中，其开拓、推进与拓展的过程，也是申明现代化题中应有之义的过程。西方现代化因站在资本至上的价值立场上，而颠倒了"物之道"与"人之道"的关系。错把"人之道"当成了现代化发展的工具和手段，而将"物之道"视为现代化发展的本质和目标。申明现代化题中应有之义的中国式现代化，在价值立场上实现了对西方现代化的超越，其推进与拓展有助于把资本与人颠倒了的主客体关系矫正过来。

---

① 《习近平出席文化传承发展座谈会并发表重要讲话》，中央政府门户网站，2023 年 6 月 2日，https://www.gov.cn/yaowen/liebiao/202306/content_6884316.htm? device＝app。
② 高德步：《现代化之道：从异化到回归》，《政治经济学评论》2016 年第 5 期。

第三章　中国式现代化蕴含独特的
传统价值目标

中国式现代化"向何处去",既是中国人民关注的时代课题,也是世界人民瞩目的重大问题。中华优秀传统价值观由中华优秀传统仁爱观、中华优秀传统民本观、中华优秀传统诚信观、中华优秀传统天下观等组成。中华优秀传统天下观沉淀着中华民族最深沉的价值追求。中华优秀传统天下观中蕴藏着可贵的价值目标,如"天下均平"的价值理想、"天下太平"的价值追求以及"天下一家"的价值愿景等。共同富裕、和平发展以及美美与共是社会主义及现代化的价值目标。中国式现代化蕴含独特的中华优秀传统价值目标,即共同富裕的中国式现代化蕴含"天下均平"的传统价值理想,走和平发展道路的中国式现代化蕴含"天下太平"的传统价值追求,具有人类情怀的中国式现代化蕴含"天下一家"的传统价值愿景。

第一节　中国式现代化蕴含"天下均平"的传统价值理想

习近平总书记指出:"共同富裕是社会主义的本质要求,是中国式现代化的重要特征。"[①] 中华优秀传统价值目标中的"天下均平"理想与社会主义的这一本质要求存在着高度的契合性。共同富裕的中国式现代化深蕴着"天下均平"的传统价值理想。中国式现代化的推进与拓展,有助于将"天下均平"的传统价值理想转化为现实。

---

① 习近平:《扎实推动共同富裕》,《求是》2021 年第 20 期。

一　中华优秀传统价值目标中的"天下均平"

在中华文明史上，"天下均平"的思想脉络源远流长。诸子百家不断进行思想争鸣，但在"天下均平"的价值理想上高度一致。各个阶层无不提倡天下均平、实施天下均平并追求天下均平。从古圣先贤提出的"治国平天下"到封建帝王实施的"均赋税""制民之产"再到农民领袖倡导的"均田免粮""等贵贱，均贫富"，各个阶层均为了实现"天下均平"的价值理想而奋力拼搏。"天下均平"的着眼点是"天下"，关键点是"均"，而落脚点是"平"。"天下均平"的价值理想，对古代经济社会发展具有深远影响，对当前我国的现代化建设事业同样有重要的启示意义。

（一）"天下均平"的着眼点是"天下"

"天下均平"是我国古代社会重要的治理思想，受到众多思想家的关注。"天下均平"的对象是"天下"。"天下"是"天下均平"的着眼点。"天下"早在我国先秦时期的典籍中，就已经被广泛使用。概而述之，"天下"一词有三重含义。

第一重是地理意义上的"天下"，也就是"天"所覆盖的所有地区。限于我国古人对世界地理的认识，"天下"往往与中华大地重合。[①] 我国古人认为自身所居住的区域，就代表了整个世界。他们也将之称为"四海之内"的"九州"。在不同的时期，"天下"有时也包括围绕在其周边的"四夷"。这种空间意义上的"天下"观念延伸到秦汉建立大一统的国家以后，"天下"的范围已经涵括了中国人所能了解的最遥远的地方。

第二重是秩序观念意义上的"天下"。费孝通认为"差序格局"是"乡土中国"的组成部分，他所讲的"差序格局"是个立体的结构，既包含纵向的刚性等级化的"序"，也包含横向的弹性的以自我为中心的"差"。作为秩序观念的"天下"与人伦秩序上的"差序格局"相一致。从地理空间来看，也存在以距离王畿之地远近所确立起来的权利与义务关系的等差性

---

① 郭瑞：《从儒家"天下"观到习近平人类命运共同体构想》，《广西社会科学》2018 年第7 期。

结构，诸如《禹贡》《周礼·夏官·职方氏》所提到的"五服"① "九服"② 都意指这种差别性的等级关系。在封建社会，天子所居住的地方被称为王畿之地，诸侯居住在王畿之地的外缘。由此确立的天下秩序，类似于一种"中心—边缘"的基本架构。在此特别需要加以说明的是，我国古人所确立的"夷夏""内外"的等差结构，是一种文明发展程度的差异，其并非一种"等级"意义上的差异。干春松指出："在儒家的价值结构中，平等性和等差性包含一种辩证法。"③ 他将之视为理解儒家价值观的关键所在。

第三重是价值体认意义上的"天下"。不同于基督教强调的"博爱"、佛教强调的"慈悲"，我国儒家强调的是一种"差等之爱"。在爱"人"的问题上，我国儒家并不否认差异性的存在。对于墨子强调的"爱无差等"，孟子认为是"无君无父"的体现。儒家强调有差等、有次第的爱是"亲亲而仁民，仁民而爱物"④。既然爱有差等，首先需要爱的就是自己的亲人，也就是我国古人谈及的"立爱自亲始"。仅仅有对家人的爱是不够的，还应该推而广之，从家庭内部走向家庭以外，将对家人之爱向外延伸，也就是孔子所提出的"四海之内皆兄弟"。人苟有亲仁之心，未有不推以及物者。⑤ 将对人的爱再继续往外延伸，还有更大的范畴，那就是爱物。《论语》中的"子钓而不纲，弋不射宿"，也就是由对人的爱，覆盖到对万事万物的爱。最高境界的"爱"，是所谓的"仁者与天地万物为一体"⑥。由此可见，儒家的伦理是一个不断推进的"系统"，也就是由"角色"延伸到"万物一体"的境界。从价值体认的角度来理解"天下"，"夷夏""内外"彰显的是一种价值属性的自信，用夏变夷是要用崇高的价值理想感化其他民族。孟子指出："吾闻用夏变夷者，未闻变于夷者也。"⑦ 这里所说的夷夏，并没有种族之间的高低之别，其指称的是文明程度的高

---

① 所谓"五服"，指的是王畿与甸服、侯服、宾服、要服、荒服。
② 所谓"九服"，指的是王畿与侯服、甸服、男服、采服、卫服、蛮服、夷服、镇服、藩服。
③ 干春松：《儒家"天下观"的再发现》，《探索与争鸣》2019 年第 9 期。
④ 《孟子·尽心章句上》。
⑤ 蔡元培：《中国人的修养》，中国华侨出版社，2020，第 19 页。
⑥ （宋）黎靖德编《朱子语类》，王星贤点校，中华书局，1986，第 819 页。
⑦ 《孟子·滕文公上》。

低。一个民族的文明程度因价值观的不同而有所差别。这意味着不同民族文明的高低并不取决于其种族身份，而是取决于其通过自身努力提升文明的程度。作为价值体认意义上的"天下"，是中华传统"王道"价值的体现。我国古人认为"王者无外"。合格的王者，是不会刻意区分内外的。之所以强调"夷夏""内外"，是因为内治已治才能正外。如果内治未治，便难以有效治外。从这个意义上讲，"天下"更重要的面向在于秩序背后的价值体认。

（二）"天下均平"的关键点是"均"

"天下均平"的关键点是"均"，因为只有通过"均"才能实现"平"。《说文解字》对"均"的解释是"平偏也，从土从匀"，指的是取多补少、均衡调和。"天下均平"凸显的是一种分配正义。反对分配不正义，向往公平，一直是我国古人朴素的价值理想。关于天下均平"为什么均""怎样均""均什么""谁来均"等问题，我国古圣先贤发表了各自的看法。在上古时期，中华人文始祖将"天"视为中华文明的终极信仰所在，认为天道均平，人之道，必然师法自然之道。伏羲仰观俯察，一画开天，道启鸿蒙，彰明天道均平大义。天之道，化生万物而不遗，普利苍生而不独，均平如一。这是在告诫人们要与天同毕，共享财富。

进入阶级社会以后，原本在共富共享道路上缓慢前行的文明脚步戛然而止。春秋战国时期，贫富差距越拉越大、贵贱等级越来越不可逾越。诸子百家"顺乎天而应乎人"，集中抒发了"天下均平"的价值理想。比如，道家学派的创始人老子和庄子，反复强调"自均"①"天下平均"②的价值理想。管子提出"以天下之财，利天下之人"③"与天下同利""安高在乎同利"④的社会治理目标。晏子提出"权有无，均贫富"⑤的价值主张。法家代表商鞅倡导"治国之举，贵令贫者富"⑥。儒家创始人孔子指出："丘也

---

① 《老子》三十二章。
② 《庄子·达生》。
③ 《管子·霸言》。
④ 《管子·版法》。
⑤ 《晏子春秋·内篇问上》。
⑥ 《商子·说民》。

闻有国有家者，不患寡而患不均，不患贫而患不安"①，这句话的意思是说，不管是诸侯还是大夫，担心的不是财富不够多而是财富在分配上不够均匀；担忧的不是人民不够多而是境内不够安定。这些精辟论述，无不闪耀着"天下均平"的思想光芒。

关于为什么要实现"天下均平"。在西汉大儒董仲舒看来，这缘于"大富则骄，大贫则忧，忧则为盗，骄则为暴"②。这是说，人特别富有会骄傲放纵，特别贫穷会忧心忡忡。忧心忡忡者，会行偷盗之事；骄傲放纵者，会行残暴之举。只有避免人们陷入大富、大贫的失衡状态，社会才能和谐。董仲舒眼中的善治目标是"使富者足以示贵而不至于骄，贫者足以养生而不至于忧"③。关于如何实现"均平"，董仲舒提出"度而调均之""限民名田，以赡不足"等建议。

尽管我国古圣先贤在"均天下"的问题上不断贡献宝贵智慧，但在财富的分配上，"不均"却是现实。富与贫始终处于一种失衡的状态之中，故而有"朱门酒肉臭，路有冻死骨"的诗句，有"富者累巨万，而贫者食糟糠"的记录。凡此种种贫富分化、两极对立现象的存在，究其根源在于统治者缺乏一颗仁者之心。美国汉学家牟复礼指出，所谓"仁"，就是为他人的福祉着想，从人性的角度考虑他人的处境。④ 只有对人民的安危冷暖全无理会、漠然置之，才会出现"及天下荒乱，百姓饿死，帝曰：'何不食肉糜？'"⑤ 的荒唐话语。"天下均平"的关键点是"均"，而促使"均"也即富与贫处于均衡状态的关键是秉持圣人之道，持守住一颗"仁心"。

（三）"天下均平"的落脚点是"平"

我国古人强调的"天下均平"，不仅有一个"均"的问题，还有一个"均成什么样的理想状态"的问题。我国古人的价值追求是"天下均平"而不是"天下平均"。"均"是作为手段而存在的，而"平"是目标。"天

---

① 《论语·季氏》。
② 《春秋繁露·度制》。
③ 《春秋繁露·度制》。
④ 〔美〕牟复礼：《中国思想之渊源》，王立刚译，北京大学出版社，2009，第42页。
⑤ 《晋书·惠帝纪》。

下均平"的落脚点在于"平"，也即公平，而不是毫无差别的平均。我国古人探讨的"齐其非齐"与"不齐而齐"，也正是一种有差别的同一。[①]"天下均平"是为了避免社会陷入"大富""大贫"的对立失衡之中。关于如何实现"天下均平"，我国儒家强调"致中庸"。"中庸"并不是要取中间位置，而是要取恰当的、合适的位置。西汉大儒董仲舒受阴阳家等学派的影响，将天道等引入儒家思想，认为人事应与天事对应。他的均平思想，是一种动态的平衡观。在他看来，"当更化而不更化，虽有大贤不能善治也"[②]。由此可见，均平追求的是一种均衡的状态，而不是搞绝对平均主义。搞绝对平均主义不仅在古代社会处处碰壁，而且与现代社会的发展要求格格不入。

"天下均平"是我国传统社会历代农民起义运用的主要武器。[③] 黄巢领导的唐末农民起义提出"均平"口号，起义领袖王仙芝自称"天补均平大将军"；北宋王小波起义打出的口号是"吾疾贫富不均，今为汝辈均之"[④]；南宋农民起义军领袖钟相认为，但凡产生"贵贱贫富"的制度都不是善法。为了行"善法"，不惜"焚官府、城市、寺观及豪右之家"。元朝末年农民起义军喊出的口号是"天遣魔将杀不平，不平人杀不平人。不平又杀不平者，杀尽不平方太平"。及至清朝农民起义太平天国农民运动，明确将"有田同耕，有饭同食，有衣同穿，有钱同使，无处不均匀，无人不饱暖"的价值理想写入《天朝田亩制度》。我国农民斗争经历了从起义领袖将"均平"作为头衔，到公开喊出"均平"口号，再到将"均平"上升到制度层面，农民起义军对"天下均平"价值理想的追求，经历了一个从自发到自觉的过程。[⑤] 然而，中国传统社会历朝历代的农民斗争，尽管以"天下均平"为斗争武器，不同程度地冲击了封建王朝统治，但无一例外地以失败而告终。究其原因在于当面对贫富两极失衡时，起义军往往针对特定阶级，以绝对平均的手段实践"均平"的价值理想。与绝对平均主义相伴生的是极不均平的特权现象，不少农民起义领袖劫富以自肥，取得阶

---

①　高瑞泉：《平等观念史论略》，上海人民出版社，2011，第 196 页。

②　《汉书·董仲舒传》。

③　曹文君：《解读"均平"之历史内涵》，《苏州教育学院学报》2005 年第 4 期。

④　廖寅、王晓龙：《宋代民变若干成因新探》，《兰州学刊》2016 年第 4 期。

⑤　曹文君：《解读"均平"之历史内涵》，《苏州教育学院学报》2005 年第 4 期。

段性胜利以后不是调均生产要素的占有失衡，而是沉湎于物质享乐，将"天下均平"的价值理想停留在口号与幻想中。

采用绝对平均的方式实践均平的最大弊端在于缺乏现代性。"天下均平"不同于"天下平均"，人人"同利共财"的基础和前提是"做大蛋糕"。而绝对平均主义，将落脚点放在"分蛋糕"上。至于"蛋糕有没有做大""蛋糕做得好不好""分蛋糕有没有合法性"，并不是绝对平均主义者关注的落脚点。"天下均平"的落脚点是"平"，其不仅强调"分蛋糕手段的正当性"，也强调"做蛋糕的可持续性"。"蛋糕不能持续做大且做好"而意图通过野蛮、粗暴的方式"分蛋糕"，这样的行为不仅在古代社会处处碰壁，而且与现代社会的发展要求格格不入。

二　共同富裕是社会主义及其现代化的价值目标

习近平总书记于 2021 年 8 月 17 日主持召开中央财经委员会第十次会议发表讲话时强调："我们说的共同富裕是全体人民共同富裕，是人民群众物质生活和精神生活都富裕，不是少数人的富裕，也不是整齐划一的平均主义。"[1] 这一重要论述至少包括以下三个层面的意涵。

（一）全体人民共同富裕是社会主义及现代化的价值目标

无论是社会主义国家还是资本主义国家，在现代化发展之路上无不追求富裕。社会主义及现代化之所以较之于资本主义及现代化具有优越性，集中体现在"共同"二字上。有研究者指出，中国式现代化具有天然的道义力量，是因之在现代化发展成果的共享上具有价值优势。[2] 从现代化发展成果共享的范围上看，社会主义及现代化以"全体人民共同富裕"为崇高价值目标。邓小平同志于 1992 年发表南方谈话时指出社会主义的本质"是解放生产力，发展生产力，消灭剥削，消除两极分化，最终达到共同富裕"[3]。实现共同富裕是社会主义的本质要求与价值目标。避免贫富悬殊、消除两极分化，是社会主义及现代化的题中应有之义。习近平总书记

---

①　习近平：《扎实推动共同富裕》，《求是》2021 年第 20 期。

②　双传学：《全面建设社会主义现代化国家必须牢牢把握的重大原则》，《求是》2023 年第 7 期。

③　《邓小平文选》第 3 卷，人民出版社，1993，第 373 页。

在中共十八届五中全会第二次全体会议上指出："我们必须坚持发展为了人民、发展依靠人民、发展成果由人民共享，作出更有效的制度安排，使全体人民朝着共同富裕方向稳步前进，绝不能出现'富者累巨万，而贫者食糟糠'的现象。"① "富者累巨万，而贫者食糟糠"正是一部分人占有社会发展果实，而另一部分人日益陷入贫困的现实写照。习近平总书记在《关于〈中共中央关于制定国民经济和社会发展第十四个五年规划和二〇三五年远景目标的建议〉需要说明的几个重点问题》中特别指出："我们推动经济社会发展，归根结底是要实现全体人民共同富裕。"② 社会主义及现代化不是靠少数人推动的。全体人民是促进社会主义及现代化发展的主体力量，也理应共同享有社会主义及现代化的发展果实。因此，社会主义及现代化的价值目标，绝不是追求少数人的富裕，而是追求全体人民共同富裕。

（二）物质生活和精神生活都富裕是社会主义及现代化的价值目标

关于什么不是社会主义，社会主义及现代化的根本要求是什么，党的二十大报告作出了明确说明："物质贫困不是社会主义，精神贫乏也不是社会主义。"③ 社会主义较之于资本主义具有优越性，不仅体现在人民得以享有富足的物质生活，还体现在享有富有的精神生活。也正是在这个意义上，党的二十大报告强调"物质富足、精神富有是社会主义现代化的根本要求"④。物质富足与精神富有之于社会主义及现代化的发展而言，是一个有机统一的整体。社会主义及现代化的发展，既要有良好的物质条件，又要有良好的精神环境。良好的物质条件为社会主义及现代化的发展提供坚实基础。马克思指出："当人们还不能使自己的吃喝住穿在质和量方面得到充分保证的时候，人们就根本不能获得解放。"⑤ 因此，我们要"不断厚

---

① 《习近平谈治国理政》第2卷，外文出版社，2017，第200页。
② 《习近平谈治国理政》第4卷，外文出版社，2022，第116页。
③ 习近平：《高举中国特色社会主义伟大旗帜 为全面建设社会主义现代化国家而团结奋斗——在中国共产党第二十次全国代表大会上的报告》，人民出版社，2022，第22—23页。
④ 习近平：《高举中国特色社会主义伟大旗帜 为全面建设社会主义现代化国家而团结奋斗——在中国共产党第二十次全国代表大会上的报告》，人民出版社，2022，第22页。
⑤ 《马克思恩格斯文集》第1卷，人民出版社，2009，第526页。

植现代化的物质基础，不断夯实人民幸福生活的物质条件"①。在社会主义及现代化的发展中，只有生存所需的物质条件满足了，人们才会有更多的时间与精力丰富自身的精神生活。而良好的精神环境为社会主义及现代化发展提供了有力保障。因此，社会主义及现代化不仅以追求物质生活的富裕为价值目标，还以追求精神生活的富裕为价值目标。

（三）以分配正义为内在要求的共同富裕是社会主义及现代化的价值目标

习近平主席在 2022 年世界经济论坛视频会议的演讲中指出："中国要实现共同富裕，但不是搞平均主义。"② 平均主义是在小生产基础上产生的，其以平等享有社会财富为价值追求。共同富裕是社会主义及现代化的价值目标，但实现共同富裕绝不能搞平均主义，原因在于其与分配正义相背离。而分配正义正是共同富裕的内在要求。

以分配正义为内在要求的共同富裕，作为社会主义及现代化的价值目标，必须妥善处理好公平、效率与社会稳定的关系。党国英认为，共同富裕是一个社会福利分配状况，它应该兼顾公平、效率、社会稳定三大要素，尤其不可偏废效率。③ 只强调公平而忽视了效率，社会主义及现代化较之于资本主义及现代化所具有的优越性，就难以得到有效的彰显。列宁指出："劳动生产率，归根到底是使新社会制度取得胜利的最重要最主要的东西。资本主义创造了在农奴制度下所没有过的劳动生产率。资本主义可以被最终战胜，而且一定会被最终战胜，因为社会主义能创造新的高得多的劳动生产率。"④ 资本主义制度较之于农奴制度具有优越性，在于其创造了比后者更高的劳动生产率。社会主义及现代化与资本主义及现代化相比具有优势，不能将"劳动生产率"这一"最重要最主要的东西"丢掉了。

在分配问题上是否坚持正义、是否具有平等性，人民最有发言权。党

① 习近平：《高举中国特色社会主义伟大旗帜 为全面建设社会主义现代化国家而团结奋斗——在中国共产党第二十次全国代表大会上的报告》，人民出版社，2022，第 23 页。
② 习近平：《坚定信心 勇毅前行 共创后疫情时代美好世界——在 2022 年世界经济论坛视频会议的演讲（2022 年 1 月 17 日）》，人民出版社，2022，第 9 页。
③ 党国英：《共同富裕为何不能是平均主义?》，《新京报》2022 年 5 月 26 日。
④ 《列宁选集》第 4 卷，人民出版社，2012，第 16 页。

国英认为："如果大家对平等状态不满意，且效率也很低，社会的稳定就难以实现。"[①] 实现分配正义要注意区分两个领域：一个是公共服务领域，另一个是个人可支配收入的领域。促使大家对平等状态都满意，在公共服务领域就不能搞差异化。有的人在这一领域享有特权，而其他人享有的水平很低，这样的社会是难以稳定的。在公共服务领域，促使大家对平等状态都满意，就应该保证其所享有的共同服务是均等的，这是保证社会主义及现代化价值目标得以实现的重要举措。在个人收入分配领域，促使大家对平等状态都满意，就要承认个人在劳动能力、工作能力等方面存在差异。在分配上拒绝这种差异，吃"大锅饭"，搞绝对平均主义，只会挫伤劳动者的生产积极性。脱离生产力发展的极端平均主义，并不会将人民引向共同富裕，只会导致共同贫穷，人民对这种所谓的平等状态不会真正满意、真正高兴、真正答应，由此所架构起来的社会也难以具有稳定性。以分配正义为内在要求的共同富裕，一方面要求在公共领域保证大家所享有的公共服务是均等的，另一方面要求在个人可支配收入领域体现出差异性，如此才能兼顾公平与效率的关系并维持社会稳定。因此，以分配正义为内在要求，兼顾公平、效率、社会稳定的共同富裕，是社会主义及现代化的价值目标。

三　共同富裕的中国式现代化蕴含"天下均平"的传统价值理想

中国式现代化是全体人民共同富裕的现代化，是物质和精神都富裕的现代化，是承认存在相对差异的现代化，其蕴含了着眼于"天下"、用力于"均"、落脚于"平"的中华优秀传统价值理想。"天下均平"的传统价值理想，为推动中国式现代化提供了不竭的精神动力。

（一）全体人民共同富裕的中国式现代化蕴含"天下均平"的传统价值理想

习近平同志在党的二十大报告中指出："中国式现代化是全体人民共同富裕的现代化。"[②] 中国是一个拥有 14 亿多人口的大国，在人口体量如

---

①　党国英：《共同富裕为何不能是平均主义?》，《新京报》2022 年 5 月 26 日。
②　习近平：《高举中国特色社会主义伟大旗帜 为全面建设社会主义现代化国家而团结奋斗——在中国共产党第二十次全国代表大会上的报告》，人民出版社，2022，第 22 页。

此巨大的国家实现共同富裕, 在人类历史上都是罕见的壮举。实现共同富裕的中国式现代化, 其"艰巨性和复杂性前所未有"①。在明知难度空前大的情况下仍然迎难而上, 背后没有强大的精神动力作支撑是不可想象的。而"天下均平"正是深蕴于中国式现代化之中的中华优秀传统价值理想。习近平总书记于 2016 年 1 月 18 日在省部级主要领导干部学习贯彻党的十八届五中全会精神专题研讨班上的讲话中指出: "共同富裕, 是马克思主义的一个基本目标, 也是自古以来我国人民的一个基本理想。孔子说: '不患寡而患不均, 不患贫而患不安。'孟子说: '老吾老以及人之老, 幼吾幼以及人之幼。'"② 在这里, 习近平总书记引用了我国儒家两位圣人的古训, 其中至圣孔子所说的"不患寡而患不均, 不患贫而患不安"是一种渴望"天下均平"的治世思想, 亚圣孟子所说的"老吾老以及人之老, 幼吾幼以及人之幼"隐含着拳拳的仁者之心。没有一颗仁者之心, 难以将"天下均平"的价值理想化为现实。而以实现"天下均平"价值理想为己任, 会不断强化自身的仁者之心。中国共产党正是一个有着强烈"仁者之心"的政党。中国共产党将民心视为最大的政治, 而实现"天下均平"的"共同富裕"是赢得民心的根本途径。深受中华优秀传统价值理想浸染的中国共产党, 带领人民推动共同富裕的中国式现代化, 将之与自身的生死存亡紧密联系在一起。习近平总书记深刻指出: "实现共同富裕不仅是经济问题, 而且是关系党的执政基础的重大政治问题。我们决不能允许贫富差距越来越大、穷者愈穷富者愈富, 决不能在富的人和穷的人之间出现一道不可逾越的鸿沟。"③ 这生动彰显了中国共产党是一个以百姓心为心, 将民心视为最大政治的使命型政党。

(二) 物质和精神都富裕的中国式现代化蕴含"天下均平"的传统价值理想

习近平总书记于 2021 年 2 月 25 日在全国脱贫攻坚总结表彰大会上的

① 习近平:《高举中国特色社会主义伟大旗帜 为全面建设社会主义现代化国家而团结奋斗——在中国共产党第二十次全国代表大会上的报告》, 人民出版社, 2022, 第 22 页。
② 习近平:《在省部级主要领导干部学习贯彻党的十八届五中全会精神专题研讨班上的讲话》, 人民出版社, 2016, 第 25 页。
③ 《习近平谈治国理政》第 4 卷, 外文出版社, 2022, 第 171 页。

讲话中指出："坚持以人民为中心的发展思想，坚定不移走共同富裕道路。'治国之道，富民为始。'"① 在此他引用了我国春秋时期著名政治家管仲的名句"凡治国之道，必先富民。民富则易治也，民贫则难治也。……故治国常富，而乱国常贫。是以善为国者，必先富民，然后治之"②。这是说，治理国家要使百姓富裕起来。百姓富裕起来，国家就容易治理。反之，百姓贫穷，国家就难以治理。善于治理国家的人，必须首先使百姓富裕起来，然后才能治理他们。党的二十大提出了我国 2035 年社会主义现代化建设的目标，其中包括"人的全面发展、全体人民共同富裕取得更为明显的实质性进展"③。"全体人民共同富裕取得更为明显的实质性进展"中的"共同富裕"有两个重要维度：一个是物质生活维度，另一个是精神生活维度。这两个维度的富裕是相互促进、相互融合的。习近平总书记在《扎实推动共同富裕》一文中指出："我们说的共同富裕是全体人民共同富裕，是人民群众物质生活和精神生活都富裕，不是少数人的富裕，也不是整齐划一的平均主义。"④ 物质和精神都富裕的中国式现代化蕴含"天下均平"的中华优秀传统价值理想。管仲认为"仓廪实而知礼节，衣食足而知荣辱"⑤。这是说百姓的物质生活得到了满足，才会顾及精神生活。对于中华民族的发展而言，已经实现了从"站起来"、"富起来"到"强起来"的伟大飞跃。富起来的中华民族，已经到了扎实推动共同富裕的历史阶段，在这一阶段，无论是物质生活富裕还是精神生活富裕，都要取得更为明显的实质性进展。中国式现代化是物质和精神都富裕的现代化，而这样的现代化所要实现的价值理想是中华民族自古以来殷殷期盼的"天下均平"。

（三）承认存在相对差异的中国式现代化蕴含"天下均平"的传统价值理想

在一个人口众多的国家推进现代化建设事业有不可回避的难点，其中

① 《习近平谈治国理政》第 4 卷，外文出版社，2022，第 133 页。
② 《管子·治国第四十八》。
③ 习近平：《高举中国特色社会主义伟大旗帜 为全面建设社会主义现代化国家而团结奋斗——在中国共产党第二十次全国代表大会上的报告》，人民出版社，2022，第 24 页。
④ 习近平：《扎实推动共同富裕》，《求是》2021 年第 20 期。
⑤ 《管子·牧民》。

之一是人均资源占有量少，也就是底子薄。共同富裕以"分配正义"为内在要求，而分配是由所有制决定的。我国当前的所有制主要有四种，分别是全民所有制、集体所有制、私人所有制和混合所有制。公有制为主体，多种所有制经济共同发展是我国社会主义初级阶段的一项基本经济制度。习近平总书记在2021年8月17日主持中央财经委员会第十次会议时特别强调，共同富裕"不是整齐划一的平均主义"①。孟子认为"物之不齐，物之情也"②。每个人的先天条件是不同的，无论在体力、智力还是生活能力等方面，所存在的差异都是客观的。否认这种客观性，无视人民贡献的大小，在分配上搞整齐划一的平均主义，会挫伤人民的生产积极性，中国的现代化建设事业不可能行稳致远。中国式现代化是承认存在相对差异的现代化，是允许部分人、部分地区靠自己的辛勤劳动先富起来的现代化。先富起来的人和地区，可以起到模范带动作用。

物质富足和精神富有是要靠不懈奋斗创造出来的。我国古代典籍《周易》里讲"劳谦君子，有终吉"；《尚书》记载"天闷毖我成功所"，"天亦惟用勤毖我民"，都是在申明奋斗之于个人发展、社会进步的重要性。在现代化建设上搞绝对平均主义，其落脚点在于"天下平均"的"均"。为了平均分配发展果实，对价值主体的付出多少与贡献大小漠然置之，这样的发展必然不可持续。中华民族自古以来的价值理想是"天下均平"。"天下均平"的关键点是"均"。而"均"不是等来的、靠来的、要来的，而是奋斗出来的。此外，中国式现代化在根本属性上是社会主义的现代化。不同人和不同地区的发展差距不能过大。也就是说，中国式现代化承认相对差异的存在，但不能坐视差异越拉越大。这就要求我们看到尽管个人的条件存在差别，且这种差别不容易消除，但对于现代化建设的长远发展而言，要尽可能地减弱一代人的条件差别对下一代人的影响，这就要求在公共服务领域实现均等化。其价值理想也就是我国古人所向往的"天下均平"，这种价值理想的落脚点在于"平"，也即公平正义。因此，承认存在相对差异的中国式现代化蕴含"天下均平"而非"天下平均"的传统价值理想。

---

① 习近平：《扎实推动共同富裕》，《求是》2021年第20期。
② 《孟子·滕文公上》。

第二节　中国式现代化蕴含"天下太平"的传统价值追求

"太平"是与现代意义上的"和平"意义最为接近的一个词语。"天下太平"是中华优秀传统价值的重要目标之一，其在先秦时期尚处于萌芽状态，及至汉代，逐渐形成了独特的"天下太平"理想社会体系。资本主义及现代化在价值立场上是以资为本的。囿于资本逐利的本性，资本主义国家普遍是通过暴力、殖民、扩张的方式实现现代化的。而社会主义及现代化在价值立场上是以人为本的，人民热爱和平、渴望和平，社会主义及现代化顺应人民的期待，以和平发展为价值追求。中华民族血脉深处镌刻着"尚和"的基因，中华民族对战争深恶痛绝，无比珍视来之不易的和平。以和平发展为价值追求的中国式现代化与"天下太平"的传统价值追求有着高度的契合性。阐明中国式现代化所蕴含的"天下太平"传统价值追求，有助于更好地向世界讲清楚中国式现代化是和平发展的现代化。

一　中华优秀传统价值目标中的"天下太平"

"天下太平"是中国人民自古以来的美好愿望，这一美好愿望起初是以观念的形态存在的，而后逐渐被提升为社会理想。这一价值追求内藏于中国人民的灵魂深处，外显于中国人民的行为之中，对于中华民族精神的塑造发挥着至关重要的作用，是中华优秀传统价值的重要目标之一。

以观念形态存在的"天下太平"。"天下太平"作为中国人民自古以来的理想追求，在先秦时期是以观念的形态存在的。"太平"一词最早可以溯源至道家典籍之中。道家的创始人老子，虽然没有直接使用"太平"这一概念，但表达了诸多与之相关的思想。比如，老子指出："执大象，天下往。往而不害，安平泰。"[①] 这句话旨在申明"道"的特点。一方面是说"道"属于无形的"大象"，其具有"无所不包"的特点，另一方面是说"道"化育了万物，其属于对万物利而不害的存在。"安平泰"可以看作

---

① 《老子》三十五章。

"太平"观念的萌芽。① 庄子认为："赏罚已明而愚知处宜，贵贱履位，仁贤不肖袭情。必分其能，必由其名。以此事上，以此畜下，以此治物，以此修身，知谋不用，必归其天。此之谓大平，治之至也。"② 这是说，赏罚明确以后愚者与智者便安排适当，贵贱各居其位，高才和不成材的人都符合实情了。意在告诫人们一定要区分不同人能力的大小，一定要依据名位的高低。照这样子服事在上，照这样子畜养在下，照这样子处理事务，照这样子修治自身，是不费什么心力的，全任其自然，这就叫太平。而太平是最高的治理。由此可见，庄子是用"治之至"诠释"太平"，将之视为一种顺应天道的自然而然的状态。儒家也对"太平"观念作了深入的诠释，但其不同于道家将之视为一种自然状态，而是将之理解为一种遵守人伦秩序、礼乐秩序、政治秩序才可以进入的和谐状态。比如，主要记载先秦时期礼仪制度的《礼记》指出："夫是以天下太平也。"③《孔子家语》记载"是故天下太平，万民顺伏，百官承事，上下有礼也"④。儒家经典《孝经》也指出："上敬下欢，存安没享，人用和睦，以致太平。"⑤

作为价值追求的"天下太平"。我国汉代以后，"太平""致太平""天下和平""天下安宁"等概念频繁见诸传统典籍中。比如，西汉政治家董仲舒提出"天道积聚众精以为光，圣人积聚众善以为功。故日月之明，非一精之光也；圣人致太平，非一善之功也"⑥。这是说，圣人"致太平"不在于一善之功，而在于通过积聚众善以为功。董仲舒特别突出了贤者在国家治理中的重要作用，强调"能致贤，则德泽洽而国太平"⑦。董仲舒认为"百姓皆得其所，若血气和平，形体无所苦也；无为致太平，若神气自通于渊也"⑧。在此，他提出了"无为致太平"的价值观念。在董仲舒看来，君与臣之间是一种心与体的关系。"心所以全者，体之力也；君所以安者，

---

① 盖立涛：《董仲舒"太平"理想社会的理论建构》，《烟台大学学报》（哲学社会科学版）2019 年第 1 期。
② 《庄子·天道》。
③ 《礼记·仲尼燕居第二十八》。
④ 《孔子家语·问玉》。
⑤ 《孝经·圣治》。
⑥ 《春秋繁露·考功名》。
⑦ 《春秋繁露·通国身》。
⑧ 《春秋繁露·天地之行》。

臣之功也。"① 统治者要成就"无为致太平"的功业，必须依赖臣子之功。此外，他还提出了"天下和平，则灾害不生"② 等价值主张。西汉淮南王刘安指出："天下安宁，政教和平，百姓肃睦，上下相亲。"③ 西汉戴德提出："是故诸侯附于德，服于义，则天下太平。"④ 西汉史学家司马迁所撰的《史记》、东汉史学家班固所撰的《白虎通义》等典籍，多处出现"太平"一词。东汉以后的史书中，"太平"一词出现的频率更高。⑤ "天下太平"频现于传统典籍之中，显示了人们对建立美好社会秩序的一种价值诉求。和平、安定是相对于战争、动荡而言的，其反映了我国古人渴望摆脱乱世，希冀太平盛世降临的质朴愿望。我国古人不断为"天下太平"这一中华优秀传统价值理想注入新的意涵，从而建构起了独具中华民族精神特色的"天下太平"理想社会体系。

"天下不得太平"的原因考量。中国人之所以自古以来就对"天下太平"寄予了无限的期望，是因为"天下不得太平"会进入"大乱之世"，只有进入天下太平的"大治之世"，百姓才能安居乐业，国家才能长治久安。我国古人在憧憬"天下太平"价值理想的同时，也对"天下不得太平"的原因进行了细致考量。比如，汉代的儒生在建构未来理想社会时，就对"秦政"予以了省思。秦朝末期政局动荡不安，百姓揭竿而起的重要原因，在于未能实行王道而推行霸道。所谓"霸道"，是霸者之道的简称，指的是凭借武力与强权手段进行统治。霸道与王道的不同之处在于，前者是以力服人而后者是以德服人；前者重功利强权而后者重仁义道德；前者重武的压迫而后者重文的感化；前者在于使人畏威而后者在于使人怀德。"王霸之辨"是解析"天下不得太平"的重要议题。在我国古人看来，"以德行仁者王，以力假仁者霸"⑥。这是说，施行仁义而统一天下的叫作"王"，依靠武力假借仁义之名而统一天下的叫作"霸"。在大乱之世，以德服人往往是不够的，推行霸道才能够立国。但立国以后，还通过霸道治

---

①　《春秋繁露·天地之行》。

②　《春秋繁露·郊语》。

③　《淮南子·氾论训》。

④　《大戴礼记·朝事》。

⑤　何星亮：《中国传统文化中的"和平"理念》，《思想战线》2018 年第 1 期。

⑥　《幼学琼林·卷一·朝廷》。

理国家，则会令国家处于动乱之中。诚如孟子所指出的"以力服人者，非心服也，力不赡也；以德服人者，中心悦而诚服也"①。也就是说，靠武力使人服从，百姓不是真心服从，只是力量不够反抗罢了；靠道德使人服从，百姓才会心悦诚服。秦朝统一天下后，不爱惜民力，大修骊山大墓、大咸阳宫，开凿西南栈道、秦直道，接连向百越和匈奴用兵，推行什伍连坐等苛政。六国百姓对秦朝统治的怨恨达到了极点，在陈胜、吴广这个导火索出现后，"诸郡县苦秦吏者，皆刑其长吏，杀之以应陈涉"②。因此，天下得治、安享太平的关键在于崇尚仁政、仁德，积极推行王道，反对以武力压迫别人，坚决抵制霸道。

二　和平发展是社会主义及现代化的价值目标

社会主义及现代化从价值基础与价值目标来看，是有别于资本主义及现代化的。社会主义的本质是解放生产力，发展生产力，消灭剥削，消除两极分化，最终实现共同富裕。剥削的消灭、两极分化的消除，共同富裕的最终实现，对内要依靠团结奋斗，而对外要依靠和平发展。和平发展既是社会主义及现代化的价值基础，也是社会主义及现代化的价值目标。

和平发展是社会主义及现代化的价值基础。1957 年发布的《莫斯科宣言》和 1960 年公布的《莫斯科声明》，其作为国际共产主义运动的纲领性文件，均明确指出，对社会主义国家来说，时代主题是观察和处理国内国际问题的出发点，制定对内对外战略的根本依据。③ 中国进行社会主义及现代化建设，同样以对时代主题的判断为制定对外对内战略的根本依据。在对时代主题作出"战争与革命"这一判断的基础上，在社会主义及现代化建设上对内曾"以阶级斗争为纲"，对外则要求打倒"帝国主义、修正主义、反革命分子"。20 世纪 80 年代，中国对时代主题的认定逐渐从"战争与革命"转为"和平与发展"，这促使其在社会主义及现代化建设上对内转到以经济发展为中心，对外则确立了促进世界和平与共同发展的总方针。在两制并存的世界，无论是社会主义及其现代化建设还是资本主义及

---

① 《孟子·公孙丑章句上·第三节》。
② 《史记·陈涉世家》。
③ 宋以敏：《时代主题与中国的和平发展》，《国际问题研究》2004 年第 3 期。

其现代化建设，都不能脱离对时代主题的认定。社会主义是相对于资本主义而言的，而帝国主义是资本主义的最高阶段。过去人们认为帝国主义的存在，在客观上意味着战争不可避免。帝国主义的侵略本性难以改变，这意味着战争只有通过不断革命才能得到有效制止。在这种时代条件下，防止大战和支持世界革命，是社会主义及其现代化建设关注的重要问题。在对时代主题的认定作出转变以后，中国改变了对世界革命形势的原有估计，逐渐将工作中心转移到经济建设上来。集中精力办好自己的事情，以发展促和平、以和平促发展的中国自此大踏步地赶上了时代。中国作为一个有着天下情怀的大国，逐渐认识到谋求和平、实现发展，仅靠自己的力量是远远不够的，需要世界各个国家共同努力。习近平主席 2021 年 10 月 25 日在中华人民共和国恢复联合国合法席位 50 周年纪念会议上的讲话指出："和平与发展是我们的共同事业，公平正义是我们的共同理想，民主自由是我们的共同追求。"① 和平与发展作为人类共同的事业，意味着其不仅是社会主义及其现代化的价值基础，还应该是资本主义及其现代化的价值基础。世界各国只有携起手来，才能在真正意义上守护好人类现代化建设的价值基础。

和平发展是社会主义及其现代化的价值目标。社会主义及其现代化建设不能脱离具体的时代主题，同时也要顺应时代主题，为世界的发展与进步贡献力量。和平与发展是当今世界的时代主题。保卫世界和平、促进共同发展，是社会主义及其现代化建设应然的价值目标。和平与发展这两大主题已经成为并将长期成为世界发展的主流。从 20 世纪五六十年代至今，没有再发生世界大战，此外民族民主革命的浪潮也逐渐衰退。然而，时代主题的转化并不意味着社会主义及其现代化建设尽然在平坦的大道上一路向前。威胁和平、妨碍发展的因素是客观存在的。维护世界和平与促进共同发展，是社会主义及其现代化建设需要长期争取而又没有完全解决的重大时代课题和崇高价值目标。

社会主义及现代化以和平发展为价值目标，其明显有别于以占有、掠夺为价值目标而不惜采取战争、殖民等卑劣手段的西方资本主义及其现代

---

① 习近平：《在中华人民共和国恢复联合国合法席位 50 周年纪念会议上的讲话》，人民出版社，2021，第 5 页。

化。党的二十大报告指出："我国不走一些国家通过战争、殖民、掠夺等方式实现现代化的老路，那种损人利己、充满血腥罪恶的老路给广大发展中国家人民带来深重苦难。"① 这是对西方资本主义及其现代化历史本质和实践后果的精准揭露。西方资本主义及其现代化在手段上诉诸"战争、殖民、掠夺等方面"，其给世界带来的不是和平与发展，而是"给广大发展中国家人民带来深重苦难"。西方资本主义国家对非西方资本主义国家和非西方社会主义国家不断使用暴力和非正当手段，西方内部不同资本主义国家之间也无休无止地进行着霸权争夺。西方资本主义及其现代化所内含的冲突基因和征服基因是其自身的文化及其制度所难以克服的。② 二战至今，虽然没有爆发全球规模的世界大战，但局部冲突与战争此起彼伏，持续不断，不平等、非公正的国际秩序仍然存在。西方资本主义及其现代化在本质上是损人利己、充满血腥罪恶的，在实践后果上表现为普遍的"深重苦难"。社会主义及其现代化一方面在努力克服西方资本主义及其现代化建设带来的共同苦难与沉重压迫，另一方面又在为世界的现代化发展探索更好的道路基础与实践路径。③ 社会主义中国在现代化建设中将和平与发展确立为全人类都需要恪守的共同价值。习近平总书记于 2015 年 9 月 28 日在美国纽约联合国总部举行的第七十届联合国大会一般性辩论时的讲话中指出，"和平、发展、公平、正义、民主、自由，是全人类的共同价值，也是联合国的崇高目标"，"目标远未完成，我们仍须努力"④。这是说，和平与发展不仅是社会主义及其现代化的价值目标，还是包括资本主义及其现代化在内的共同价值目标。而这一价值目标，当下还远未实现，仍有不少工作留待我们去完成。

三 和平发展的中国式现代化蕴含"天下太平"的传统价值追求

和平发展作为社会主义及其现代化的价值目标，其实现是一个长期的

① 习近平：《高举中国特色社会主义伟大旗帜 为全面建设社会主义现代化国家而团结奋斗——在中国共产党第二十次全国代表大会上的报告》，人民出版社，2022，第 23 页。
② 田飞龙：《中国式现代化与和平发展道路的制度探索》，《天府新论》2023 年第 3 期。
③ 马峰：《中国式现代化创造人类更好发展"中国蓝图"》，《哲学研究》2022 年第 6 期。
④ 《习近平谈治国理政》第 2 卷，外文出版社，2017，第 522 页。

过程，需要全世界人民不懈地努力奋斗。党的二十大报告指出："中国式现代化是走和平发展道路的现代化。"① 走和平发展道路的中国式现代化，为人类现代化发展提供了良好的样板。一个国家走什么样的现代化发展道路，文化的影响是至关重要的。有研究者指出，"文化中的核心即价值观念"，其"是在长期的历史演化中形成的，不会轻易受外力而改变"。② 走和平发展道路的中国式现代化就与"天下太平"的传统价值追求密不可分。

　　走什么样的道路，归根结底取决于以何为价值追求。国家主席习近平出席第三届核安全峰会并访问欧洲四国和联合国教科文组织总部、欧盟总部时的演讲时指出："走和平发展道路，是中国对国际社会关注中国发展走向的回应，更是中国人民对实现自身发展目标的自信和自觉。这种自信和自觉，来源于中华文明的深厚渊源，来源于对实现中国发展目标条件的认知，来源于对世界发展大势的把握。"③ 英国哲学家罗素指出，中国人天生是喜好和平的。我国古代不同的阶层，无不渴望远离灾祸，实现"天下太平"。从我国古代的统治阶层来看，有诸多政治家倡导"天下太平"，不少帝王为了祈求天下太平，直接以"和平""太平"为年号。比如，西汉政治家董仲舒发出了"天下和平，则灾害不生"④ 的呐喊；北魏文成帝拓跋濬使用的第四个年号就是"和平"；三国时期吴会稽王孙亮以"太平"作为年号；等等。从我国古代的知识阶层来看，提出的"天下太平"主张可谓不胜枚举。北宋理学家张载提出，知识分子应该"为万世开太平"，也就是知识分子应有为千秋万代开创太平基业的价值理想。道家代表人物辛钘认为："衣食饶裕，奸邪不生，安乐无事，天下和平。"⑤ 道家强调阴阳和谐、阴阳平衡。在道家看来，阴阳处于和谐、平衡的状态，就会风调雨顺、国泰民安。反之，如果阴阳处于无序、失衡的状态，就会天降灾祸、民不聊生。战国时期墨子倡导兼爱非攻。在他看来，只有兼爱才能做

---

①　习近平：《高举中国特色社会主义伟大旗帜　为全面建设社会主义现代化国家而团结奋斗——在中国共产党第二十次全国代表大会上的报告》，人民出版社，2022，第 23 页。

②　俞新天：《"和谐世界"与中国的和平发展道路》，《国际问题研究》2007 年第 1 期。

③　习近平：《出席第三届核安全峰会并访问欧洲四国和联合国教科文组织总部、欧盟总部时的演讲》，人民出版社，2014，第 31 页。

④　《春秋繁露·郊语》。

⑤　《文子·上义》。

到非攻，也只有做到了非攻才能确保兼爱，而只有做到了兼爱非攻，才能实现"天下太平"。我国兵家也大多反对战争，倡导和平。比如"兵家至圣"孙武认为最好的战术是不战而屈人之兵；唐代李筌认为"先王之道，以和为贵；贵和重人，不尚战也"①。中国在现代化建设上走和平发展道路，究其根源，在于受到"天下太平"传统价值追求的深远影响。

深蕴"天下太平"传统价值追求的中国式现代化，决定了走和平发展道路是其必由之路。"天下太平"的崇高价值追求，在中国代代相传，深深植根于中国人的精神之中，充分体现在中国人的行为选择上。习近平指出："中国人民要建设社会主义现代化强国，但我们坚持走和平发展道路，不会走扩张主义和殖民主义道路，更不会给世界造成混乱。"② 扩张主义和殖民主义是西方资本主义及其现代化所走的老路，这条老路给广大发展中国家带来的不是和平而是动荡，不是发展而是苦难。深蕴"天下太平"传统价值追求的中国式现代化，不仅致力于维护自身的主权独立并实现快速发展，还致力于维护国际公平正义。③ 党的二十大报告指出："我们坚定站在历史正确的一边、站在人类文明进步的一边，高举和平、发展、合作、共赢旗帜，在坚定维护世界和平与发展中谋求自身发展，又以自身发展更好维护世界和平与发展。"④ 旗帜决定方向，方向决定道路，道路决定命运。走和平发展道路，是植根于"天下太平"传统价值追求的中国式现代化的显著标识。西方现代化给世人特别是广大发展中国家人民带来的深重灾难，是非西方现代化发展的反面教材。我们坚定站在历史正确的一边，站在人类文明进步的一边，意味着我们将沿着中国人自古以来期盼实现的"天下太平"理想而不懈奋斗。追求这一理想的中国式现代化，始终坚定地"站在历史正确的一边，站在人类进步的一边"。正确的一边、进步的一边，无疑不是战争的一边、倒退的一边。植根于"天下太平"传统价值追求的中国式现代化，始终坚定地站在和平的一边、发展的一边，这既是

---

① 《太白阴经·贵和篇》。
② 《习近平会见美国国防部长马蒂斯》，新华网，2018年6月27日，http://www.xinhuanet.com/politics/leaders/2018-06/27/c_1123046180.htm? ivk_sa=1024320u。
③ 沈尤佳：《和平发展的中国式现代化：内涵、根源与意义》，《当代世界》2023年第5期。
④ 习近平：《高举中国特色社会主义伟大旗帜 为全面建设社会主义现代化国家而团结奋斗——在中国共产党第二十次全国代表大会上的报告》，人民出版社，2022，第23页。

人民期待的选择，也是世界期待的选择。

深蕴"天下太平"传统价值追求的中国式现代化，在和平发展道路上到底能走多久，这考验的是走好这条道路的决心与毅力。中国共产党将坚持和平发展道路，写入最根本的党内法规《中国共产党章程》，2018 年又将其写入国家的根本大法《中华人民共和国宪法》中，走好这条路决心的坚定性可见一斑。关于和平发展道路要走多久，习近平总书记明确指出："中国无论发展到什么程度，永远不称霸，永远不搞扩张。"① 这是中国共产党向世界、向历史作出的庄严承诺。我国古人提出"言必信，行必果"。"信"是守信，"果"是有结果。意思是说出的话一定要守信，做事一定要坚持到底。作为中华优秀传统价值理想的忠实继承者与矢志坚守者，中国共产党是一个把诺言看得比生命还重要的政党。党的领导是推进中国式现代化最本质的特征，这决定了深蕴"天下太平"传统价值追求的中国式现代化，势必在和平发展的康庄大道上越走越宽阔。

第三节　中国式现代化蕴含"天下一家"的传统价值愿景

推动构建人类命运共同体是中国式现代化的本质要求。习近平总书记指出："世界各国人民应该秉持'天下一家'理念，张开怀抱，彼此理解，求同存异，共同为构建人类命运共同体而努力。"② "天下一家"是中华优秀传统价值目标中的重要组成部分，其与社会主义及现代化建设中"美美与共"的价值目标存在高度的契合性。习近平总书记号召"努力把我们生于斯、长于斯的这个星球建成一个和睦的大家庭"③。美美与共的中国式现代化，蕴含着"天下一家"的传统价值愿景。不断推进与拓展中国式现代化，有助于将这一价值愿景转化为现实。

一　中华优秀传统价值目标中的"天下一家"

"以天下为一家"是我国儒家所向往的美好价值愿景，其始见于儒家

①　《十九大以来重要文献选编》（上），中央文献出版社，2019，第 42 页。
②　《十九大以来重要文献选编》（上），中央文献出版社，2019，第 109 页。
③　《习近平谈治国理政》第 3 卷，外文出版社，2020，第 433 页。

的典籍《礼记·礼运》中，后人假托孔子之名指出："圣人耐以天下为一家，以中国为一人。"然而，严酷的社会现实是在"大道既隐"后，形成的"天下为家"是为"各家"而非"一家"。欲突破各自"小家"而走向天下一体的"大家"，首先要对"天下"覆盖的范围有清晰的认知。在此基础上，认识到"一家"彰显的是一种关爱伦理。"以天下为一家"是充满人道关爱的价值愿景，其为推动人类进步贡献了智慧力量。

"天下一家"中"天下"的地域范围。《礼记》在谈及"天下一家"时指出："故圣人之所以治人七情，修十义，讲信修睦，尚辞让，去争夺，舍礼何以治之？饮食男女，人之大欲存焉；死亡贫苦，人之大恶存焉。故欲恶者，心之大端也。人藏其心，不可测度也。美恶皆在其心，不见其色也。欲一以穷之，舍礼何以哉！"① 从其中谈到的"舍礼何以治之""舍礼何以哉"，可以看出儒者在这里所言的"天下"与"中国"特指儒家的"礼"所能覆盖到的地域范围，也就是华夏文化覆盖的区域范围。"中国"指的是在华夏文化覆盖区内的各邦国。"以天下为一家"是与"以中国为一人"相对应而言的，其意指华夏各邦国应凝结为一个遵守礼制的政治共同体。关于"天下一家"中"天下"的地理范围，后世研究者也都有自己的理解。战国时期人们向往的"天下一家"价值愿景，在秦朝统一后已经具有了现实基础。曾经互为"他者"的各邦国，同处于一个国家政权的统治之下。对此，秦末汉初大儒叔孙通指出："天下合为一家，毁郡县城，铄其兵，示天下不复用。"② 这是说，天下已经合为一个大家，毁掉郡县城池，销熔各种兵器，向天下人昭示不再用它。西汉桓宽撰写的史书《盐铁论》在"文学"部分也提到了"今天下合为一家"③。叔孙通和桓宽所谈及的"天下一家"，分别代表了两个不同群体的价值立场和态度。桓宽代表的是学者的价值立场和态度，而叔孙通代表的则是官方的价值立场和态度。由此可以看出，"以天下为一家"的价值愿景，已经为社会上层所接受，成为普遍的社会共识。东汉经学家郑玄在为《礼记》作注时指出：

---

① 《礼记正义》（卷二十二），北京大学出版社，2000，第801—802页。
② （汉）司马迁：《史记》，中华书局，2014，第3294页。
③ 王利器校注《盐铁论校注》，中华书局，2017，第165页。

"天下，谓外及四海也。今汉于蛮夷称天子，于王侯称皇帝。"① 郑玄在此所理解的"天下"，包括了华夏和所有的蛮夷，可以说当时所有的已知世界都囊括其中。所谓"天下一家"也就是追求统一当时的已知世界。有研究者称，"天下一家"的"一家"最晚从汉代开始，指代的是一个想象中的政治共同体，这个共同体是超越汉人政权的。②

"天下一家"的理论支撑。"天下一家"表达了我国古人视整个天下为"一家"的价值愿景。这一价值愿景的实现，不仅仅在于这个世界是什么，更在于怎样去看待这个世界。天下之大，缘何可以是一家，其背后的理论支撑是极为重要的。按照《礼记》的说法，在"大道既隐"之后，形成的不是"天下一家"而是"天下为家"。"天下为家"之家并非"一家"而是"各家"。在我国古人看来，"天下"可以成为"一家"是由于人有"七情"③ "十义"④。人所具有的"七情"是"弗学而能"的，也就是不用通过后天的教化就自然具有的。"以天下为一家"必须通过后天的开导与教化才能实现。而"十义"经由圣人的教化，能够将天下大众凝聚在一起，正所谓"尧舜率天下以仁，而民从之"⑤。人们要走向天下一家，自身的认识必须有所突破。不能超越个体的小家，也就无从走向天下的"大家"。《周易》的损卦，有"得臣无家"的解释。君王得到良臣的辅佐，就能使天下安定。君王的仁德是光耀整个天下的，因而小家的界限也就能够被打破而成为一个整体的大家。也就是说，统治者施行圣人的德行，是天下成为一家的根本所在。《尚书·舜典》记载了舜为改变人民不亲睦而伦常不顺的局面，任命契担任司徒，"敬敷五教"。在五教之友爱关系氛围下，天下纵使再大，也可以与一个家庭无异。为论证"天下一家"的必然性，宋代理学家发表了不少见解。比如，张载在《西铭》中提出了"民胞物与"的"大家"说，认为"家"的对象除了所有的人，还涵盖天地万

---

① （汉）郑玄注，（唐）孔颖达等疏《礼记正义》，北京大学出版社，2000，第143页。
② 杨军：《从"他"到"我"："天下一家"观念的变迁——兼论中华民族共同体意识的起源》，《郑州大学学报》（哲学社会科学版）2022年第1期。
③ "七情"指的是人所具有的喜、怒、哀、惧、爱、恶、欲。
④ "十义"指的是儒家倡导的父慈、子孝、兄良、弟悌、夫义、妇听、长惠、幼顺、君仁、臣忠。
⑤ 《礼记·大学》。

物。在张载看来，乾父坤母与自身的关系，是同体同性的关系。在他看来，"大家"是以体（气）相关联的，而不再以血缘辨亲疏。家庭成员之间尽管也存在差异性，但可以为适宜的关爱所替代。张载所向往的"天下一家"价值愿景，被程颐概括为"理一分殊"。在程颐看来，天下之所以能成为"一家"，是因为天下只有一理。"天下"成为"一家"的可能性是由理的世界的统一性所规定的。朱熹立足于"合异反同"归纳出"理一"，将"天下一家"视为理性抽象的产物。陆九渊在分析视角上与朱熹存在较大的不同，他不仅站在心本论的立场上看待"天下一家"，还有价值观的判定。他认为"宇宙便是吾心，吾心便是宇宙"，认为天下自然"只是一家"。如此，族群之间的亲疏贵贱与血缘上的分别也就没有意义了。概而述之，宋代理学家认为"天下"之所以能一家，在张载看来是因为天下只有一气，在朱熹看来是因为天下只有一理，而陆九渊不仅用一心替换了二者，还为之加上了"是非邪正"的标准。陆九渊"天下一家"的思想为王阳明所吸收，他将天下一体视为致良知的结果。王阳明将之称为"大人之学"。他指出："大人者，以天地万物为一体者也，其视天下犹一家，中国犹一人焉。若夫间形骸而分尔我者，小人矣。"① 也就是说，在良知呈现状态下具有"大家"意识者是"大人"，而以不同形骸区分你我者，是为"小人"。"以天下为一家"是我国古人所向往的美好境界，这一彰显关爱伦理的价值愿景，补充了社会公正的内容，有助于打破物我、人与人之间的隔阂②，为推动人类进步贡献了智慧力量。

二 美美与共是社会主义及其现代化的价值目标

在两制并存的时代背景下，如何妥善处理资本主义与社会主义及二者在实现现代化过程中的关系，是一个不容回避的现实问题。社会主义与资本主义及二者在实现现代化的过程中，要走向和谐并存，必须经历从"各美其美"，也即以自身的价值观为判断标准推进现代化建设事业的初始阶段，到"美人之美"，也即在彼此的交流中理解并尊重各自的制度选择以

① 《阳明先生集要》，中华书局，2008，第145页。
② 向世陵：《儒家视域中的"天下一家"观》，《中国人民大学学报》2017年第3期。

及所创造的文明成果，进而实现"美美与共"，也就是既尊重资本主义及其现代化所创造的文明成果，又珍视社会主义及其现代化所创造的文明成果。

社会主义及其现代化过程中所创造的文明成果与资本主义及其现代化过程中所创造的文明成果，二者之间所存在的差异具有客观性。习近平总书记指出，要"理性处理本国文明与其他文明的差异，认识到每一个国家和民族的文明都是独特的，坚持求同存异、取长补短，不攻击、不贬损其他文明"①。社会主义及其现代化所创造的文明成果与资本主义及其现代化所创造的文明成果，是可以相互融合的而不是相互冲突的，是可以相互协调的而不是相互对立的，是可以相互借鉴的而不应是相互敌视的。在全球化时代，资本主义及其现代化所创造的文明成果与社会主义及其现代化所创造的文明成果，都是人类文明成果的重要组成部分，我们必须以开放包容的心态来看待不同文明成果之间的关系。实事求是地分析并评价不同制度及其现代化发展历程的成败得失是有必要的，但刻意地攻击与贬损则是错误的。

西方资本主义及其现代化长久以来持有一种非此即彼的理念，这既不利于世界人民一家亲，也不利于其自身的利益维护。当今的世界是一个你中有我、我中有你的命运共同体。恶意地攻击、贬损非西方资本主义及其现代化的发展模式以及所创造的文明成果，到头来损害的是自身的利益。有研究者指出，西方现代化的启蒙性质的价值和制度主要限于西方体系内部的相互承认、分享和保护，却不能突破西方中心主义的边界而真正平等惠及全人类。② 这反映在现代化建设上，意指西方现代化在其内部可以相互承认、分享并保护现代化发展的文明成果，但无法突破西方中心主义的边界，将自身创造的文明成果与世界共享。

社会主义及其现代化倡导尊重不同国家所选择的发展道路，以美美与共为自身的价值目标。习近平指出："这个世界，各国相互联系、相互依存的程度空前加深，人类生活在同一个地球村里，生活在历史和现实交汇

---

① 习近平：《在纪念孔子诞辰 2565 周年国际学术研讨会暨国际儒学联合会第五届会员大会开幕会上的讲话》，人民出版社，2014，第 8 页。
② 田飞龙：《中国式现代化与和平发展道路的制度探索》，《天府新论》2023 年第 3 期。

的同一个时空里，越来越成为你中有我、我中有你的命运共同体。"① 无论是社会主义及其现代化还是资本主义及其现代化，其推进与拓展都不能在完全封闭的条件下进行，而在开放的环境中开展现代化建设事业，就应自觉认识其已然结为了"你中有我、我中有你的命运共同体"。诚如习近平2023 年 3 月 15 日在中国共产党与世界政党高层对话会上的主旨讲话中所指出的："'一花独放不是春，百花齐放春满园。'在各国前途命运紧密相连的今天，不同文明包容共存、交流互鉴，在推动人类社会现代化进程、繁荣世界文明百花园中具有不可替代的作用。"② 社会主义及其现代化以美美与共为价值目标，这容易扩大不同制度的国家在现代化建设上实现各方共同利益的公约数。

"美美与共"是社会主义及其现代化的价值目标，这是由社会主义的本质决定的。社会主义的最终目标是实现共同富裕。社会主义及其现代化所欲实现的共同富裕，其对象范围不是一个或几个国家，而是全世界。全世界的国家都实现共同富裕，在客观上要求各美其美、美人之美、美美与共。仅看到自身在现代化建设中"美"的一面，对有别于自身的现代化发展模式人为地疏离甚至排斥，只会与共同富裕的美好愿景渐行渐远。社会主义及其现代化以美美与共为价值目标，并不意味着就不存在与资本主义及其现代化存在矛盾与冲突。美是相对于丑而言的。资本主义及其现代化具有文明的面向，同时其野蛮的面向也不可谓不突出。美美与共之"美"，是社会主义与资本主义及其现代化的文明面，对于现代化建设中不文明的一面，必须进行坚决而彻底的斗争。现代化建设中不文明的一面，不仅存在于资本主义及其现代化发展历程之中，同样存在于社会主义及其现代化发展历程之中。任由现代化建设中不文明面向存在，没有与之进行斗争的勇气、决心与能力，到头来也不能实现社会主义及其现代化"美美与共"的价值目标。社会主义的本质是解放生产力，发展生产力，消灭剥削，消除两极分化，最终达到共同富裕。将美美与共作为社会主义及其现代化的价值目标，就要同束缚生产力、阻碍生产力的现象作斗争，同剥削现象、

① 《习近平谈治国理政》，外文出版社，2014，第 272 页。

② 习近平：《携手同行现代化之路——在中国共产党与世界政党高层对话会上的主旨讲话》，人民出版社，2023，第 7 页。

两极分化现象作斗争，如此实现的共同富裕，才是有利于人类社会整体性发展与持久性进步的。少了其中任何一个方面，都不足以构成社会主义的完整本质。社会主义本质包括生产力和生产关系两个维度。认识社会主义的本质，不能只讲生产关系，忽视了解放和发展生产力。社会主义及其现代化较之于资本主义及其现代化具有优越性，归根结底"体现在它的生产力比资本主义发展得更快一些、更高一些，并且在发展生产力的基础上不断改善人民的物质文化生活"①。社会主义现代化在解放和发展生产力上较之于资本主义现代化更快，就要促使一切有利于解放和发展生产力的因素充分涌流，而这就需要打破思想樊篱，实现计划经济与市场经济等方面的美美与共。此外，从发展布局的角度来看，社会主义及其现代化还以实现物质文明、政治文明、精神文明、社会文明、生态文明的美美与共为价值目标；从政治建设的角度来看，社会主义及其现代化还以实现民主与法治的美美与共为价值目标。通过以上分析可知，美美与共是社会主义及其现代化的重要价值目标之一。

三　美美与共的中国式现代化蕴含"天下一家"的传统价值愿景

中国共产党是中国式现代化的价值领导主体。中国共产党自成立之日起，就既是中华优秀传统价值观的积极引领者和践行者，又是中华优秀传统价值观的忠实传承者和弘扬者。党的十九届六中全会审议通过的党的历史上第三个历史决议——《中共中央关于党的百年奋斗重大成就和历史经验的决议》明确指出："党始终以世界眼光关注人类前途命运，从人类发展大潮流、世界变化大格局、中国发展大历史正确认识和处理同外部世界的关系，坚持开放、不搞封闭，坚持互利共赢、不搞零和博弈，坚持主持公道、伸张正义，站在历史正确的一边，站在人类进步的一边。"② 由中国共产党带领人民开拓并拓展的中国式现代化向往美美与共，其蕴含"天下一家"的传统价值愿景。

向往美美与共的中国式现代化，回应了"世界向何处去"的问题。党

---

① 《邓小平文选》第 3 卷，人民出版社，1993，第 63 页。
② 《中共中央关于党的百年奋斗重大成就和历史经验的决议》，人民出版社，2021，第 68 页。

的二十大报告明确指出，中国共产党的中心任务是以中国式现代化全面推进中华民族伟大复兴。实现中华民族伟大复兴是我们的价值目标，其回答了"中国向何处去"的问题。中国式现代化是实现这一价值目标的桥梁。习近平总书记在党的二十大报告中指出："中国共产党是为中国人民谋幸福、为中华民族谋复兴的党，也是为人类谋进步、为世界谋大同的党。"① 关于中国共产党与中国式现代化的关系，党的领导决定中国式现代化的根本性质。以为人类谋进步、为世界谋大同的中国共产党为领导，决定了中国式现代化具有鲜明的人类情怀。党的二十大报告将推动构建人类命运共同体作为中国式现代化的本质要求。这是中国共产党以建设中国式现代化为抓手，为解答"世界向何处去"贡献的中国智慧与中国方案。构建人类命运共同体是世界各国在现代化发展中均应该努力的方向。

以构建人类命运共同体为本质要求的中国式现代化，是美美与共的现代化，其蕴含"天下一家"的传统价值愿景。中国式现代化是有情怀的现代化。情怀的大小往往决定了事业的大小。有美美与共的大情怀才有无比广阔的大境界。中国式现代化不仅致力于造福中国人民，还致力于造福世界人民，其是拥有大情怀、大境界的现代化。情怀有多大，能干的事业就有多大；境界有多高，能取得的成就就有多高。习近平总书记 2017 年 12 月 1 日在中国共产党与世界政党高层对话会上的主旨讲话中指出："世界各国人民应该秉持'天下一家'理念，张开怀抱，彼此理解，求同存异，共同为构建人类命运共同体而努力。"② 世界各国人民应该秉持的"天下一家"理念，是中华优秀传统价值愿景之一。这一传统价值愿景深蕴于具有世界情怀的中国式现代化之中。在全球化时代，人类已经结成了一个一荣俱荣、一损俱损的命运共同体。各个国家不管其选择的是什么样的现代化发展道路，都不能关起门来搞建设，在应对各种全球性风险与挑战时，都不可能独善其身。中国式现代化蕴含的"天下一家"传统价值愿景，为各个国家应该以何种方式参与人类现代化历史进程指明了方向。"地球"是

---

① 习近平：《高举中国特色社会主义伟大旗帜 为全面建设社会主义现代化国家而团结奋斗——在中国共产党第二十次全国代表大会上的报告》，人民出版社，2022，第 21 页。

② 习近平：《携手建设更加美好的世界——在中国共产党与世界政党高层对话会上的主旨讲话》，人民出版社，2017，第 3 页。

人类共同的家园，所有生活在地球上的个体，都理应是"地球家园"的"家人"。"家人"之间相处，要讲"礼"。我国古人提出的"五伦""五常""四维""八德"等，都是作为"家人"应该遵守的人伦之道。各交往的行为体倘若不讲"礼"，人类现代化的推进与发展就容易面临失序的危险。"家人"之间交往，是要讲"礼"的。但"家人"之为"家人"，不能只讲"礼"还要讲"情"。"家道"是以亲情为基础的。人类作为"地球家园"的"家人"，当以维护好亲情为第一要务。这种亲情被人为地破坏，只能对自身现代化建设事业的推进产生负面影响。

曾获联合国和平奖的池田大作饱含深情地指出："人类现在面临的危机，不是来自外部。打个比喻说，从地平线彼方刮来的龙卷风并没有直冲我们居住的房子，而是居住在家里的人们互相争权夺利，抢夺家具，掀下天花板，撬起地板，砍断柱子，简直就是要把这个家毁掉。"① 人类现代化建设事业所面临的现代性之困，主要不是源自外部，而是来自人类本身。作为"地球家园"中"家人"的亲情被消耗殆尽了，非但人类的现代化建设事业会举步维艰，就连人类自身也会处于濒临灭亡的危险处境。《朱子治家格言》指出："居家戒争讼，讼则终凶。"同处于一个"地球家园"的"家人"，最忌讳的莫过于不顾亲情伦理，陷入无休止的争端。即便是起争端的某一方"家人"最终在争讼中取胜，也难以保证"家道"不会衰落。我国古人认为"家道颖颖，风以传之"。良好"家风"的营造，对于"家道"兴衰意义重大。中国式现代化是具有人类情怀的现代化，这一现代化发展样式以构建人类命运共同体为本质要求，其蕴藏着弥足珍贵的中华优秀传统价值智慧。诸如"天下一家"等传统价值愿景，对于"地球家园"家风的营造、家道的兴盛有着重要的启示意义。地球是人类赖以生存的唯一家园，每位"家人"都有守卫好这一家园的责任与义务。习近平总书记在党的二十大报告中指出："中国式现代化是人与自然和谐共生的现代化。"② 我国古人重视将天道与人道有机结合在一起，向往建立天人合一的

---

① 〔日〕池田大作、〔法〕路奈·尤伊古：《黑夜寻求黎明》，卞立强译，中国国际广播出版社，2003，第11页。

② 习近平：《高举中国特色社会主义伟大旗帜 为全面建设社会主义现代化国家而团结奋斗——在中国共产党第二十次全国代表大会上的报告》，人民出版社，2022，第23页。

和谐关系。党的二十大报告指出，"人与自然是生命共同体，无止境地向自然索取甚至破坏自然必然会遭到大自然的报复"①。任何国家进行现代化建设，都要处理好人与自然的关系。坚持人与自然和谐共生的中国式现代化，蕴藏着深刻的中华优秀传统生态保护价值观，其有助于"地球家园"的"家人们"携起手来，共同守卫好我们唯一的家园。通过以上分析可知，美美与共的中国式现代化蕴含"天下一家"的传统价值愿景。

---

① 习近平：《高举中国特色社会主义伟大旗帜 为全面建设社会主义现代化国家而团结奋斗——在中国共产党第二十次全国代表大会上的报告》，人民出版社，2022，第23页。

第四章　中国式现代化蕴含独特的
传统价值思维

党的二十大报告指出，"中国式现代化，是中国共产党领导的社会主义现代化，既有各国现代化的共同特征，更有基于自己国情的中国特色"①，而极富标识性的中国特色蕴含独特的中华优秀传统价值思维。人们在做任何事情的时候，都要通过一系列价值评判进行充分评估，最终作出价值最大化的选择，整个评估的思维体系，称为"价值思维"。"自强不息""持中贵和""天人合一"是中华优秀传统价值思维的重要组成部分。独立自主、符合实际、重视实践是社会主义及其现代化的价值思维，其具有底线性、自主性、求实性、辩证性、协调性、整体性、系统性等基本特征。中国式现代化是独立自主的现代化，是符合国情与世情实际的现代化，是重视实践的现代化，其蕴含"自强不息""持中贵和""天人合一"等中华优秀传统价值思维。价值思维不同，价值路径的选择也会存在差异。深蕴独特传统价值思维的中国式现代化，决定了其在价值路径选择上也必然具有自身的特色。

第一节　中国式现代化蕴含"自强不息"的传统价值思维

现代化是人类历史发展的潮流，但如何实现现代化，有两种截然不同的价值思维：一种是仰人鼻息，另一种是自强不息。在一个拥有 14 亿多人口的中国开展社会主义现代化建设事业，不能跟在西方资本主义国家后面

---

① 习近平：《高举中国特色社会主义伟大旗帜　为全面建设社会主义现代化国家而团结奋斗——在中国共产党第二十次全国代表大会上的报告》，人民出版社，2022，第 22 页。

亦步亦趋。在中国共产党的领导下，我们独立自主地探索出了一条适合本国国情的现代化发展新路。中国式现代化靠的是自己的努力而取得重大成果且在这条奋进之路上永不止息。在现代化发展之路上，有两条路径可以选择，一条是资本主义性质的现代化发展之路，另一条是社会主义性质的现代化发展之路。西方是现代化的先行地，套用西方资本主义现代化发展的模板，被历史与实践证明是没有前途的。独立自主探索适合自身的现代化发展之路，是社会主义国家推进现代化所秉持的价值思维。中国复杂而特殊的国情，决定了现代化的发展途径和推进方式必须具有自己的特点。深蕴"自强不息"传统价值思维的中国式现代化，坚持独立自主的发展道路，打破了"现代化"等于"西方化"的迷思，展现了现代化的另一番图景，为人类对更好制度的探索贡献了中国方案。

一　中华优秀传统价值思维中的"自强不息"

不同的民族，在长期的历史演化过程中形成了不同的价值思维。如果探求中华优秀传统价值思维之"魂"，也即最能体现中华民族精神特质的价值思维，那么"自强不息"可视为最精华、最具本质性的内容。中华民族之所以历经磨难而始终生生不息，根本原因在于中华民族从未放弃过对"自强不息"价值思维的坚守。中华传统"自强不息"价值思维有两大支撑点：一个是"奋发有为"，另一个是"坚韧不拔"。

"奋发有为"是中华传统"自强不息"价值思维的第一个支撑点。我国古人从遵从"天道"出发，对"自强不息"的价值思维予以了高度肯定。"自强不息"出自《周易》中的乾卦。《周易》中一共有六十四卦，其中首卦即为"乾卦"。该卦以"天"为象征，提到"天行健，君子以自强不息"[1]。

这里所讲的"天行"是天道运行的意思。"健"有积极主动、刚健不屈的含义。"天行健"的意思是说天道的运转是不会止息的。我国古人常借助"天道"言及"人事"。"君子以自强不息"是借助天道昼夜运行、不止不息的自然现象，劝诫君子应效法上天，积极进取，奋发有为。在我

---

[1]　《周易·乾卦》。

国古人看来，人生于天地之间，应该与天地和德。而"天"的德行是健运不已。天上的日月星辰日复一日、年复一年从未停歇，以此告诫世人不可虚度光阴，应该勤勉行事、只争朝夕。奋发有为的"有为"，指的是有所作为。儒家在人生态度上主张积极"入世"。被誉为"宗圣"的曾子指出："士不可以不弘毅，任重而道远。"① 在曾子看来，能够称为"士"者，一定是志向远大、意志坚强的人。这样的人之所以有这样的意志品质，源于其知晓自身所肩负的责任重大，需要奋发有为，积极进取。

奋发有为、积极进取的目的在于"图强"，而"图强"的意义在于成就功业。与奋进图强、成就功业相反的是自暴自弃。我国古人对这样的人进行了鞭挞。比如，孟子就指出"自弃者，不可与有为也"②。也就是认为自暴自弃的人是难有作为的。我国古人不仅强调奋进以图强，还将之与贵贱、荣辱相关联。墨子就提出："强必贵，不强必贱；强必荣，不强必辱，故不敢怠倦。"③ 只有强起来，才能显贵，才能赢得荣誉。舍此，就会陷入低贱之境，蒙羞受辱。从这个意义上看，人不可一时不思强，亦不可一时不图强。关于如何"图强"，我国古人强调"自胜"，也即突出一种诉之于己的内在向度。老子在《道德经》中指出："胜人者有力，自胜者强。""自胜者强"可简称为"自强"。关于"强"特别是"自强"的理解，中西方在价值思维上有着显著的差异。西方所理解的"强"，从国家层面来看，往往与"霸"相关联，故而有"国强必霸"之称。西方人所理解的"强"，集中体现在"有力量"且这种力量可以战胜他者。我国古人推崇的是发现、认识并克服自己的缺点，认为这样的人方能称为强者，这样的国家方能称为强国。而战胜别人、战胜别国者，只能说明自己有力量。中华传统"自强不息"的价值思维，推崇的不是战胜别人、战胜别国的"有力量"，也即不是战胜他者的力量之强，而是"自胜者强"。从价值思维上看，"自胜者强"体现的是在做事情的时候，通过对一系列价值评判进行充分估计，将自身缺点的克服而非战胜他者视为"强"的真正展现。司马迁在《史记·商鞅列传》中记载了一段赵良与商鞅的对话。二者对话的焦

---

① 《论语·泰伯》。
② 《孟子·离娄上》。
③ 《墨子·非命下》。

点是何谓"聪明"。在赵良看来"反听之谓聪"。对于耳朵而言，听力好不是单指听外面的声音很清晰，而是"反听"也即要倾听我们自己。关于何谓"明"，赵良将之解释为"内视之谓明"。也就是对于眼睛而言，视力好不是对于外面的东西看得很清晰，而是能够"内视"，也即反观自身，看到自身存在的不足。"反听之谓聪""内视之谓明"是要我们善于观察自己、内视自己。在我国古人看来，诉之于内而非求之外是"强"的本然向度。"强者"一定是"聪明之人"，而这样的人不是靠外在的武力战胜他者，而是要不断突破自我，进行自我革命、自我革新，这样的"强"才是我国古人奋发所图之"强"。

"坚韧不拔"是中华传统"自强不息"价值思维的第二个支撑点。"自强不息"的"不息"，指的是人要有一种百折不挠、锲而不舍、知难而进的"韧性"。中华民族所具有的这种坚韧不拔的价值思维，可以上溯至上古神话。"盘古开天辟地""女娲抟土造人""精卫填海""大禹治水"等故事都昭示了中华民族对越挫越勇、坚韧不拔精神的推崇。[1] 战国末期思想家荀子在治学修身上强调要有"积少成多""集腋成裘""驰而不息"的毅力与恒心。他把"积善而全尽"作为圣人的奋斗目标。荀子指出："故不积跬步，无以至千里；不积小流，无以成江海。骐骥一跃，不能十步；驽马十驾，功在不舍。锲而舍之，朽木不折；锲而不舍，金石可镂。"[2] 不单单是治学修身，做任何事情，都要从一点一滴做起，保持"坚韧不拔"的韧性，注重日积月累、循序渐进。"锲而不舍"不仅是一种学习方法，还是一种价值思维，这种价值思维是相对于浅尝辄止、半途而废而言的。面对困难与挑战，是畏惧退缩、止步不前还是迎难而上，是摆在人们面前的三种不同价值选择。而作出价值选择的背后，是不同的价值思维在起作用。认定了一件事，就要顽强拼搏，不管遇到多大的困难与挑战，都要有一种大无畏的勇气和一往无前的气概。唯有具备"不舍"之气魄、坚韧不拔之韧性，才能成就事业。面对困难与挑战，中华民族在"自胜者强"价值思维的推动下，作出的价值选择从来都是迎难而上、持之以

---

[1] 赵潜：《中华民族发展史视域下自强不息精神的当代价值与传承路径》，《贵州民族研究》2023 年第 1 期。

[2] 《荀子·劝学》。

恒的。也正是这种遇到困难与挑战迎难而上从不退缩且久久为功的民族精神，促使中华民族历经数千年风雨而始终以昂扬的姿态屹立于世界的东方。中国人坚信皇天不负有心人，只要能登攀、肯付出，终究会将美好的价值愿景转化为现实。

二　独立自主是社会主义及其现代化的价值思维

在人类现代化发展的道路上，存在两种不同的选择：一种是资本主义现代化发展道路，另一种是社会主义现代化发展道路。我国著名历史学家胡绳认为："讲现代化，也不能不区别帝国主义所允许范围内的现代化和独立自主的现代化。"[①] 帝国主义所允许范围内的现代化是一种非独立自主的现代化，也即依附型的现代化。人类现代化史表明，依附型的现代化，是实现不了真正意义上的现代化的。从旧中国发展的状况来看，不同政治力量尝试了各种现代化探索的方案，无论是地主阶级开明绅士、资产阶级维新派还是资产阶级革命派，无一例外地以失败告终，中国一步步沦为帝国主义的经济附庸。毛泽东同志曾不无感慨地指出："在一个半殖民地的、半封建的、分裂的中国里，要想发展工业，建设国防，福利人民，求得国家的富强，多少年来多少人做过这种梦，但是一概幻灭了。"[②] 国家不独立、民族不独立、主权不独立，不可能享有自主选择现代化发展道路的权利。对外摆脱对帝国主义的依附，对内消灭与帝国主义勾结的封建主义和官僚资本主义，中国才能在真正意义上迈向现代化。从这个意义上说，独立自主是社会主义及其现代化的价值思维，其具有底线性与自主性特征。

独立自主是社会主义及其现代化的价值思维，其具有底线性特征。所谓"底线"，是指人们能够承受阈值的最下限。之所以要推动社会主义及其现代化的发展，是为了维护和实现人民的根本利益。社会主义及其现代化可以承受阈值的最下限，当以人民的根本利益为界定标尺。人民利益的维护，以国家独立、民族独立、主权独立为首要前提。人民如果处在国家四分五裂、民族屡受欺凌、主权遭到践踏的境遇中，则自身的根本利益无

① 《胡绳全书》第 6 卷，人民出版社，1998，第 10 页。
② 《毛泽东选集》第 3 卷，人民出版社，1991，第 1080 页。

法得到有效维护。而维护自身的根本利益，现代化道路的选择至关重要。在现代化道路的探索上，存在独立自主的现代化道路与非独立自主的现代化道路，这是两种截然不同的现代化道路。

独立自主是社会主义及其现代化的灵魂。没有独立自主，社会主义及其现代化也就丢了灵魂。美国学者塞缪尔·亨廷顿明确指出："如果非西方社会要想实现现代化，必须走自己的路，而不是西方的道路。"[1] 国家独立、民族独立、主权独立是社会主义及其现代化推进与拓展的先决条件。不赢得国家独立、民族独立、主权独立，非西方的社会主义国家就没有根据自身根本利益自主选择现代化发展道路的权利。民族国家独立的主权不容侵犯，这是社会主义及其现代化建设的底线。因此，独立自主是社会主义及其现代化的价值思维，其具有鲜明的底线性特征。

独立自主是社会主义及其现代化的价值思维方式，其具有自主性特征。价值思维是一种主体自我指涉的思维。[2] 进行价值自我指涉的主体，需具有相对独立性。沦为他者附庸的价值主体，其价值指涉的对象是他者，从而丧失了自我指涉的能力。独立自主是社会主义及其现代化的价值思维，这是一种具有鲜明自主性、内生性的价值思维。真正意义上的现代化，离不开国家独立基础上的自主探索。国家独立、民族独立、主权独立是社会主义及其现代化自主探索的前提。毛泽东同志曾指出："中国必须独立，中国必须解放，中国的事情必须由中国人民自己作主张，自己来处理，不容许任何帝国主义国家再有一丝一毫的干涉。"[3] 在这里，当谈及帝国主义国家干涉我国问题时，毛泽东同志用了"再"字。这意味着从历史上看，帝国主义国家曾对我国的事情指手画脚、恣意干涉。在新中国开展社会主义建设事业时，这种情形绝不允许重演，哪怕是"一丝一毫的干涉"我们也绝不允许。只有真正实现了国家独立、民族自决、主权完整的社会主义国家，才能真正开启现代化探索的历史进程。一个国家有没有实现独立、一个民族有没有获得自决、一个国家的主权完不完整，"自主性"

---

① 〔美〕塞缪尔·亨廷顿：《文明的冲突与世界秩序的重建》（修订版），周琪、刘绯、张立平等译，新华出版社，2010，第 134 页。

② 孙伟平：《论价值思维》，《哲学研究》2005 年第 8 期。

③ 《毛泽东选集》第 4 卷，人民出版社，1991，第 1465 页。

是其重要体现。"自主性"的现实表现就是自己的事情自己作主张,不由其他行为体进行干涉。自己的事情自己作主张,要有自己解决问题的能力。有自己事情自己作主张的愿望而没有自己解决问题的能力,最终还是会陷入仰人鼻息的境地之中。有自己事情自己作主张的愿望并有自己解决问题的能力,并且这种愿望的持有与能力的具备具有长期性,走自己的路才能长久。

历史与实践证明:社会主义现代化是建立在独立自主基础上的现代化。没有独立自主,就没有社会主义及其现代化。赢得国家独立、民族独立、主权独立,并长期坚持走自己路的现代化,才是维护并实现人民根本利益的社会主义现代化。因此,独立自主是社会主义及其现代化的一大价值思维,且这种价值思维具有鲜明的底线性、自主性特征。

三　独立自主的中国式现代化蕴含"自强不息"的传统价值思维

中国式现代化是在中国共产党领导下开拓并拓展的。党的十九届六中全会在总结党百年来领导人民进行伟大斗争的历史经验时,将"坚持独立自主"纳入其中。中国式现代化在中国共产党的领导下得以成功开拓并持续拓展,靠的是国家独立基础上自主探索现代化发展道路。中国式现代化是坚持独立自主的现代化,是把国家独立和自主探索紧密结合在一起的现代化[1],其蕴含着"自强不息"的传统价值思维。

"自强不息"的传统价值思维由两个部分组成:一部分是"自强",另一部分是"不息"。所谓"自强"指的是不断超越、变强大;"不息"是"生生不息,永不停止"。中国式现代化蕴含"自强不息"的传统价值思维,其中"自强不息"可理解为通过生生不息的努力,使自身不断变强大。实践经验告诉我们,一个主体要想积极进取,必须保持独立性与自主性。[2] 有研究者对世界各国现代化的道路选择进行比较研究后指出,世界现代化进程中,除极个别国家选择完全"脱钩"或者"依附"以外,绝大多数后发型国家在现代化道路的选择上都面临着一个共同的难题:是以一

---

① 骆郁廷:《中国式现代化道路的自主创新》,《世界社会主义研究》2023 年第 3 期。

② 唐明燕:《论中华民族自强不息精神的思想渊源——以先秦儒学为视角》,《武汉理工大学学报》(社会科学版) 2010 年第 4 期。

种积极的姿态融入西方资本主义现代化国家主导的产业体系，还是"以我为主"独立探索出一条适合自身发展的道路。① 独立自主是中国式现代化的本质特征，这一本质特征彰显了中国在现代化建设上绝不做他国附庸，绝不仰人鼻息。② 中国式现代化是建立在民族独立、国家独立、主权独立基础之上的现代化，是建立在先进社会制度基础之上自主发展的现代化。③ 中国从一穷二白走向繁荣富强，靠的就是坚持中国的事情由中国人民自己做主。与坚持独立自主的中国式现代化相对应的，是有些国家在现代化发展上仰人鼻息，处处受到西方资本主义国家的掣肘与牵制，这种附庸型现代化一旦触及西方资本主义国家的核心利益，就会立即遭到打压与制裁。"独立不惧，群居不倚"是中华传统"自强不息"价值思维的重要特性，中国共产党创造性地继承了这一点，领导人民通过生生不息的努力，开创了使中华民族不断变强大的中国式现代化建设事业。

在中国共产党领导下坚持独立自主的中国式现代化所欲实现的价值目标是让人民过上好日子，而为此设定的时间表与路线图是到2035年基本实现社会主义现代化，到2050年全面建成社会主义现代化强国。"强"是中国特色社会主义进入新时代的主旋律。部分西方人囿于价值观的局限，不理解"自强不息"的中华优秀传统价值思维，也就不容易读懂中国式现代化坚持独立自主的真谛。中国怎样"强起来"？"强起来"以后的中国要干什么？凡此种种都是西方极为关注的问题。"自胜者强"是中华优秀传统价值思维的典型。经由中国式现代化的推进与拓展所要建成的社会主义现代化强国，要不断发现、认识并克服自身的不足。西方现代化发达国家在人类现代化史上是先行者，在现代化建设上积累了不少有益的经验，是我们发现差距的重要参考对象。与此同时，中国式现代化建设在推进与拓展中，自身存在的不足也是我们努力克服的重点。中国式现代化的推进与拓展，必将引领中国走向强盛。而这里的"强"，不是要打败他者、称霸世界，而是要战胜自我、造福世界。王毅指出，"按照西方人的理念，国强

① 王长江：《人口规模巨大与中国式现代化的开拓》，《科学社会主义》2023年第2期。
② 董慧、王帅：《中国共产党"坚持独立自主"现代化道路探索的价值意蕴、探索历程与经验启示》，《南昌大学学报》（人文社会科学版）2022年第3期。
③ 骆郁廷：《中国式现代化道路的自主创新》，《世界社会主义研究》2023年第3期。

必霸是很自然的，也是不可避免的"①。在价值观念层面陷入这种思维定式的西方人，是从冲突、对抗的角度理解"强"的意涵。打破西方这种传统的价值思维定式是极为关键的，可又是不容易的。西方资本主义国家这种国强必霸的传统价值思维并不是一朝一夕形成的，迄今为止几乎所有的西方资本主义国家崛起时所走的都是殖民扩张、争夺霸权的道路。有学者统计，人类近代史上共出现过 15 次大国崛起，而其中有 11 次最终引发了战争。② 不少西方人认为国强必霸是经历史与实践检验的铁律。促使西方从这种传统价值思维陷阱中跳出来，既需要做好耐心、细致的解释工作，又要用实际行动证明这种价值思维预设的现实情景并不具有历史必然性。

王毅强调，"未来几十年对于中华民族，必定是一段振奋人心的岁月，也将是一段充满风险挑战的旅程"③。进入近代后，我们从未像今天这样如此接近中华民族伟大复兴的实现。为确保民族复兴巨轮驶抵理想的彼岸，我们必须高度警惕中国式现代化面临的风险，将发展的主动权牢牢掌握在自己手中。④ 王毅指出，"从外部来看，我们要面对的最主要挑战就是如何化解国际社会对我国未来发展的疑虑和担心，包括如何应对一些国家的偏见和误解"⑤。消除国际社会不必要的疑虑和担忧，直接关系到中华民族伟大复兴的历史进程，诚如王毅所言，国际社会对中国发展形势的关注"会伴随我们民族复兴的整个过程"⑥。越早打消国际社会不必要的疑虑和担忧，就越早减少民族复兴的阻力。而打消国际社会不必要的疑虑和担忧，结合中华传统价值思维讲清楚当前中国正在做的事情最有说服力。当前中国正在做的最重要的事情，莫过于以中国式现代化全面推进中华民族伟大复兴。中国式现代化是坚持独立自主而非依附他者而走向中华民族伟大复

---

① 王毅：《坚定不移走和平发展道路 为实现民族复兴中国梦营造良好国际环境》，《国际问题研究》2014 年第 1 期。
② 王毅：《坚定不移走和平发展道路 为实现民族复兴中国梦营造良好国际环境》，《国际问题研究》2014 年第 1 期。
③ 王毅：《坚定不移走和平发展道路 为实现民族复兴中国梦营造良好国际环境》，《国际问题研究》2014 年第 1 期。
④ 韩喜平、郝婧智：《中国式现代化的国际视野》，《当代世界与社会主义》2023 年第 2 期。
⑤ 王毅：《坚定不移走和平发展道路 为实现民族复兴中国梦营造良好国际环境》，《国际问题研究》2014 年第 1 期。
⑥ 王毅：《坚定不移走和平发展道路 为实现民族复兴中国梦营造良好国际环境》，《国际问题研究》2014 年第 1 期。

兴的。中华传统价值思维中的"强""自强"与西方的理解存在差异。向世界阐明中国式现代化所蕴含的"自强不息"传统价值思维并解释好中西方有关"强""自强"理解上的不同，有助于尽可能减少民族复兴的阻力。

第二节　中国式现代化蕴含"持中贵和"的传统价值思维

中国式现代化蕴含独特的价值观，而对中国特色价值观影响最深远的是其独特的价值思维方式。"持中贵和"是中华优秀传统价值思维的精髓，这一价值思维方式，具有求实中的创新、求同中的存异、差异中的协调、整体中的平衡、共处中的竞争、困顿中的达观等特性。江泽民同志指出："我们搞社会主义现代化建设，我们的思想方法和思维方式也必须符合现代化建设的要求，本身也应现代化。"① 社会主义及其现代化建设事业顺利发展的先在性要求，是具备符合实际的价值思维方式。符合社会主义及其现代化建设要求的价值思维，具有辩证性、协调性、务实性等特征。中国式现代化是符合国情与世情的现代化，其深蕴"持中贵和"的传统价值思维。

一　中华优秀传统价值思维中的"持中贵和"

"持中贵和"是中华优秀传统价值思维的精髓，其中有两个重要的关键字，一个是"中"，另外一个是"和"。《中庸》对"中"与"和"的解释是："喜怒哀乐之未发，谓之中；发而皆中节，谓之和。"甲骨文的"中"像旗子，上下有旌旗和飘带，旗杆竖立于正中。从空间方位来看，其处于一种内部适中的位置。② "喜怒哀乐之未发，谓之中"的"中"，读平声，是名词，指的是不偏不倚、无过无不及、正合适、刚刚好。"发而皆中节"的"中"读去声，为动词，指的是合乎、符合。从词源学角度看，"和"异体为"龢"。"龢"始见于商代甲骨文，《说文解字》将"龢"解释为

---

① 《江泽民文选》第 3 卷，人民出版社，2006，第 263 页。
② 陈天林：《中庸：中国传统和谐文化的基本精神》，《社会主义研究》2006 年第 5 期。

"调也"，将"和"解释为"相应也"，也就是应和之和，这里的"和"读去声。小篆"和"字的形象由"千""人""口"组成，千人共口，指出了"和"的本义是"和谐"。[①]"发"是表露的意思。整句话的意思是说，"中"指的是人喜怒哀乐的表情没有表露出来时是无所偏向的，而表露出来以后符合法度，是谓"和"。作为哲学范畴的"中"具有客观规律的性质。我国古人将具有客观规律性的"中"[②]，作为价值评价、价值判断、价值选择的最高准则。比如，孟子提出"有物必有则"[③]；荀子指出"天有常道矣，地有常数矣，君子有常体矣"[④]。"物则""常道""常数""常体"等都是"中"的特性，也即凡事都有客观规律，做事情要尊重规律的客观性，以实际为准绳。

"和"由本义的和谐，逐渐引申为和实生物、和而不同、和合共生等。分别从以下三个方面对该问题进行阐释。

其一，从"和实生物"的角度理解"和"。《国语·郑语》记载了史伯与郑桓公的一段对话，郑桓公请教天下大势于史伯，得到的答案是"和实生物，同则不继"。史伯进一步解释道：金木水火土相互协调配合，万事万物因此而化生；五种滋味相互调和，人的口味就能得到满足；六种音律相互协和，人们得以感到愉悦。在这个世界上，倘若只有一种声音、一种颜色、一种味道，人们就不会听到动听的音乐、不会看到五彩斑斓的世界、不会品尝到美味可口的食物。

其二，从"和而不同"的角度理解"和"。"和同之辩"是我国传统社会的一个重要议题。史伯与晏婴曾经围绕"和"与"同"的关系，从政治层面探讨了君臣之道。孔子继承了史伯与晏婴的"和同之辩"思想，将之延伸拓展至伦理学领域，通过君子与小人之辩申明了为人之道。[⑤]君子与小人在对待"和"与"同"的问题上，有着截然相反的价值思维。《论语》记载："君子和而不同，小人同而不和。"[⑥]君子和小人在为人处世上

---

① 杨英杰等：《初心之源：中国共产党的传统文化基因》，清华大学出版社，2019，第168页。
② 程梅花、邹林：《论儒家"致中和"的思维方式》，《孔子研究》2000年第3期。
③ 《孟子·告子上》。
④ 《荀子·天论》。
⑤ 陈科华：《"和而不同"如何可能？》，《伦理学研究》2014年第6期。
⑥ 《论语·子路》。

是不同的，君子坚持原则但不排斥与己不同的意见，也就是说尊重并承认差异性的存在；小人则不同，其只求完全一致，不讲协调，不以客观实际为依据，人云亦云、随声附和，对与实际不符的意见也无条件地接受。

其三，从"和合共生"的角度理解"和"。老子在《道德经》中写道："万物负阴而抱阳，冲气以为和。""负"是背负的意思，"抱"是怀抱、朝向的意思。这是说万物背阴而向阳，在阴阳二气中相互激荡，形成新的"和谐体"。阴和阳是相对而言的，没有阴就无所谓阳，没有阳也就无所谓阴。我国古人认为孤阳不生、孤阴不长。阴与阳不可对立区分，不可相互割裂。老子意在告诉我们，万事万物都是和合共生的。阴与阳是相辅相成的，二者中有一个失去了和谐性，就会导致阴阳紊乱。礼和乐对于维持阴阳二气的和谐是极为重要的。孔子的弟子有若提出"礼之用，和为贵，先王之道，斯为美"①。彭林认为："礼"对于每个个体来说特别重要，它是一个渐入圣域的途径。② 成圣之心，人皆有之。为达至这种和谐理想的成圣之境，每个人都应"知礼""守礼"。知道了为人之礼、成圣之礼，就要守住它。在我国古人看来，"礼"为阴，"乐"为阳。"礼乐之教"是循天道地理之教，是阴阳相合成道之教。简言之，"礼乐之教"也就是"阴阳之教"。将"礼"与"乐"相关联、"阴"与"阳"相关联、"礼乐"与"阴阳"相关联、"礼"与"和"相关联等，体现的是中国人固有的一种关联性思维。安乐哲认为关联性的思维模式在中国人的头脑中具有主导性。他指出："我们的观点是，葛兰西将我们称为'关联性'的思维方式视为'中国人头脑'的最根本特征的做法在本质上是正确的。这意味着，即使对于孔子和道家哲学这一类不太关注物质性宇宙论的思想来说，关联性思维模式也占统治地位。"③ 我国古人将阴阳问题辩证地关联在一起。在我国古人的眼里，阴为相对的静态，阳为相对的动态，阴阳二气相交处于适匀的状态，万物因此而衍生。"冲气以为和"说的是阴阳二气激荡不稳，其蕴含着乐观向上的精神特质。阴阳二气激荡不稳会衍生困难与

---

① 《论语·学而》。

② 彭林：《礼乐文明与中国文化精神——彭林教授东南大学讲演录》，中国人民大学出版社，2016，第32页。

③ 〔美〕安乐哲：《和而不同：中西哲学的会通》，温海明等译，北京大学出版社，2009，第211—212页。

苦难。困难与苦难本身并不可怕，可怕的是没有直面困难与苦难的勇气和信心。困难与苦难是阴阳激荡乃至紊乱所产生的，经历过阵痛期，又会逐渐产生新的和谐体。纵使遇到再大的困难、再多的苦难，也要心向光明、踔厉奋发，新的和谐环境、新的和谐体系终会逐渐形成。我国古人所讲的"和"，不是不承认矛盾对立，而是主张求同存异，在多样性的矛盾差异中实现统一；也不是绝对地排斥斗争，而是主张争之以礼，在适匀有序的状态中开展竞争。[①] 通过梳理可知，中华传统"持中贵和"价值思维，至少具有求实中的创新、求同中的存异、差异中的协调、整体中的平衡、共处中的竞争、困顿中的达观等基本特征。

二　符合实际是社会主义及其现代化的价值思维

价值思维方式不同，价值路径选择乃至事业发展结局也就不同。社会主义及其现代化建设实践证明：什么时候价值思维方式科学，社会主义及其现代化建设就发展顺利。反之，什么时候价值思维方式出问题，社会主义及其现代化建设就会遭遇挫折。符合现代化建设要求的价值思维方式，也即符合实际的价值思维方式，是社会主义及其现代化建设的先在性要求。从主观想象出发、从自身对实践对象的误解出发，这样的价值思维方式不符合社会主义现代化建设的基本要求，是非科学的价值思维方式。符合实际之于社会主义及其现代化建设而言是必要的，但在真正意义上树立起符合实际的价值思维又是很难的。这源于社会主义及其现代化建设所关涉的"实际"，既包括实践对象的实际，又包括价值主体自身的实际。客观反映实践对象与价值主体自身的实际，有必要认识到符合实际的价值思维方式具有务实性、辩证性以及协调性等特征。

符合实际是社会主义及其现代化的价值思维方式，其具有务实性特征。社会主义及其现代化建设的一个突出特点是"求实"，"求实"也就是要与客观发展实际相结合。社会主义及其现代化建设在不同的历史时期，所强调与突出的重点是不同的，这是"对象中和"所体现的"变"，但"变"是"常中之变"。社会主义及其现代化建设所守之"常"，就是要让

---

① 赵馥洁：《中国传统哲学价值论》，人民出版社，2009，第452页。

人民过上好日子。人民对过上好日子的价值诉求、利益期待，在不同的历史时期有不同的表征。在生产力还不发达的历史阶段，摆脱贫穷是社会主义及其现代化建设的当务之急。人民的温饱问题解决不了，说到底是因为生产力不发达。生产力长期停滞下去，人民的生活会更加困苦。造成生产力停滞的原因是多方面的，其中思想不解放是重要原因之一。人为地将市场经济与计划经济等同为资本主义与社会主义，就是思想僵化从而导致社会经济活力不足的典型表现。目的价值在确定事物的社会属性中，发挥决定性的作用。目的的社会属性、价值意义，可以改变工具的社会属性。[①]计划与经济都是推动社会发展的手段，关键在于其为谁所用。邓小平同志曾指着一台从国外进口的离子注入机，向周围人提出了一个问题：这台设备到底是姓"资"还是姓"社"？他解释说，从资本主义国家引进的机器原来是姓"资"，现在引进到社会主义国家，为社会主义及其现代化建设服务，现在它姓"社"。目的的社会属性可以改变工具的社会属性，这是一种典型的求实性价值思维。

邓小平同志指出："不要光喊社会主义的空洞口号，社会主义不能建立在贫困的基础上。"[②]"社会主义如果老是穷的，它就站不住。"[③] 实现人民过上好日子的愿望，社会主义及其现代化建设就不能脱离实际，不能单凭自身的主观想象，不能忽视与客观规律相契合的人民最真实的价值诉求与利益期待。一些社会主义国家之所以在现代化建设上搞不好并最终垮掉，从根本上来讲，就是未能满足人民群众的合理利益诉求，人民不满意、不高兴、不答应。在不同的时期、不同的条件下，满足人民价值诉求和利益期待的着重点有所不同，但让人民过上幸福而美好的生活的目标恒常不变。让人民过上幸福而美好的生活是"自我中和"不变的原则。这一原则的坚守正是体现在"变"的具体行为之中。这种"变"的依据在于社会主要矛盾发生转换。只要社会主要矛盾发生了变化，在现代化建设上社会主义国家就应该与时俱进地对相应的政策作出调整。

社会主义的本质要求是解放生产力、发展生产力。经济工作是社会主

---

① 陈升：《论邓小平的价值观与价值思维》，《道德与文明》2005 年第 4 期。

② 《邓小平文选》第 3 卷，人民出版社，1993，第 213 页。

③ 《邓小平文选》第 2 卷，人民出版社，1994，第 191 页。

义及其现代化的中心工作。社会主义及其现代化离不开政治力量的领导，社会主义及其现代化建设一定要讲政治。如何认识经济工作与政治工作的关系，是社会主义及其现代化建设中不容回避的问题。在政治和经济的关系上，片面地提高政治的地位或单纯地突出经济的重要性，对于推进社会主义及其现代化建设而言都是不合时宜的。从符合实际的视角看待抓政治与抓经济的出发点与落脚点，都是让人民在社会主义及其现代化建设中过上好日子；从符合实际的视角看待二者的关系，其是相互促进、相互成就的。邓小平同志清晰而明确地阐述了经济工作与政治工作的关系。他指出："所谓政治，就是四个现代化。"① 也就是将政治直接与社会主义及其现代化建设等同起来。搞好四个现代化，就是抓好了政治工作。邓小平同志还指出，"经济工作是当前最大的政治，经济问题是压倒一切的政治问题"②。如果缺乏以务实性为特征的符合实际的价值思维，也就很难形成关于计划与市场都是手段、政治与经济相统一的正确认识。可见符合实际的价值思维方式在社会主义及其现代化建设中的可贵。

　　符合实际是社会主义及其现代化的价值思维方式，其具有辩证性特征。马克思指出："人们自己创造自己的历史，但是他们并不是随心所欲地创造，并不是在他们自己选定的条件下创造，而是在直接碰到的、既定的、从过去承继下来的条件下创造。"③ 如何看待实际，特别是国情与世情，是社会主义及其现代化建设不容回避的问题。无论是国情还是世情，都是客观存在而非主观判定的，都是经由长期历史积淀并与时下的社会主义建设诸多因素交叉运作而成的。④ 因此，尊重而非无视、符合而非脱离实际是社会主义及其现代化建设的重要价值思维方式之一。现代化的本质是人的现代化。社会主义及其现代化是靠人来推动的，因此首先需要考虑的先在性因素是人口国情，包括人口再生产的类型、人口素质、人均寿命、人口分布状况等。⑤ 人口国情是不以人的主观意志为转移的，其是社

---

① 《邓小平文选》第 2 卷，人民出版社，1994，第 194 页。
② 《邓小平文选》第 2 卷，人民出版社，1994，第 194 页。
③ 《马克思恩格斯文集》第 2 卷，人民出版社，2009，第 470—471 页。
④ 王兆铮：《把握国情世情"变"与"不变"历史辩证法——学习十九届五中全会精神》，《中共石家庄市委党校学报》2021 年第 3 期。
⑤ 央吉：《用辩证的观点看待中国新人口国情》，《中国发展观察》2012 年第 8 期。

会主义及其现代化建设各项工作展开的基础性条件。在价值思维方式上，对人口国情的分析，体现出鲜明的辩证性特征。比如，在看待人口规模巨大的问题上，既要看到人均可支配资源相对较少的不利因素，也要看到人口体量巨大的人口红利优势。从理论上讲，人多力量大。社会主义及其现代化建设离不开人，而在人口增长缓慢甚至有所下降的条件下，怎样确保经济总量持续提升、如何变不利因素为有利因素，是我们必须认真思考的问题。此外，从实践层面来看，人多但是素质不高、价值观混乱、凝聚力不强，汇聚在一起的力量也不一定大，有可能是"一盘散沙"，即便是汇聚在了一起，所形成的也可能不是建设性力量而是破坏性甚至毁灭性力量。因此，分析社会主义及其现代化建设的国情实际，必须具有辩证思维，也即不能仅看到优势而忽略劣势，也不能仅关注劣势而无视优势。

在社会主义及其现代化建设中，符合实际的价值思维方式是一种场域自觉。价值主体关注的眼光不仅要聚焦本国实际，还需放眼全球、关注世情。这一方面是由于社会主义及其现代化建设不能脱离世界，另一方面源于社会主义及其现代化建设的影响是世界性的。社会主义及其现代化不单单是事关本国人民的现代化，还是事关世界发展的现代化。当今世界正在经历百年未有之大变局，从时间层面来看，这一变局具有历史的纵深感，其形成绝非一朝一夕而是长期演化的结果；从空间层面来看，这一变局关乎"南北两个世界""东西两个方位"权力的消长、位置的转移。百年变局给社会主义及其现代化建设在带来机遇的同时，挑战也如影随形。百年未有之大变局，从时间跨度来看，关涉"百年"。"百年"是大变局的前提性因素。有研究者从长时段将"百年"界定在四五百年，从中时段将之界定在二三百年，从短时段将之界定在一百多年或者不到一百年。① 对"百年"时间范围界定的不同，相应的变局内容也会存在差异性。从时间范围来看，社会主义及其现代化建设需要在"长与短"之间明晰"百年"的时间范围。百年未有之大变局中的"变"是"题眼"，这种变化，不是小变，而是具有力度、深度与广度的大变②，但世界和平与发展的时代主题并没有改变。需要引起我们高度重视的是，社会主义及其现代化建设所面临的

---

① 陈明琨：《百年未有之大变局的辩证逻辑》，《教学与研究》2022年第6期。

② 陈明琨：《百年未有之大变局的辩证逻辑》，《教学与研究》2022年第6期。

时代主题尽管没有发生改变，但并不等于与主题相对立的非和平、非发展的因素不存在。事实上，想要破坏和平、阻碍发展的逆流不仅未曾绝迹，在某些条件下还会异常猖獗。① 社会主义及其现代化建设既要看到和平与发展是时代发展的主流，也要对破坏和平、阻挠发展的逆流有相当程度的估量与应对。如此，社会主义及其现代化建设才能行稳致远。通过以上分析可知，符合实际的价值思维方式在社会主义及其现代化建设中发挥着关键作用且这种思维方式具有鲜明的辩证性特征。

符合实际是社会主义及其现代化的价值思维方式，其具有协调性特征。社会主义及其现代化建设从根本上看，是为了满足人民过上美好生活的期待。关于什么不是社会主义，邓小平同志明确指出："贫穷不是社会主义，发展太慢也不是社会主义。否则社会主义有什么优越性呢？"② 名义上建立了社会主义制度，而在实际上社会生产力长期得不到发展，人民的生活质量长期得不到提升，就是有名无实的社会主义。开展社会主义及其现代化建设事业，要解决社会主义是否够格的问题。邓小平同志曾语重心长地指出："现在虽说我们也在搞社会主义，但事实上不够格。只有到了下世纪中叶，达到了中等发达国家的水平，才能说真的搞了社会主义，才能理直气壮地说社会主义优于资本主义。"③ 处理人民"贫"与"富"、现代化建设"快"与"慢"的问题，必须符合国情实际。社会主义及其现代化建设的重要价值目标之一在于让人民"富"起来。怎样让人民"富"起来，涉及处理"富"与"贫"、"先富"与"后富"等关系问题。符合实际是社会主义及其现代化建设的价值思维方式，这一价值思维方式具有鲜明的协调性特征。

社会主义旨在实现共同富裕，而绝非共同贫穷。在贫穷且落后的国家建设社会主义，要让一部分人、一部分地区通过自身的努力先富起来，起到示范带动作用。不在"富"的问题上先行一步，没有榜样做示范、没有先进做引领，一味地搞所谓的平均主义，看上去很"公平"，大家干多少

---

① 王兆铮：《把握国情世情"变"与"不变"历史辩证法——学习十九届五中全会精神》，《中共石家庄市委党校学报》2021 年第 3 期。
② 《邓小平文选》第 3 卷，人民出版社，1993，第 255 页。
③ 《邓小平文选》第 3 卷，人民出版社，1993，第 225 页。

一个样、干好干坏一个样，长此以往的结果很可能是"共同贫穷"。符合实际是社会主义及其现代化建设的重要价值思维，而有的价值主体对现代化建设事业的贡献大、有的价值主体对现代化建设事业的贡献小、有的价值主体对现代化建设事业压根没有作出贡献，在现代化成果的分配上搞绝对平均主义，是没有协调好"先进"与"落后"的关系。协调不好"先进"与"落后"的关系，干得好、干得快的价值主体与干得差、干得慢的价值主体，无差别地分享现代化建设成果，会挫伤先进价值主体的积极性、主动性而对具有落后性的价值主体无异于"养懒汉"。共同贫穷绝不是社会主义。少部分人贫穷也不是社会主义，社会主义及其现代化所要实现的价值目标是共同富裕。这就需要协调好先富与后富、先富者之间以及未富者之间的关系，而处理好诸如此类的关系又涉及"理想与现实"存在张力的问题。

社会主义及其现代化较之于资本主义及其现代化具有优越性，这种优越性体现在方方面面，其中一个重要方面是社会主义及其现代化以共同富裕为价值追求。资本主义发达国家纵使已经实现了现代化，但仍存在贫困群体，这部分人无法公平享有现代化发展的红利。社会主义及其现代化注重协调不同群体的利益关系，且这种协调注重体现过程的公平性与发展的可持续性。社会主义及其现代化建设注重协调"当前"与"长远"的关系，以客观实际为准绳，既尽力而为，又量力而行。"尽力而为"指的是尽最大努力朝着共同富裕的目标奋进，"量力而行"指的是不做超出自身能力范围的事情，提出的阶段性目标符合社会主义现代化建设不同历史阶段的客观实际。对于社会主义及其现代化建设而言，只有做好当下才能谋划好长远。社会主义及其现代化价值目标的实现不可能一蹴而就，因此从空间上看，需要协调好不同区域发展之间的关系，需要协调好先富与后富、富裕起来的群体之间以及未富裕起来的群体之间的关系；从时间上看，需要协调好当前与长远的关系，既不提违背客观发展规律、不切实际的阶段性目标，又尽最大的努力不断趋向理想目标的实现。社会主义及其现代化建设"欲速则不达"①，急于求快、急于求成，反倒不利于长远目标的实现。因此，符合实际是社会主义及其现代化建设最为重要的价值思维

① 《论语·子路》。

方式之一，其具有鲜明的协调性特征。

三　符合实际的中国式现代化蕴含"持中贵和"的传统价值思维

符合实际是中国式现代化固有的价值思维方式。中国式现代化是既符合国情又符合世情的现代化。当今中国最大的国情、最大的实际是正处于并将长期处于社会主义初级阶段。中国式现代化建设事业的推进，必须直面人口多，底子薄，发展不平衡、不充分等现实问题。当今世界正处于百年未有之大变局，中国式现代化是在世界经济重心发生变化、世界政治格局正在调整的时空场域中展开建设的。符合国情与世情的中国式现代化深蕴"持中贵和"的传统价值思维。对该问题的探讨，有助于人们跳出单一主体思维、两极对立思维等价值樊篱，对于凝聚各方力量、达成价值共识具有引导作用。

符合国情的中国式现代化蕴含"持中贵和"的传统价值思维。中国式现代化是人口规模巨大的现代化。人口规模巨大是中国式现代化面临的基本国情。这是中国式现代化推进与拓展的先决性条件。习近平总书记在党的二十大报告中，阐明了中国式现代化五个方面的"中国特色"，其他四个方面的"中国特色"因"人口规模巨大"而具有了"非此不可"的意味。也正因为人口规模巨大，要实现人民共同富裕、物质文明和精神文明相协调、人与自然和谐共生、走和平发展道路更显艰巨与复杂，更显难能可贵。[①]"持中贵和"的传统价值思维方式深蕴于符合国情的中国式现代化之中，其有助于我们更好地认清中国式现代化的"中国特色"。中华优秀传统价值思维是矛盾辩证式的。老子指出："万物负阴而抱阳，冲气以为和。"阴和阳是相对而言的，在看到阳的一面的同时，不能忽视阴的因素。在看到阴的一面的同时，亦不能忽视阳的因素。矛盾辩证式的价值思维方式强调看问题要具有两面性，既要看到事物有利的一面，也要看到事物不利的一面；既要看到问题带来的挑战，也要看到挑战中存在的机遇。也就是说，有利的因素与不利的因素、危机与挑战是共同存在于事物之中的。

---

① 沈湘平：《辩证看待中国式现代化"人口规模巨大"的特色》，《江海学刊》2023 年第 2 期。

人口规模巨大，意味着人均可占有量小。既要面对人口多的压力，又要直面底子薄的难题，这是我们需要直面的挑战。但危机中有新机。人口多既是中国式现代化建设的挑战，也是中国式现代化建设的机遇。党的二十大报告明确将教育、科学、人才作为中国式现代化建设的基础性、战略性支撑。教育事业、科技事业、人才事业扎实稳步推进，我们就能够将人口压力转化为人才红利，从而为中国式现代化建设提供源源不断的科技动力支撑与思想智力支持。

解决人均占有量小，化解"底子薄"的难题，就要大力发展社会生产力，不断提高人民群众的物质生活质量，而提高人民群众的物质生活质量，不能出现"富者累巨万，而贫者食糟糠"①的现象，这一价值观主张与中华传统"持中贵和"的价值思维方式不谋而合。我国古人强调"不患寡而患不均，不患贫而患不安""损有余以补不足"，凡此种种古训持守的均是一种"持中贵和"的价值思维方式。"不患寡而患不均"的"寡"所关涉的对象是人口。在传统社会，特别是"诸侯奔走不得保其社稷者不可胜数"②的乱世，人丁不兴旺与国力的强盛直接相关。《大学》指出："天下盛衰在庶民，庶民多则国势盛，庶民寡则国势衰。"③人口少，意味着国家随时可能陷入危殆甚至倾覆的危险之中。然而，比人口的多寡还要重要的事情是"均平"，也即社会财富的公平分配。富有的人积累了巨额财富而贫苦的人尽管努力工作也只能以糟糠为食来充饥，这样的社会必然会失去和谐。习近平总书记于2015年10月29日在中共十八届五中全会第二次全体会议上发表讲话指出，"我们必须坚持发展为了人民、发展依靠人民、发展成果由人民共享，作出更有效的制度安排，使全体人民朝着共同富裕方向稳步前进，绝不能出现'富者累巨万，而贫者食糟糠'的现象"④。"天下均平"是中华民族自古以来就殷殷向往的价值愿景。习近平总书记在谈及现代化成果分配的问题时，在措辞上用了极为严厉的"绝不能"，这一方面显示了实现共同富裕价值目标的坚定性，另一方面体现了立足国

---

① 《汉书·食货志第四上》。
② 《史记·太史公自述》。
③ 《大学衍义补·蕃民之生》。
④ 《习近平谈治国理政》第2卷，外文出版社，2017，第200页。

情实际看问题的务实性，两个方面均深蕴着"持中贵和"的传统价值思维方式。

在提高人民群众物质生活质量的同时，注重提高人民群众的精神生活质量，与我国"执两用中"的传统价值智慧高度契合。"执两用中"是我国古代朴素辩证法的一种生动表达。《尚书·大禹谟》提出了"允执厥中"。这是一个极为宝贵的治国秘诀，先是由尧传给了舜，舜又将之传给了禹。这一治国秘诀讲的是言行要不偏不倚，符合中庸之道。儒家从这一治国经验中提炼出了"中和"思想，将之作为认识和处理社会矛盾的价值准则。这不仅对我国传统社会的超稳态结构产生了积极的指导作用，而且积淀衍化为中国人具有价值惯性的独特思维方式。孔子的弟子子思强调"中也者，天下之大本也；和其者，天下之达道也。致中和，天地位焉，万物育焉"。《论语·子路》指出："子曰：不得中行而与之，必也狂狷乎！狂者进取，狷者有所不为。"这是说，做事情既要防止"过"，又要避免"不及"。"过"或"不及"是两个极端的状态。执其两端而用其中，不偏不倚，无过无不及，才能达到中和平衡的状态。对于中国式现代化的推进与拓展而言，一味地强调物质生活质量的提升而忽视了人民群众日益增长的美好精神生活需求，或者单纯地强调满足人民群众对美好精神生活的需求而忽视了人民群众的物质生活需求，是两种极端的状态，均会妨害社会的和谐与稳定。党的二十大报告指出："中国式现代化是物质文明和精神文明相协调的现代化。"① 只有人民群众的"精神富足"与"物质富有"同步增长，既不出现物质富有而精神贫乏的思想，也不出现精神富足而物质匮乏的现象，处于一种"中和"的状态，中国式现代化才能走得稳、走得远。通过以上分析可知，符合国情实际的中国式现代化深蕴"持中贵和"的传统价值思维。

符合世情实际的中国式现代化蕴含"持中贵和"的传统价值思维。中国式现代化是实现中华民族伟大复兴的根本之路。这是一条既符合国情实际，亦符合世情实际的根本之路。中国共产党提出要"统筹中华民族伟大

---

① 习近平：《高举中国特色社会主义伟大旗帜 为全面建设社会主义现代化国家而团结奋斗——在中国共产党第二十次全国代表大会上的报告》，人民出版社，2022，第22页。

复兴战略全局和世界百年未有之大变局"①。从总体上看，中华民族伟大复兴是世界百年未有之大变局的关键性变量，其本身对世界之变、时代之变、历史之变产生着重要的影响。"变"是世界发展的普遍规律，是不以任何人的主观意志为转移的客观存在。习近平总书记于 2019 年 7 月 5 日在深化党和国家机构改革总结会议上发表讲话指出："形势在变、任务在变、工作要求也在变，必须准确识变、科学应变、主动求变。"② 中国共产党因应世情实际的发展变化，将构建人类命运共同体、创造人类命运新形态作为中国式现代化的本质特征，这一深蕴"持中贵和"传统价值思维的伟大事业，彰显了中国共产党的识变之智、应变之方以及求变之勇。

符合世情实际的中国式现代化以构建人类命运共同体为本质要求，其深蕴"持中贵和"的传统价值思维。人作为类存在物，在这个世界上存在的意义并非仅仅在于满足自身的需求，还应有着更高层次的价值指向。这种更高层次的价值指向是让全世界的人民都过上好日子。为让全世界的人民都过上好日子，以习近平同志为核心的党中央从世情出发，提出了构建人类命运共同体伟大构想并将之作为中国式现代化的本质要求之一。人类命运共同体是对全球现代化的中国重撰，其深蕴着"持中贵和"的传统价值思维。人类现代化的最初实现形式是由西方资本主义国家构建的。资本主义生产关系遵循的是资本原则，实现价值增殖是其首要的目的。这促使直接卷入资本主义生产过程的一切东西，都按照资本的逻辑来组织。这衍生了两极对立的价值思维，但凡对资本增殖有利的因素，都得到肯定与鼓励；但凡对资本增殖不利的因素，都受到批判与抑制。受资本逻辑的支配，资本主义生产要求扫除一切资本增殖的限制，它超出民族国家内部的界限而扩展到全球范围。随着资本的全球化，资本主义生产方式也被推向全球。资本主义在客观进程上推动了人类的进步，但由于持守"两极对立""非此即彼"的价值思维方式，因而由其所引导的全球现代化产生的负面溢出效应远远大于正能量。③ 而产生的负面溢出效应中，最严重的当

① 《习近平著作选读》第 2 卷，人民出版社，2023，第 328 页。
② 《习近平谈治国理政》第 3 卷，外文出版社，2020，第 108 页。
③ 刘洋、沈佩翔：《人类命运共同体对全球现代化的中国重撰》，《思想政治课研究》2020 年第 1 期。

数世界贫富差距不断扩大。该问题的存在，不仅影响世界经济的可持续发展，还为恐怖主义等犯罪活动提供了"温床"。① 习近平总书记在 2021 年10 月 15 日《求是》杂志第 20 期发表的文章《扎实推动共同富裕》中写道："全球收入不平等问题突出，一些国家贫富分化，中产阶层塌陷，导致社会撕裂、政治极化、民粹主义泛滥，教训十分深刻！我国必须坚决防止两极分化，促进共同富裕，实现社会和谐安定。"② 资本主义所主导的全球现代化之所以会产生诸如全球收入不平等问题加剧、一些国家贫富差距越来越大等问题，源于其在价值思维上追求实体性的统一，在价值逻辑上奉行西方中心主义、排外主义、霸权主义等。构建人类命运共同体是中国式现代化的本质要求之一，其作为一种全新的全球现代化指引方案，在价值思维方式上与西方现代化有很大的不同。这一全新的全球现代化指引方案强调人类生活在历史与现实交汇的同一个时空中，利益交融、安危与共，在人类现代化成果的分享上不应有所偏倚。这一指引方案蕴含着我国古人的价值智慧。在我国古人看来，世间的万事万物都是由对立的阴阳两极构成的，阴与阳是相辅相成的，盛极而衰，衰极而生。阴阳"中和"的平衡状态，是万事万物的最佳存在。倘若天、地、人始终保持并趋向这种平衡态，就能生生不息。在价值思维上奉行"两极对立""非此即彼"，显然破坏了这种平衡态。关于"持中贵和"，我国古人除了从"天道"着眼外，更多的是从"人道"来加以阐述。比如《中庸》言及的"君子而时中"，《尚书》记载的"咸庶中正"，《论语》载明的"过犹不及"等，均是要求人们在实践中用"中和"思维面对和处理问题。我国古人还提出了"礼所以制中"的价值思想。"礼义"之所以能够"制中"，在于"礼义"追求的是"理之所宜"。③ 资本主义全球现代性从诞生之日起，就由其内蕴的资本逻辑决定了具有唯我性与排他性。"我向性"价值思维奉行你输我赢、赢者通吃，在这种价值思维推动下，短时间来看可以在一定程度上带来利益的增进，但从长远来看西方资本主义国家在人类现代化历程中所占有的每一寸利益都意味着发展中国家利益的相对受损，这种与我国古人所

---

① 宋以敏：《时代主题与中国的和平发展》，《国际问题研究》2004 年第 3 期。
② 习近平：《扎实推动共同富裕》，《求是》2021 年第 20 期。
③ 董恩林：《论中和之道的内涵与践行准则》，《孔子研究》2021 年第 2 期。

倡导的"礼义"严重背离的价值思维，最终只能导致利益的掣肘、危机的蔓延以及冲突的加剧。^① 一旦所有的国家都把目光聚焦在自身的绝对利益上，进而将之确定为现代化建设的唯一出发点，对其他行为体的利益漠然无视，由此导致的后果只能是不同行为体陷入无休止的利益缠斗与矛盾纷争。在全球一体化趋势不断加深的今天，世界各行为体的利益已经互相交融在一起，没有哪个行为体可以独自应对全球性的问题。在这种时代境况下，中国式现代化以构建人类命运共同体为本质要求，是符合世情实际作出的价值选择，内蕴于其中的"持中贵和"传统价值思维，为突破人类面临的共同发展难题贡献了独特的中国智慧，这为形成"美美与共"的联动增长格局创造了更为有利的条件、为世界各行为体的共享发展开辟了更大空间。

符合世情实际的中国式现代化以创造人类文明新形态为本质要求，其深蕴"持中贵和"的传统价值思维。人类文明新形态是相对于传统的人类文明形态而言的。传统的人类文明形态，主要指的是西方资本主义国家所开启的现代文明形态。西方资本主义国家是在一种二元对立的价值思维方式下开启现代文明形态的。这种价值思维最早可追溯到西方资本主义现代文明的源头古希腊文明。黑格尔曾谈到"精神家园"的问题，他指出："一提到希腊这个名字，在有教养的欧洲人心中，尤其是在我们德国人心中，自然会引起一种家园之感。"^② 古希腊孕育了西方资本主义现代文明，其中也包括二元对立的价值思维方式。面对纷繁变幻的世界，古希腊人不懈地探寻万物现象背后的根源也即"本原"。在古希腊人眼中，世界是由两个部分组成的，分别是"本原"与"现象"。关于人的认识途径，巴门尼德将之区分为真理之路与意见之路。这两条不同的道路分别对应"本原"和"现象"。巴门尼德对世界的二分，对后世产生了深远的影响。比如，柏拉图在此基础上认为现象世界处于变化之中，而在现象背后有着不变的存在。在他看来，现象可以为人的感官所感知，而现象世界背后的理念世界

---

① 刘洋、沈佩翔：《人类命运共同体对全球现代化的中国重撰》，《思想政治课研究》2020年第1期。
② 〔德〕黑格尔：《哲学史讲演录》第1卷，贺麟、王太庆译，商务印书馆，1959，第157页。

则是不可感知的。也就是说，柏拉图将世界一分为二，分别为理念世界和可感世界。西方进入近代后，笛卡尔在哲学体系中建立了更具典型性的二元对立论，他将物质和心灵划分为两个互不依赖的存在。①凡此种种二元对立的价值思维方式，严重阻碍了主体自我与他者的平等交流。

以创造人类文明新形态为本质要求的中国式现代化，深蕴着中华传统"持中贵和"的价值思维，其将"自我主体"与他者紧密地关联在一起，超越了二元对立的价值思维方式。我国古人以"天下一家"为价值追求，强调"家"与"天下"之间的同构性，推崇修身、齐家、治国、平天下。我国古人强调修己以敬、修己以安人、修己以安百姓。修养自己对自身、对关系亲近的人以及天下苍生都是极为重要的。"天下一家"的基础是所有个体都注重自身的修养。我国古人提出"立己达人"，将"己"与"人"紧密联系在一起，这与西方二元对立的价值思维方式是迥然有别的。"立己"与"立人"、"达己"与"达人"具有相通性，其中所蕴含的是中华传统"持中贵和"的价值思维，所彰显的是一种普遍的人道原则。②"己"与"人"并不是相互对立的两极，二者可以通过恰当的方式联结在一起。将"立己"与"立人"、"达己"与"达人"很好地关联在一起的，是"恕"的价值思维方式。所谓"恕"，指的是"推己以及人"。在朱熹看来，"推己及人，庶几心公理得而仁不远也"③。这种纳外物于己身的方式，将"己"与"人"很好地联结在了一起。"天下一家"意味着天下人应该像家人一样相处，家人相处同样不可避免地存在矛盾。存在矛盾并不可怕，可怕的是找不到化解矛盾的有效途径。而找不到化解矛盾有效途径的根源，在于没有科学的价值思维方式作引导。遇到矛盾时，从二分的利己视角出发，将问题归咎于对方，相互攻讦，非但无助于问题的解决，主体自我与他者的关系也难免会走向恶化。反之，遇到纠纷时，先从主体自我的角度找原因、找不足，与他者交往秉持"修己安人""立己达人"的利他价值思维，主体自我与他者才有可能在真正意义上成为"一家人"。中国式现代化是尊重人类文明多样性的现代化，是符合世情实际的现代

---

① 张永路：《论儒家的利他价值观——从"立人达人"说起》，《社科纵横》2016年第7期。
② 高瑞泉：《平等观念史论略》，上海人民出版社，2011，第71页。
③ （宋）朱熹：《四书章句集注》，中华书局，1983，第359页。

化。这一事业的推进与拓展有助于摒弃以自我为中心、以二分的视角看待世界的传统价值思维。中国式现代化蕴含"持中贵和"的传统价值思维方式，其不忽视人类文明同属地球生存活动空间的事实，以推己及人的价值思维方式观照其他文明的发展，有助于人类文明新形态的构建，而构建人类文明新形态正是中国式现代化的本质要求之一。通过以上分析可知，以创造人类文明新形态为本质要求的中国式现代化，是符合世情实际的现代化，其深蕴"持中贵和"的传统价值思维。

第三节　中国式现代化蕴含"天人合一"的传统价值思维

中国式现代化有着鲜明的中国特色，形成"中国特色"的因素有很多，其中具有基础性、根源性的因素之一是中国式现代化蕴含"天人合一"的传统价值思维。"天人合一"不仅指涉人与自然的关系，还涵括人与人、人与自身等方面的关系。"天人合一"是极富"中国特色"的传统价值思维。价值思维不同，价值路径的选择也会存在差异性。而在现代化建设上选择不同的价值路径，直接决定了现代化建设事业的走向与命运。

一　中华优秀传统价值思维中的"天人合一"

任何文明都有与之相适应的价值思维方式。[①] 不同文明呈现出各不相同的基本面貌，这与其价值思维方式存在差异有很大的关联。[②] 西方现代文明衍生的种种危机，与"主客二分"的价值思维方式有着内在联系。钱穆比较分析了中西文化的差异在于最高精神不同，他认为西方文化的最高精神是一种具有外倾性的宗教精神，而中国文化是一种具有内倾性的道德精神。[③] 外倾文化和内倾文化的差别，源于游牧文化、商业文化与农业文化的不同。游牧文化、商业文化力图征服自然，是向外侵略的，外倾文化是主客二分、天人对立的；而农业文化强调顺应天时，看重人与自然的协

---

① 卢黎哥、王福益：《"天人合一"思维方式及其现代价值》，《学习与实践》2015 年第 2 期。

② 韩刚：《中国特色社会主义生态文明建设中的思维方式转变》，《西安政治学院学报》2013 年第 2 期。

③ 《钱宾四先生全集》第 37 卷，台北联经出版事业公司，1998，第 59—60 页。

调一致，内倾文化是主客不分、天人合一的。① 唐君毅也对中西文化进行了比较分析，他指出西方文化因受到商业以及对外战争的形塑，而具有向外的超越精神，中国文化因受到农业的形塑，而具有向内的自我创生。②

在全球化时代，摆脱西方现代文明存在的且难以克服的政治、经济、文化和生态困境，不仅关乎西方社会的发展，而且关乎整个人类的未来。摆脱西方现代文明发展的困境，基本前提是超越主客二分的价值思维方式。有研究者指出，"天人合一"是中国传统文化的根本观念，是一种普遍的思维方式，而且代表一种人生值得追求的境界。③ "天人合一"的思维模式是综合的，是"合而为一"的；西方的思维模式是分析的，是"一分为二"的。"天人合一"思想"正是东方综合思维模式的最高最完整的表现"④。关于人生境界，冯友兰在《新原人》一书中将之解释为人在做某事时不仅了解自己在做什么，而且自觉地在做。正是这种觉解，使人正在做的事对人而言有意义。人做各种事，有各种意义，各种意义合为一个整体，就构成人生境界。不同的人做相同的事，因之觉解程度不同，所做的事也就对其具有不同的意义。⑤

冯友兰将人生境界从低到高划分为四重，分别是自然境界、功利境界、道德境界以及天地境界。⑥ 天地境界是最高的人生境界，进入这重境界的人不再仅考虑个人的利益，而更关注天下的大利，其不仅了解自身所做事的意义，还自觉做他应该做的事情。彭富春指出，在天地万物的存在者整体中，天具有超出其他存在者的至高无上的地位。虽然天地共生，但与地相比，天具有规定性的力量。天支配地，并能统领地。因此，天地往往简称"天"。⑦ 天地境界作为人生的最高境界，实则关涉的是天人之思。在现代性语境下对中华优秀传统价值思维中的"天人合一"予以阐发，对于提升人的自我觉解程度、进入更高层次的人生境界有着现实意义。

---

① 《钱宾四先生全集》第 37 卷，台北联经出版事业公司，1998，第 60 页。
② 唐君毅：《中国文化之精神价值》，台北正中书局，1974，第 338 页。
③ 胡伟希：《儒家生态学基本观念的现代阐释：从"人与自然"的关系看》，《孔子研究》2000 年第 1 期。
④ 张喆：《中国人自信的理由》，人民日报出版社，2016，第 11 页。
⑤ 冯友兰：《新原人》，北京大学出版社，2014，第 74—82 页。
⑥ 冯友兰：《新原人》，北京大学出版社，2014，第 117—126 页。
⑦ 彭富春：《论中国的智慧》，人民出版社，2010，第 19 页。

　　儒学是中华传统文化的主流①，而传统儒学素来被称为"天人之学"。中国的传统文化，无论是儒家还是道家、墨家、佛教等，在本体论层次上无不承认"天人合一"。②"天人合一"向来被视为中华优秀传统价值思维的重要表述。③ 关于如何认识"天"、"人"以及"合一"，研究者们各抒己见。

　　关于"天人合一"中的"天"，其内涵是极为复杂的。而其复杂性主要源于人们对"天"有着不同的理解。冯友兰将"天人合一"中的"天"从五个层面进行了界定。在他看来，中国文化中的"天"包括物质之天、自然之天、主宰之天、命运之天以及义理之天。彭富春指出"天"在中国历史上具有多重意义，但究其大端，无非两种：一种认为天是自然的，另一种认为天是人格的。④ 作为自然的天，是一种自然而然的存在。"自然之天"生成一切且统治万物。它给予自身，没有原因和目的，由此没有人格与意志。老子所言及的"天法道"之"天"就是自然之天，它顺着自身的道路而行。作为人格的天，具有拟人的特性。"人格之天"能够观照并反映人的所作所为。墨子所理解的"天"，就是一种"人格之天"。他指出，"顺天意者，义政也；反天意者，力政也"⑤。这句话的意思是说，顺应天意者必得赏，违背天意者必得罚。"人格之天"具有道德与宗教的意义。彭富春特别指出，在中国历史上，"天"可以作出多种解释，但居于主导性的意义是"自然之天"。⑥"自然之天"与在其他意义上有关"天"的理解常被结合在一起使用，因此其与现代意义上作为自然现象之"天"的理解是不同的。

　　关于"天人合一"中的"人"，较之于人们对"天"的理解要相对简单些。人是这样一种存在物，他不仅现实地存在着，而且能够意识到自己

---

① 丁鼎、郭善兵、薛立芳：《和谐共存之道——儒家礼乐文化》，山东教育出版社，2012，第1页。
② 胡伟希：《儒家生态学基本观念的现代阐释：从"人与自然"的关系看》，《孔子研究》2000年第1期。
③ 王保国：《儒道"天人合一"观的再读与反思》，《中州学刊》2019年第1期。
④ 彭富春：《论中国的智慧》，人民出版社，2010，第18—19页。
⑤ 《墨子·天志》（上）。
⑥ 彭富春：《论中国的智慧》，人民出版社，2010，第20页。

的存在，具有关于自己存在的自我意识。① 关于"天人合一"中的"人"是以什么样的方式存在的，是存在争议的一个问题。有的人认为"天人合一"中的"人"是普通人，所持的依据是将"天人合一"视作一个"成圣"的过程，也即从普通人成长为圣人的过程，那么这里的"人"当指"普通人"；有的人对此持反对意见，认为"天人合一"中的"人"是圣人，所持的依据是将"天人合一"视作一个结果，那么这里的"人"就当指"圣人"。② 对这一问题，可从应然层面与实然层面加以分析。

从应然层面来看，"天人合一"中的"人"指的是所有人，既包括普通人也包括圣人。被称为"群经之首"的《周易》指出："夫大人者，与天地合其德，与日月合其明，与四时合其序。"这是说，人的本性来源于天，天与人是分不开的，是一个和谐统一的整体。老子指出，"人法地，地法天，天法道，道法自然"③。这句话的意思是说，人以地为法则，地以天为法则，天以道为法则，道以自然为法则。人、天、地乃至万物都是由"道"生成的，天、地、人乃至万物，在"道"这个本源上是统一的。庄子指出："天地与我并生，而万物与我为一。"④ 这句话的意思是说，大自然造就了天地，也造就了我。我与天地万物共同存在，统一于大自然之中。庄子还强调"通天下一气耳"⑤，整个天下不过是一团气贯通罢了。《周易》、老子、庄子等所言及的"人"，无论是从性本体、气本体还是从"道生万物"等角度出发，均覆盖到每一个人，强调每个人和"天"在本源上皆是统一的且紧密地联结在一起。

从实然层面来看，"天人合一"中的"人"指的主要是圣人。从本源上讲，"人"与"天"是相通的，人人均有"成圣"的可能。但不少人为私欲所蒙蔽，无法与"天"合一。要想达至"天人合一"的人生境界，就要重视自我修炼。《中庸》指出"天命之为性"。所谓"性"也就是人所具有的自然禀赋。在孟子看来，能够尽心知性也就可以知天命了。程颐、程颢认为，多读圣贤书从中可获得"天理"。王阳明在《传习录》中指出：

---

① 夏甄陶：《人是什么》，商务印书馆，2000，第 1 页。
② 蒲创国：《天人合一正义》，中华书局，2015，第 30—31 页。
③ 《道德经·第二十五章》。
④ 《庄子·内篇·齐物论》。
⑤ 《庄子·知北游》。

"圣人有忧之，是以推其天地万物一体之仁，以教天下。"这句话的意思是说，境界高的圣人应该把宇宙万物视作一个整体，强调人与自然万物是平等的，对于天地万物，应该持有一颗仁爱之心。也就是说，达至"天人合一"最重要的是守住自己的"心"，"致良知"是"成圣"的重要途径。

关于"天人合一"中的"合一"，人们同样有着不同的理解。代表性的观点有如下几种。一种认为"天人合一"是天与人"合为一体"。有人从系统论的视角解读人与自然的关系，其将自然界作为一个大的系统，而将人类社会视为这个大系统中的子系统。① 这种将天与人"合为一体"的价值思维方式与西方近代以来将人与自然对立起来的"二分"价值思维方式形成了鲜明对比。另一种认为"天人合一"内含着"天人相分"。"天"与"人"既然要"合为一体"，也就意味着"人"与"天"不完全是相同的。倘若二者相同，也就没有言"合"的必要了。这就是说，"天人相分"是"天"与"人"合一的前提和条件。"人"与"天"之间是一种既相互对立又相互统一的关系。对这种对立统一关系可以作这样的理解：从最高的存在意义上来讲，"人"与"天"是达到统一的，而从人实然的处境来看，"人"与"天"又处于一种对立状态。人既要认识到这种实然的对立状态，又不能满足于自身与"天"的分离乃至分裂。这也是人较之于动物之所长。动物只能消极地适应"自然之天"，而人不仅能认识"自然之天"，而且可以能动地改造和利用自然。

在张岱年看来，中西方在价值思维方式上有明显的不同，西方认为人和"自然之天"分类，肯定了主客体之间的区别就是人的自觉。而在中国人看来，承认"天"与"人"之间的合一才是人的自觉。② 张岱年认为中国人关于"天人合一"的认识，经历了从肯定到否定再到否定之否定的进阶。他指出，原始的物我不分，未将自身与外在世界区别开来，是一种原始的朦胧意识。而后张岱年区分了主客体，将"人"与"天"分开来，是对原始朦胧意识的否定，再进一步肯定"人"与"天"的统一，这是否定

---

① 胡伟希：《儒家生态学基本观念的现代阐释：从"人与自然"的关系看》，《孔子研究》2000年第1期。
② 《张岱年文集》第6卷，清华大学出版社，1995，第49页。

之否定。① 中国人所具有的"天人合一"价值思维方式，代表了在主客分离的现存世界中为克服主客对立而努力进行自我塑造与自我创造。② 北宋思想家张载在《正蒙》中写道："儒者因明致诚，因诚致明，故天人合一，致学而可以成圣，得天而未始遗人。"③ "诚"是天道，"明"是人道。天道与人道是互为因果的。人之性分为天地之性与气质之性，天地之性是一种"先天性"，气质之性是一种"后天性"。天地之性也即"先天性"是善的。而气质之性也即"后天性"是善恶并存的。要达至向善去恶的价值愿景，就要依靠后天的努力。张载所撰《正蒙》的"蒙"，是六十四卦中的第四卦"蒙卦"，象征"启蒙"。所谓"正蒙"，含有启蒙的意蕴。

被誉为明末清初四大启蒙思想家之一的王夫之在《张子正蒙注》中指出："诚者，天之实理，明者，性之良能，性之良能，出于天之实理，故交相致而诚明合一。"④ 诚是"天道"，明是"善性"。这是说，人之天地之性就来自天理、天道。人只要不断地努力，就可以做到变恶性为善性。人之善性来自天理之道。"天道之道"是看不见的，那么其存在于何处，又该如何寻求？我国古人认为"天理之道"存在于人民的生活之中。"天理之道"从不会脱离人民的生活。因此，要到人民群众的生命实践中去领悟"天理之道"。"天理之道"就在人民的生命实践中流出。通过以上分析可知，我国古人除了在本体层面上肯定"天人合一"以外，更重要的是强调通过自己的努力不断为民造福，从而化"天人合一"的固然之理为现实生活中的"实然"。

二　重视实践是社会主义及其现代化的价值思维

重视实践是社会主义及其现代化极为重要的一种价值思维方式。符合实际与结合实践是高度统一的。符合实际的认识是从对实践的把握中得来的。符合实际的价值思维方式之所以不能在现实生活中得到很好的推行，一个重要原因就是传统的形而上学的价值思维方式在作怪。这种传统的形

---

① 《张岱年文集》第 6 卷，清华大学出版社，1995，第 49 页。
② 夏甄陶：《人是什么》，商务印书馆，2000，第 9 页。
③ 《正蒙·乾称》。
④ 《张子正蒙注》。

而上学的价值思维方式也就是"两极对立"的价值思维方式。具体而言，也就是"是就是，不是就不是，除此以外，都是鬼话"①的价值思维方式。这种价值思维方式的特点具有直观性、片面性、静止性、绝对性与孤立性。这种价值思维方式对事物总是直观化地理解、片面地认识、静止地联系、绝对化地看待、孤立地分析，它总是从一个极端调到另外一个极端。马克思和恩格斯指出，"初看起来，这种思维方式对我们来说似乎是极为可信的，因为它是合乎所谓常识的"②。传统的形而上学的价值思维方式是一种常识化的价值思维方式。这种价值思维方式容易被人接受，也容易被运用，因而也具有普遍性。也正因为如此，两极对立的价值思维方式所理解的符合实际，就变成了"就事论事"，认为社会主义及其现代化建设只要认真地"看"、仔细地"听"就是符合实际了，其忽视了思维和存在的辩证统一关系。以这样的价值思维方式来推动现代化建设事业，往往会割裂理论与实践、主观能动性与客观规律性的辩证统一，致使在现代化建设过程中犯片面性和主观性的错误。

社会主义及其现代化建设以马克思主义为指导，而马克思主义在实践的基础上，从主体与客体的相互关系出发，对主客二分、两极对立的形而上学的价值思维方式进行了猛烈批判，创立了重视实践的价值思维方式。马克思主义认为，人类所面临的现实世界从本质上看，是人的实践世界。实践"既是造成主观性与客观性相互对立、发展其间矛盾性的一种分化世界的活动，又是消除主观性和客观性各自的片面性，使二者达到更高结合的统一世界的活动"③。符合实际所需要和追求的，正是重视实践的价值思维方式；所"拒斥"和反对的，正是传统的、形而上学的两极对立的价值思维方式。只有确立重视实践的价值思维方式，才能从主体的方面去更好地理解、认识和把握社会主义及其现代化建设事业。从另一个角度来看，重视实践的价值思维方式也就是人的理解方式，只有重视实践的价值思维方式，才能在社会主义及其现代化建设中科学理解和准确把握人与自身、

---

① 《列宁全集》第14卷，人民出版社，2017，第222页。
② 《马克思恩格斯文集》第9卷，人民出版社，2009，第24页。
③ 单波：《心通九境——唐君毅哲学的精神空间》，人民出版社，2001，第99页。

人与人以及人与世界的关系。波普尔提出了"三个世界"理论①，我们可以借助这一理论来阐发重视实践的价值思维方式与两极对立的形而上学的价值思维方式的不同之处。两极对立的价值思维方式是不顾人的主观精神世界和客观物质世界之间的内在逻辑关联而直接断言客观物质世界。用这种价值思维方式推进现代化建设事业，必然陷入片面性、孤立性、静止性、直观性。从浅层次、表面化来看，两极对立的价值思维方式所强调的符合实际，仿佛特别强调客观性而避免受到主观性的影响。然而，由于其所突出的客观是外在于现代化建设价值主体的，价值主体反而对它一无所知，只能借助价值主体自身的主观想象来认识它，从而难以避免陷入主观主义的泥淖。在两极对立价值思维方式的影响下，所谓的"符合实际"只能是抽象理性的"逻辑演绎"。而重视实践的价值思维方式，是从主观精神世界和客观物质世界的相互关系出发来认识二者的，因而它就找到了观察进而推动社会主义及其现代化建设事业的合理支点，从思维和存在的关系出发，也即从实践出发来认识社会主义及其现代化建设事业和价值主体的发展。重视实践的价值思维方式反观主观但不排斥主观，充分体现了社会主义及其现代化建设事业是主客体在实践基础上的辩证统一。社会主义及其现代化建设所需要的价值思维方式，只能是既反映价值主体又反映对象客体，并能体现二者辩证统一的重视实践的价值思维方式。

　　重视实践是社会主义及其现代化建设的价值思维方式，其具有整体性和系统性特征。就整体性的特征而言，社会主义及其现代化建设实践是涵括经济建设、政治建设、文化建设、社会建设和生态文明建设的统一体。这五大建设领域是缺一不可的，共同构成社会主义及其现代化建设实践的有机整体。社会主义及其现代化经济建设实践发展社会主义物质文明，促进社会生产力的提升，为人民享有美好生活奠定物质基础；社会主义及其现代化政治建设实践发展政治文明，构建人民享有美好生活的政治上层建筑；社会主义及其现代化文化建设实践发展精神文明，为人民享有美好生活提供精神上层建筑；社会主义及其现代化社会建设实践发展社会文明，为人民享有美好生活营造兼具"民生三感"（获得感、幸福感、安全感）

---

　　① "三个世界"理论是由英国批判主义创始人波普尔提出的，他将"客观物质世界"称为世界Ⅰ，将"主观精神世界"称为世界Ⅱ，将观念或思想的世界称为世界Ⅲ。

的社会环境；社会主义及其现代化生态文明建设实践发展社会主义生态文明，为人民享有美好生活提供优美的生产生活环境。重视实践是社会主义及其现代化建设的价值思维方式，其要经历五大建设实践的全面提升与整体演进。五大建设实践对于社会主义及其现代化事业的推进与拓展而言缺一不可，应得到全方位的重视。

就系统性特征而言，社会主义及其现代化建设事业是一个系统工程，它体现在社会的全面进步上。① 恩格斯在《反杜林论》中指出："思维既把相互联系的要素联合为一个统一体，同样也把意识的对象分解为它们的要素。没有分析就没有综合。"② 这是说，当我们在认识事物时，一方面要分析事物及其发展过程的有关要素，另一方面须从整体上对事物进行综合把握。重视实践必须建立在科学认识的基础上，只有经过深入细致的分析，形成的认识才能具有科学性。深入细致的分析很重要，综合同样不能忽视。只有深入细致的分析而没有必要的综合，认识有可能囿于某一个方面而无法把握事物的全貌。③ 社会主义及其现代化每一个领域的建设实践都是相互联系、相互作用的，而且每一个领域内部的建设实践也都处于联系和相互作用之中。毛泽东同志告诫我们，"不但要研究每一个大系统的物质运动形式的特殊的矛盾性及其所规定的本质，而且要研究每一个物质运动形式在其发展长途中的每一个过程的特殊的矛盾及其本质"④。社会主义及其现代化建设是一个复杂的大系统，其内部又由若干个小系统组成。对每一个系统内部以及系统与系统之间的物质运动形式的特殊的矛盾及其本质都应有相当程度的认识，这是一项极为艰苦的工作，然而对于社会主义及其现代化建设而言又是极为重要的。重视实践是社会主义及其现代化的价值思维方式且这一价值思维方式具有系统性特征，这要求人们系统而非零散地、联系而非孤立地、全面而非片面地揭示社会主义及其现代化建设实践的系统存在、系统关系以及客观规律。如此，才能在社会主义及其现代化建设中探寻到实现整体功能的最佳发展方案，实现"1+1"大于2的

① 吕伟俊、刘元锋：《实事求是与中国现代化》，《山东大学学报》（社会科学版）1998年第4期。
② 《马克思恩格斯文集》第9卷，人民出版社，2009，第45页。
③ 张韶梅：《树立系统思维 坚持系统观念》，《解放军报》2021年10月27日。
④ 《毛泽东选集》第1卷，人民出版社，1991，第310页。

倍增效应。

三　重视实践的中国式现代化蕴含"天人合一"的传统价值思维

如果用一个字总结中国式现代化的成功，可以是"干"；用两个字加以总结，可以是"实践"。中国式现代化不是凭空产生的，而是中华民族在中国共产党的领导下脚踏实地"干"出来的。"干"的背后离不开特定的价值思维方式做支撑。党的二十大报告指出："中华优秀传统文化源远流长、博大精深，是中华文明的智慧结晶。"[①] 中华文明是中华民族的智慧结晶。价值思维是一个民族开展精神活动的高级形式。一个民族在历史上创造的文化是精神活动的结果，而一个民族开展精神活动是在一定的价值思维支配下进行的。从这个意义上来讲，价值思维方式对于民族的发展、事业的进步至关重要。我国古人在探讨天人关系时形成了独具民族特色的天人合一价值思维，这一充满价值智慧的思维方式深蕴于重视实践的中国式现代化之中，其决定了该事业的层次高度。

习近平总书记在党的二十大报告中指出，"人与自然是生命共同体，无止境地向自然索取甚至破坏自然必然会遭到大自然的报复"[②]。中国式现代化是重视实践的现代化，是特别重视绿色发展实践的现代化。重视绿色发展实践是中国式现代化尤为重要的价值思维方式，这种价值思维方式与中华传统"天人合一"的价值思维方式存在高度的契合性。习近平总书记在不同的场合中从不同的维度，高度评价了中华传统"天人合一"的价值思维方式。比如，习近平总书记站在中华文明发展的高度指出，"道法自然、天人合一是中华文明内在的生存理念"[③]。"道法自然"出自老子的《道德经》，"人法地，地法天，天法道，道法自然"[④]。人、地、天、道、自然是一种所属关系。人道与天地自然之道是相融相通的。这里所说的"天"，指的是外在于人的自然界。自然界的发展尽管变幻莫测，但都有自

---

① 习近平：《高举中国特色社会主义伟大旗帜 为全面建设社会主义现代化国家而团结奋斗——在中国共产党第二十次全国代表大会上的报告》，人民出版社，2022，第18页。

② 习近平：《高举中国特色社会主义伟大旗帜 为全面建设社会主义现代化国家而团结奋斗——在中国共产党第二十次全国代表大会上的报告》，人民出版社，2022，第23页。

③ 习近平：《论党的宣传思想工作》，中央文献出版社，2020，第403—404页。

④ 《道德经·第二十五章》。

身的运行规律且这种规律是不以人的主观意志为转移的。只要按照自然规律办事，就能趋利避害。反之，违背了自然规律，就要受到自然的惩罚。"天"是不以"人"的主观意志为转移的客观存在。那么，究竟是先有"天"还是先有"人"？老子指出，"道生一，一生二，二生三，三生万物"①。人是自然造化的产物，因此不能游离于自然之外，更不能凌驾于自然之上。"天"与"人"并不是各自独立的，而是有着不可分割的内在联系，是一气贯通的。"天"与"人"是贯通的、不可分离的。在人与自然孰先孰后的问题上，中西方是存在价值共识的。西方同样不否认人来自自然，同样认可人是自然发展的产物。人类在诞生的早期，面对强大的自然力，自感自身的渺小与软弱，因而衍生出敬畏自然的价值心理。然而，进入近代以后，特别是工业革命的发展，催生了化学能、热能、机械能、电能的发展，人类可以从事比自身体力更为强大的工作，因而在对待自然的态度上，开始有了变化。相较于"天人合一"的中华传统价值思维，西方在天人关系上更为偏重天人相分、主客对立。这种价值思维是基于人是万物的尺度而形成的，其将自然视为没有生命的客观存在。将人视为万物的主宰，认为人可以无限制地征服自然、战胜自然。这种典型的人类中心主义价值观，是西方天人二分价值思维方式所必然导致的结果。从价值思维方式上看，不同于西方在天人关系上看重"分"，中国人自古以来就尤为重视"生"。② 重视绿色发展实践的中国式现代化，蕴含"天人合一"的传统价值思维，其将人与自然视为一个生命整体，强调"人中有天""天中有人"。

习近平总书记指出："现代化的最终目标是实现人自由而全面的发展。"③ 重视实践的中国式现代化不是见物不见人的现代化。人民立场是中国式现代化的根本价值立场。秉持这一价值立场所推进并拓展的中国式现代化，将促进人的发展作为重要内容。人的发展是存在境界之分的。人所处的境界不同，其自我觉解所达到的程度也就不同。自由而全面的发展是

---

① 《道德经·第四十二章》。
② 王杰：《天人合一 道法自然》，《中国纪检监察报》2020 年 10 月 29 日。
③ 习近平：《携手同行现代化之路——在中国共产党与世界政党高层对话会上的主旨讲话》，人民出版社，2023，第 2 页。

现代化的最终目标。"自由发展"近似于我国道家向往的"得自在"状态，是一种"得大自在"的状态。"全面发展"意指不是在某一个方面达到自我觉解，而是在事关人的发展的方方面面都实现自我觉解。根据冯友兰的"人生四境界"说，最高的境界是天地境界，其与我国"天人合一"的传统价值思维是不谋而合的。我国古人探讨"天"与"人"的关系，落脚点在于"人"而非"天"，是推天道以尽人事。也就是董仲舒所说的"善言天者必有征于人"[①]。中国式现代化是重视实践的现代化，重视实践的落脚点在于"人事"。关于实践所能达到的"善"是什么，古希腊哲学家亚里士多德将之归结为人的幸福。在他看来，所有的知识和选择无不在追求某种善，实践所能达到的那种善又是什么？答案是"幸福"。[②] 人的幸福是实践所能达到的"善"。习近平总书记在二〇二二年春节团拜会上发表讲话指出，"世界上最大的幸福莫过于为人民幸福而奋斗"[③]。中国共产党是一个有着天下情怀的使命型政党，其所理解的"最大的幸福"，不仅包括为中国人民的幸福而奋斗，还包括为中国以外的世界各国人民的幸福而奋斗。

为人民的幸福而奋斗，就要高度重视人民的生命实践。而"天理之道"正是从人民的生命实践中流出的。我国古人常将"天理"与"人欲"相关联。比如，《礼记·乐记》指出，"人化物也者，灭天理而穷人欲者也。于是有悖逆诈伪之心，有淫泆作乱之事"[④]。这里所谓"灭天理而穷人欲者"指的就是泯灭天理而为所欲为者。北宋思想家程颐、程颢认为"人心私欲，故危殆。道心天理，故精微。灭私欲则天理明矣"[⑤]。"天理"是与"人欲"相对的。人正常、合理的欲望并不是"人欲"，而是"天理"。为"存天理"所要消灭的"人欲"，是人过分的甚至是罪恶的欲望。诚如朱熹所言："饮食者，天理也；要求美味，人欲也。"[⑥] 现代化的本质是人的现代化。推进与拓展现代化的目的在于让人活得更好。而人活得更好的

---

① 《汉书·董仲舒传》。
② 〔古希腊〕亚里士多德：《尼各马可伦理学》，廖申白译，商务印书馆，2003，第9页。
③ 《习近平谈治国理政》第4卷，外文出版社，2022，第554页。
④ 《礼记·乐记第十九》。
⑤ 《伊川先生语十》。
⑥ 《朱子语类·卷十三》。

首要前提是"活着"。倘若人正常、合理的欲望都得不到满足，活着本身就成了问题。

党的二十大报告指出，"我们不断厚植现代化的物质基础，不断夯实人民幸福生活的物质条件"①。物质条件是人民享有幸福生活的基础。离开基本的物质基础，活得更好也就沦为了空谈。享有富足的物质生活，是现代化的根本要求之一。但一味地追求物质享受，"见物不见人"从而导致物质主义膨胀、道德沦丧，则会反噬现代化。重视实践的中国式现代化充分尊重并满足人民合理的价值诉求，而对不合理的价值诉求则予以节制。遏制不合理的价值诉求，要不断加强自身的道德修养，提升自身的人生境界。而这需要坚守"正理"，持有一颗"仁爱"之心。诚如朱熹所言："仁者，天下之公，善之本也……仁者，天下之正理，失正理则无序而不和。"② 天下的"正理"在于"仁"。人如果不仁则会私欲交相混乱，对正理形成危害，进而导致舛逆而无序，乖戾而不和。"天人合一"是"仁"的至高境界。孔子讲"一日克己复礼，天下归仁焉"③。也就是说，假使有一天真正达到了"克己复礼"的境界，就"天下归仁"了。南北朝僧人僧肇说"会万物以成己者，其唯圣人乎"。修养到物我同体，是一种圣人之境。人与人尽管相貌不同，但都是类存在物；人与物虽然现象不同，但都来自一个本源。"天下归仁"就是归到一种天人合一、物我同体的仁境。中国式现代化坚持人民至上的价值立场，追求全体人民共同富裕，促进物质文明与精神文明协调发展，建构人与自然、国与国之间的和谐共生关系，无不在实践层面体现出"仁"的价值光辉。因此，重视实践的中国式现代化深蕴"天人合一"的传统价值思维，其所欲达到的也正是天下归仁而胜似一家的理想境界。

---

① 习近平：《高举中国特色社会主义伟大旗帜 为全面建设社会主义现代化国家而团结奋斗——在中国共产党第二十次全国代表大会上的报告》，人民出版社，2022，第 23 页。
② 《近思录》。
③ 《论语·颜渊》。

第五章　中国式现代化蕴含独特的
传统价值路径

人类现代化该沿着什么样的价值路径向前行进，是一个见仁见智的问题。孟子指出："如欲平治天下，当今之世，舍我其谁也?"① 现代化是人类文明的一种深刻变化，每个行为体在世界现代化的历史进程中，都不能做"旁观者"、当"看客"，在价值路径上都要作出自己的选择。中国式现代化是世界现代化进程中的中国答卷，其蕴含着"天下均平"的价值理想、"天下太平"的价值追求以及"天下一家"的价值愿景。价值目标的达成，有必要探索出相应的价值路径。中国式现代化蕴含"实行王道"的价值路径，有助于达成共同富裕的价值目标；中国式现代化蕴含"反对霸道"的价值路径，有助于达成和平发展的价值目标；中国式现代化蕴含"践行仁道"的价值路径，有助于达成共赢共享的价值目标。

第一节　中国式现代化蕴含"实行王道"的传统价值路径

"实行王道"是中华优秀传统价值中的一条重要路径，其为人类现代化的价值路径选择贡献了中国智慧。在人类现代化史上，工业和农业、城市和乡村、脑力劳动和体力劳动之间的差别是越拉越大还是逐渐缩小，这"三大差别"能否最终被消灭，是不容回避的现实问题。社会主义及其现代化以"共同富裕"为价值目标，这决定了其所选择的是逐步缩小并最终消灭"三大差别"的价值路径。

---

①　罗根泽:《诸子考索》，人民出版社，1958，第347页。

一 中华优秀传统价值路径中的"实行王道"

"王道",也即王者之道。"实行王道"是中国固有的价值传统。在《诗经》《尚书》等中华优秀传统典籍中,"王道"始终是作为正统意识出现的。我国古人认为天道与王道相通,王道体现天道,而后者是道德和正义的化身。在我国,"王道"的理论基础是儒家学说。儒家重视处理好"礼"与"法"的关系,强调后者是为前者服务的。讲礼义是行道义的基础,而行道义正是施王道的核心。儒家学说具有强烈的道德主义色彩,其既不同于不讲人情人心的法家,也不同于陷入道德理想主义的墨家,儒家学说是一种道德现实主义,其为王道的推行提供了现实可能性。王道的实行靠人才,而人才的培养靠教育,儒家尤为重视人才的培养。"王道"主张以儒家学说为理论基础,是道德主义与现实主义的统一。"实行王道"在乱世致使诸侯国丧家亡国,而在治世却是安定人心之策、长治久安之道。对于"实行王道"的认识,应结合特定的时代背景,作出契合历史实际的分析。"实行王道"因其以行道义为核心,故而成为中华优秀传统价值路径中的重要组成部分。

在我国,儒家学说是"王道"的理论基础。儒家学说的内容极为丰富,为"王道"提供理论基础的内容主要有以下几个方面。一是强调处理好"礼"和"法"的关系。儒家和法家都强调"法",法家之名,即本于法律至上。法家代表商鞅认为:"立法明分,而不以私害法,则治。"法家尤为看重法律的权威,强调人人得以奉公守法,则天下无不治矣。[①] 儒家同样看重法律对于推动社会发展的重要性,倘若没有法律作为保障,社会就会处于一种失序混乱的状态。但儒家所重视之法与法家所主张之法是有所不同的。儒家不否认法的必要性与重要性,其目的在于申明法是为礼服务的。"礼"与"法"所奉行的准则与核心存在差异。"礼"是做人的准则,而"法"是做事的准则。"礼"的核心是人,而"法"的核心是事。在"做人"与"做事"之间,儒家更看重以"人"为核心的礼。作为做事准则的"法",其看重的是事情的后果。儒家也看重事情的客观结果,

---

① 高亨:《商君书注译》,中华书局,1974,第110页。

但强调"礼源人情",在顾及后果的同时,还考虑人的动机和事情发生的原因。王道的核心是行道义,而行道义首先就表现为讲礼义。二是具有强烈的道德主义色彩。法家看重的是法律和利益,对于人情人心极少关注。儒家、墨家较之于法家迥然有别,前两者均具有鲜明的道德主义色彩。然而,儒家和墨家在道德主义倾向上也存在明显的不同。墨家强调"兼爱""非攻",认为人与人之间应该平等相爱,反对残酷、无休止的战争。在春秋战国时期,社会处于极度失序的环境下,墨家的这些主张只能是一种道德理想主义。儒家在法家和墨家之间,采取了一种折中主义的态度,其"兼顾了效率与人情"。儒家所秉持的是一种道德现实主义。对于"王道"的实行而言,儒家的道德现实主义与墨家的道德理想主义相比,尽管看上去没有后者高尚,但具有现实可行性。三是重视人才的培养。王道的推行要靠人才,而人才的培养要靠教育。在儒家典籍中,无论是《论语》还是《荀子》,都载有《学而》《劝学》的篇目,专门讨论人才培养问题。我国古人倡导的"王者之道"以儒家学说为理论基础,实现了道德主义与现实主义的统一。

"实行王道"是中华优秀传统核心价值路径。"王道"在我国商周时期,始终是作为正统意识存在的。随着社会转型的到来,这种正统观念逐渐遭到了冲击。在春秋战国时期,这种冲击尤甚。"春秋无义战",战国更是一个弱肉强食的时代。在这种时代境遇下,我国古人对治世的价值路径不懈地进行比较求索。譬如说,我国先秦儒家就对比了"王道""霸道""无道"这三种价值路径。在儒者们看来,最糟糕的价值路径莫过于"无道"。荀子认为,"无道"也就是不讲道义,人们从事政治行为毫无规则可言,各自只追求自己的利益,人与人之间互相欺瞒,不讲利义,整个社会陷入一种分崩离析的状态。国与国之间也互不信任,相互猜忌。这样的国家纵使可以盛极一时,但终究难以长治久安。荀子特别列举了齐闵王和孟尝君的例子,指出他们的覆亡在于"权谋立而亡"。较之于"无道"稍好一些的价值路径,是推行"霸道"。儒家所讲的"霸道"与法家所讲的"霸道",是同名而实异。法家所讲的"霸道"较之于儒家所讲的"霸道",最大的特点是不讲信用。而儒家所讲的"霸道"则与之不同,是讲究信用的。重信用是儒家所讲"霸道"的核心,其表现在遵循法律规范行事。不仅表现在取信于民，还表现在取信于邻。在荀子看来，实行王道的国家尽管仍然不能践行道义，无法使百姓心悦诚服，但因之可以持守住信用，因而也不至于人心尽失。荀子认为春秋五霸之国就是这样的国家，它们之所以可以富国强兵，是因为其能够"立信"。"立信"是这些国家取得霸业的关键所在。奉行"王道"是儒家所认可的价值路径。行道义是施王道的核心，具体表现在讲礼义、有廉耻、知恩义、有义志等。荀子认为，行王道则天下归心，不战而王。孟子也指出，"以德行仁者王，王不待大。汤以七十里，文王以百里"①。也就是说，用道德行仁义可以称王者，不在于起初所拥有的疆域大小。商汤用七十里称王，文王用一百里称王。② 这些君王之所以最终赢得天下，奥义在于推行了道义。也就是说，行"无道"之举，纵使强盛一时也难避覆亡。而霸道与王道得以推行的原因在于"立信"与"立义"。有研究者指出，在我国"从总体上看，武帝以后的汉代政治以儒为主，以法为辅，是王道政治。王道策略是汉唐时期长治久安的理论基础。"③ 于治世实行王道可以实现国家的长治久安，得到了人们的高度认同，遂成为中华优秀传统的核心价值路径之一。

二 消灭"三大差别"是社会主义及其现代化的价值路径

共同富裕是社会主义及其现代化的价值目标，实现这一价值目标的必由之路是逐步缩小乃至最终消灭"三大差别"。所谓"三大差别"，是工业和农业之间、城市和乡村之间、脑力劳动和体力劳动之间差别的简称。④ 在人类现代化史上，面对"三大差别"，需要回答两大基础性的问题：第一个基础性的问题是"三大差别"能不能被消灭；第二个基础性的问题是"三大差别"是在扩大还是在缩小。第一个问题关系到"共同富裕"作为社会主义及其现代化的价值目标能否实现。如果答案是否定的，也即"三大差别"无法被消灭，那么共同富裕的社会主义现代化将无从实现。现代

① 《孟子·公孙丑上》。
② 《孟子·公孙丑上》。
③ 张荣明：《霸道、王道与新王道——中国发展战略思考》，《天津师范大学学报》（社会科学版）2015年第1期。
④ 许涤新主编《简明政治经济学辞典》，人民出版社，1983，第8页。

化建设在工业和农业、城市和乡村、脑力劳动和体力劳动存在差别的条件下，是不可能在真正意义上实现共同富裕的。社会主义及其现代化的最终目标是实现"共同富裕"，这决定了其在价值路径上必须坚持消灭"三大差别"。在社会主义及其现代化的推进与拓展中，"三大差别"的消灭不仅可能，而且必然要实现。在现代化的建设过程中，"三大差别"是逐渐缩小还是不断扩大，是衡量社会主义及其现代化建设成效的重要指标。"三大差别"只有逐渐缩小，才有可能接近"共同富裕"价值目标的实现。反之，"三大差别"不断扩大，只会距离"共同富裕"价值目标的实现越来越远。

　　"三大差别"是历史发展的必然产物。人类现代化肇始于18世纪60年代的英国工业革命。工业革命极大地推动了生产力的发展。生产力尽管有所发展，但发展不均衡不充分，这是"三大差别"产生的深层次原因。在马克思和恩格斯看来，"三大差别"最初产生的时间是原始社会向奴隶社会过渡时期。在整个奴隶社会乃至封建社会，生产力的发展水平相对较低，彼时的社会分工也并不发达，因此"三大差别"尽管存在，但并不明显。英国工业革命后，由于革新了生产工具并改进了传统的生产方式，生产力得到了极大的释放。"三大差别"之于现代化建设而言是一个历史范畴。现代化本身也是一个历史范畴。现代化处于起步阶段，被等同于工业化。而后随着工业化的持续推进，农业机械化水平也不断提高。农业生产率得到大幅度提高以及农村出现土地兼并现象，促使农村中出现了剩余劳动力。从整体上看，城市在公共服务领域具有农村所无法比拟的优势，这导致农村人口不断向城市转移。在人口以及资本不断汇聚的条件下，城市很快得到了发展。衡量一个国家的现代化水平，城市化被列为其中的一个重要指标。马克思和恩格斯指出："资产阶级使农村屈服于城市的统治。它创立了巨大的城市，使城市人口比农村人口大大增加起来，因而使很大一部分居民脱离了农村生活的愚昧状态。"[1] 资本主义现代化在发展过程中，城乡之间的不平衡不断加剧。而不合理的生产方式和分配方式，又使脑力劳动与体力劳动之间的差别越来越大。在资本主义条件下，无论是生

---

　　[1]　《马克思恩格斯文集》第2卷，人民出版社，2009，第36页。

产资料还是生活资料，都是私人占有的。资本家为尽可能多地获取剩余价值，通过自己手中占有的生产资料对工人阶级进行盘剥。与此同时，通过按资分配的方式占有工人阶级的生活资料。在不合理的生产方式与分配方式下，脑力劳动与体力劳动的对抗性不断加剧。因此，"三大差别"产生的原因是社会生产力有所发展但发展不平衡不充分。

消灭"三大差别"在社会主义及其现代化建设中具有现实可能性。"三大差别"是一个历史范畴，其是历史发展的必然产物，但不代表其是永远合理的。随着历史的发展，"三大差别"的不合理性越来越突出，已然成为现代化发展的制约因素。马克思和恩格斯指出："资本主义社会不能消灭这种对立，相反，它必然使这种对立日益尖锐化。"[①] 社会主义及其现代化建设以实现共同富裕为价值目标。不从根本上消灭不合理性日益突出的"三大差别"，就无法在真正意义上实现共同富裕。关于"三大差别"能不能消灭的问题，中国共产党的回答是肯定的。毛泽东同志指出："经济上城市和乡村的矛盾，在资本主义社会里面（那里资产阶级统治的城市残酷地掠夺乡村）……那是极其对抗的矛盾。但在社会主义国家里面……这种对抗的矛盾就变为非对抗的矛盾。"[②] 在毛泽东同志看来，"三大差别"在不同性质的社会中，矛盾的性质是不同的。资本主义社会根本矛盾具有对抗性，这决定了由此产生的其他矛盾如工人与农民之间、城市与乡村之间、脑力劳动与体力劳动之间的矛盾也具有对抗性。在资本主义及其现代化的推进与拓展中，囿于资本主义具有剥削性的生产方式，在资产阶级的统治下乡村受到城市的掠夺、农业受到工业的掠夺、体力劳动受到脑力劳动的掠夺。这种对立状态在资本主义及其现代化的推进与拓展中是很难消除的。只要资本主义的生产关系和社会关系不发生革命性的转变，这种掠夺与反掠夺、剥削与反剥削的状态就难以完全改变。在社会主义制度下，掌握国家政权的是广大的无产阶级。生产资料实行的是公有制，人剥削人的制度被消灭了，广大人民群众在根本利益上具有一致性，这决定了工农之间、城乡之间、脑体劳动之间的矛盾已经转化为具有非对抗性的人民内部矛盾。"三大差别"作为具有非对抗性的人民内部矛盾，是可以通过发

---

① 《马克思恩格斯文集》第 3 卷，人民出版社，2009，第 283 页。
② 《毛泽东选集》第 1 卷，人民出版社，1991，第 335—336 页。

展生产力、调整生产关系和上层建筑来逐步缩小并最终消灭的。因此，"三大差别"的消灭在社会主义及其现代化建设中不仅具有可能性还具有现实性。

三　消灭"三大差别"的中国式现代化蕴含"实行王道"的传统价值路径

我国古人指出："无偏无党，王道荡荡。"① 这是说，圣王之道之所以宽广无边，是因为其公正而不偏向任何一方。中国式现代化是中国共产党领导的社会主义现代化。中国共产党不同于其他政党的地方在于，其自身没有任何自己的利益。而圣王之道在于处事公正、没有偏向，其所造福的是天下苍生。"三大差别"不符合我国古人倡导的"王道"精神。我国古人倡导的"王道"精神，其核心在于对道义原则的强调。② 中国式现代化的价值目标是实现共同富裕，而唯有消灭"三大差别"，才能在真正意义上实现共同富裕。消灭"三大差别"与中华传统"王道"价值路径有着高度的契合性。消灭"三大差别"的中国式现代化深蕴着"实行王道"的传统价值路径，沿着这条道路坚定不移地走下去，"共同富裕"的价值目标就一定能够早日成为现实。

消灭工农差别的中国式现代化蕴含"实行王道"的传统价值路径。在现代化建设中出现的工业和农业之间的差别，违背了中华传统"王道"价值路径中的"无外"原则。深蕴中华传统"王道"价值路径的中国式现代化，在推进与拓展中致力于逐渐缩小工业和农业发展的"剪刀差"。新中国的成立，标志着中华民族从此站起来了，为了确保民族脊梁傲然挺立，中国在现代化建设中采取了优先发展工业特别是重工业的路径。与此同时，在农业方面实行了人民公社和农业合作社的生产组织形式，对农产品进行统购包销，以"剪刀差"的方式为社会主义现代化的工业建设和城市建设提供必需品。遵循这种社会主义现代化建设路径，我国工业化得到了相当程度的发展。然而，过度的工业化发展模式，超越了相同历史时期的

---

① 《尚书·洪范》。
② 李景林：《论儒家的王道精神——以孔孟为中心》，《道德与文明》2012 年第 4 期。

社会生产力发展水平，导致我国工业和农业之间的比例出现了失调。中国共产党提出的以农业为基础、以工业为主导、以农轻重为序的国民经济总方针，是为缩小工农差别而作出的有益探索。在工业和农业领域，过大的"剪刀差"是不利于经济发展和社会稳定的。中国现代化建设注重从中华传统"王道"价值路径中汲取智慧养料。行道义是中华传统"王道"价值路径的核心。建立并实施工农业商品等价交换机制，是逐渐缩小"剪刀差"的义举。在党的十九大上，中国共产党作出了中国特色社会主义进入新时代的重大政治判断，而其依据在于社会主要矛盾发生了转化。工业和农业之间存在的差别，正是发展不平衡不充分的体现。逐步缩小并最终消灭工农差别，直接关系到共同富裕取得更为明显的实质性进展的状况。中国共产党领导人民推进与拓展中国式现代化，不断从中华传统"王道"价值路径中汲取精神养料，提出走中国特色新型工业化道路，大力实施精准扶贫和乡村振兴战略，中国式现代化发展成果惠及更多、更广泛的人民群众，开创了共同富裕的新局面。

消灭城乡差别的中国式现代化蕴含"实行王道"的传统价值路径。在现代化建设中出现的城市与乡村之间的差别，破坏了空间正义。中华传统"王道"价值路径宣扬"义立而王"。蕴含"实行王道"传统价值路径的中国式现代化，在逐步缩小并消灭城乡差别上既尊重客观规律，又重视发挥主观能动性。中国式现代化在推进与拓展中充分尊重市场经济运行的客观规律，努力促使资源向利润更高的地区转移，在提升城镇化率上加快步伐。与此同时，我们也清醒地认识到城市与乡村长期共生共存是不以人的主观意志为转移的客观规律。因此，对城乡之间的差别，我们应该客观地加以看待。消灭城乡差别，要理解"差"和"别"的关系。"差"与社会主义现代化实现共同富裕的要求背道而驰，必须消除。但"别"在相当一段历史时期依然会存在。① 深蕴"实行王道"传统价值路径的中国式现代化，在逐步消灭农民和市民在身份等方面的落差上要绵绵用力、久久为功。习近平总书记指出："我国发展最大的不平衡是城乡发展不平衡，最大的不充分是农村发展不充分。"② 在以习近平同志为核心的党中央带领

---

① 参见习近平《之江新语》，浙江人民出版社，2007，第188—189页。

② 《习近平谈治国理政》第3卷，外文出版社，2020，第256页。

下，我国精准扶贫工作取得了显著的效果，历史性地解决了绝对贫困问题，贫困地区的公共服务、基础设施、社会保障大幅提升，共同富裕最大的短板得到了补齐。

消灭脑体劳动差别的中国式现代化蕴含"实行王道"的传统价值路径。脑力劳动与体力劳动存在差别，二者作为一对社会矛盾，其发展的不平衡性是客观存在的。可是倘若这种不平衡性过于突出，则会导致二者之间的矛盾走向激化。因此，对待中国式现代化进程中存在的脑力劳动与体力劳动不平衡的状况，必须分析其存在的原因并尊重其不平衡的绝对性，与此同时，追求一种相对平衡的状态。之所以会有脑力劳动与体力劳动之间的差别，一个重要原因在于生产力不够发达，不能充分提供物质财富与精神财富。诚如列宁在《国家与革命》一文中所指出的："在共产主义第一阶段还不能做到公平和平等，因为富裕的程度还会不同，而不同就是不公平。"① 这是说，在社会主义社会，由于生产力发展水平还未达到按需分配的程度，因而只能在生产资料上实行公有制而在生活资料上实行非公有制。由于人的劳动能力存在差异性，在分配方式上实行按劳分配，难以避免会带来不平衡的问题。这种不平衡具有绝对性，我们所追求的是一种脑体劳动之间的相对平衡状态。

中国式现代化深蕴中华优秀传统"实行王道"价值路径，它为追求这种相对平衡的状态提供了宝贵的智慧力量。在我国古人看来，"实行王道"要以"富民"为始，只有在此基础上推进礼乐教化，才可能消除脑体劳动之间存在的差别。列宁曾经严厉批判了一种谬论，即强调在劳动力生产水平较低、劳动者文化技术水平有限的情况下，用稍微拉平差距的方法来消灭脑力劳动与体力劳动之间的差别。消灭脑体劳动差别必须建立在生产力高度发展的基础上。生产力发展的水平与人民生活改善的程度直接相关。习近平总书记指出，"从根本上说，没有扎扎实实的发展成果，没有人民生活不断改善"②，包括党的领导、社会主义制度优越性等方面的内容都会沦为空谈。我国古人以富民为行王道的标志。荀子明确指出："王者富民，

---

① 《列宁全集》第 31 卷，人民出版社，2017，第 89 页。
② 《习近平关于社会主义经济建设论述摘编》，中央文献出版社，2017，第 5 页。

霸者富士，仅存之国富大夫，亡国富筐箧、实府库。"① 管子也指出："凡治国之道，必先富民。民富则易治也，民贫则难治也。"② 富民是推行礼乐教化的基础。富而后教，天下才可能实现均平。

斯大林指出："只有在工人阶级文化技术水平提高到工程技术人员水平的基础上，才能消灭脑力劳动和体力劳动的对立。"③ 不注重发展生产力，不注重改善人民生活，不注重提高劳动者文化技术水平，是不可能真正解决社会主义现代化建设中存在的脑体劳动差别问题的。深蕴"实行王道"传统价值路径的中国式现代化，在推进与拓展中注重发展生产力、注重改革教育政策、积极发展全方位教育、不断增强受教育机会的平等性，从而为缩小脑体劳动差别以及共同富裕取得明显的实质性进展创造了重要条件。在此特别需要说明的是消灭工农之间、城乡之间、脑体劳动之间的差别，其随着深蕴中华传统"王道"价值路径的中国式现代化的推进与拓展具有可能性与必然性，但消灭"三大差别"绝非要消灭一切差别。我们所追求的是"天下均平"而非"天下平均"，我们承认相对差异的存在，我们所要消灭的是"三大差别"之间的对抗性，消灭它们在中国式现代化推进与拓展中呈现出的不平等、不公平状态。

第二节　中国式现代化蕴含"反对霸道"的传统价值路径

中国是世界著名的文明古国，其爱好和平的历史也源远流长。④ 爱好和平，反对霸道，是中国人民自古践行的价值路径。"霸道"是相对于"王道"而言的。二者的区别在于"霸道"是以力压人而"王道"在于以德服人。也就是说，"霸道"的作用在于力，"人道"的作用在于德。西方资本主义借助资本的全球性殖民和扩张，对非西方国家和大自然推行"征服"和"控制"的霸道，其造成了人与人、人与自然等关系的普遍性紧张，从而招致了人民的厌恶。社会主义现代化在价值立场上不同于资本至

---

① 《荀子·王制》。
② 《管子·治国第四十八》。
③ 《斯大林文集》，人民出版社，1985，第63页。
④ 杨文霞：《中国传统"和"文化研究》，中央编译出版社，2014，第178页。

上的西方现代化，其所坚持的是人民至上。人民向往国家昌盛、渴望世界和平、反对战争殖民，"强而不霸"符合人民的利益期待与价值诉求。各国追求现代化的经验表明，推进现代化需要一个坚强的领导核心。中国共产党是一个为人类谋和平、促发展的伟大政党，中国式现代化在中国共产党坚强领导下，走的是一条强而不霸的道路。中国式现代化植根于中华优秀传统价值沃土，在形成与发展中不断从"反对霸道"的传统价值路径中汲取智慧和力量。中国式现代化是"强而不霸"的现代化，不论过去、现在还是将来，"反对霸道"都是其鲜明的民族特色，都有着永不褪色的时代价值。

一　中华优秀传统价值路径中的"反对霸道"

"霸道"也即"霸王之道"，其是针对"王道"而言的。"霸道"与"王道"同为中华传统价值目标的组成部分。我国先秦时期的法家宣扬并奉行"霸道"。实施"霸道"，靠的是武力而非仁义道德。秦国在价值路径上采用了法家的"霸王之道"而一统天下。可是，秦帝国建立后，仍然推行以力压人的"霸道"，最终因民心尽失而走向灭亡。中华优秀传统价值目标中含有"反对霸道"的内容，实则是反对以力压人，倡导以理服人。

在我国，法家学说是"霸道"的理论基础。先秦法家代表人物商鞅认为："国之所以重，主之所以尊者，力也。"[1] 意思是说，国家要想得到别国的重视，国君要想得到别国的尊敬，靠的是国家实力。在一个群雄并起的战乱时期，商鞅为秦国走向富强献出的政策是"耕战"。他主张农民多打粮食，才能富起来；士兵在战场上多杀敌，才能获得显贵的生活。"耕战"政策不讨论道德问题，而一味地强调消灭敌人、获得战功。欲得霸王之道，就不能过于看重道德仁义。韩非献策于秦王嬴政之时，就向其申明了秦国错失霸王之道的原因在于先是接受楚国的议和，而后又接受魏国的议和，错失了本可以吞并掉这两个国家的良机。[2] 韩非虽然未能目睹秦国消灭六国、一统天下，但他预言了六国必然灭亡，原因在于他看到这些国家保留着较多的道德主义。在他看来，儒家的道德说教并不能将国家导向

---

[1]　高亨：《商君书注译》，中华书局，1974，第 182 页。
[2]　梁启雄：《韩子浅解》，中华书局，1960，第 6 页。

强胜。空谈道德仁义是华而不实的。法家除了反对空谈仁义道德以外，还宣扬利己主义与功利主义。

在法家看来，人类与动物并无二异，人性就是自私自利的。孟子与告子曾围绕"人性"问题展开辩论。告子宣称"食色，性也""生之谓性"。孟子对此进行了反驳，提出"然则犬之性犹牛之性，牛之性犹人之性与？"① 孟子驳斥的正是战国中期法家的人性论。法家还列举了人性自私自利的案例。比如，为什么传统社会不少家庭喜欢生男孩而不喜欢生女孩，法家将之解释为出于为父母养老送终的考量。就连生孩子这件事本身，法家也认为是父母生理欲望驱动使然。

法家倡导勤劳致富，反对消极懒惰。与此同时，法家对于弱者普遍是蔑视的，而存在鲜明的慕强心理。比如，在农民耕地的问题上，如果一个农民能够耕田并从中获得财富，国家就会对此给予奖励。反之，如果一个农民在种田上消极懒惰，最终因粮食歉收而忍饥挨饿，国家非但不会给以救助，反而会对之进行严厉的惩罚。士兵在战场上杀敌，同样具有极强的功利主义色彩。假使一个士兵在对敌作战中英勇杀敌，国家不仅会褒扬他还会赏赐其爵位。反之，假使一个士兵在同敌人作战时心生怜悯，放走了敌人甚至当了逃兵，则相应地要受到惩罚。积极进取在法家看来，不仅仅是个人的私事，而是关涉国家的整体利益。法家反对儒家的仁义道德，甚至将"儒者"视为"五蠹"② 之首，也就是五种社会蛀虫排在第一位的群体。韩非子指出："人主不除此五蠹之民……则海内虽有破亡之国、削灭之朝，亦勿怪矣。"③ 意即君主不除掉这五种像蛀虫一样的人，国家走向灭亡就不足为怪了。这是一种典型的与个人主义相伴生的国家强权主义。

"反对霸道"是中华优秀传统核心价值路径。霸道是与王道不同的治世路线。王道依靠的是仁政，是以德服人；而霸道依仗的是武力，是以力服人。在孟子看来，"以力假仁者霸，霸必有大国。以德行仁者王，王不待大。汤以七十里，文王以百里。以力服人者，非心服也，力不赡也。以德

---

① 杨伯峻译注《孟子译注》，中华书局香港分局，1984，第254—255页。
② "五蠹"："蠹"是蛀虫的意思，"五蠹"也就是指五种社会蛀虫。法家将"儒者""言谈者""带剑者""御患者""工商业者"并称为不创造物质财富、坐食社会的五种社会蛀虫。
③ 《韩非子·五蠹》。

服人者，中心悦而诚服也。"① 王，是天下的共主。称王，也就是治理天下。"王天下"可以理解为统一天下。运用武力而假借仁义之名可以成就霸业。用道德行仁义可以称王，做到的不一定是大国。依靠武力能够使人服从，但这种服从并不是出自真心，而只是因为力量不够反抗。靠道德使人服从，人民才会真心地服从。霸道和王道的根本区别在于"力服"和"德服"。能够统一天下者，不在于国之大小、甲兵之多少，而在于得民心。在孟子看来，尧、舜、禹、汤、文、武都是因之实行了王道而统一了天下。齐桓公、晋文公等春秋五霸及其追随者奉行的都是霸道，他们只能祸害百姓，并不能如他们所想象的那样一统天下。孟子与齐宣王有过一段对话。孟子曰："然则王之所以大欲可知已。欲辟土地，朝秦楚，莅中国而抚四夷也。以若所为，求若所欲，犹缘木而求鱼也。"齐宣王曰："若是其甚与？"曰："殆有甚焉。缘木求鱼，虽不得鱼，无后灾。以若所为，求若所欲，尽心力而为之，后必有灾。"② 孟子指出齐宣王的理想是拓展国土，让秦、楚等大国称臣，君临天下而安抚边境的蛮夷。在他看来，用推行霸道的办法，想达到这样的目的，好像爬到树上捉鱼一般遥不可及。当齐宣王追问是否会如此严重时，孟子的答复是恐怕比说得还要严重。爬到树上去捉鱼，纵使捉不到鱼，也不会有什么后患。可是推行霸道去实现天下一统的目标，即便尽心竭力去做，以后肯定有祸害。在以孟子为代表的儒者以及后继者看来，实行霸道，不但不能王天下，反而会带来灾祸。特别值得注意的是，在我国，儒家和法家都讲"霸道"，但二者有着显著的不同。将之区别开来的是"讲信用"。儒家所讲的"霸道"是介于"无道"和"王道"中间的一种状态。而法家所讲的"霸道"，因之不讲信用，相当于儒家所理解的"无道"。《论语》指出："人而无信，不知其可也。"③ 不讲信用的"霸道"被儒家斥之为"无道"，从中也可以看出儒家的价值立场。从推行霸道的实践后果来看，秦国在秦孝公时期任用商鞅进行改革，通过行霸道，国家很快实现了富强。但在完成霸业的过程中，毁人宗庙、亡人社稷，全无怜悯之心、恻隐之情，故而被斥为"虎狼之国"。

---

① 《孟子·公孙丑上》。
② 《梁惠王上·第七章》。
③ 《论语·为政》。

秦朝立国后，继续奉行霸道，继续沿袭与"霸道"紧密相连的法家思想，造成的恶果是对民众施以"暴政"，对与官方意识形态相左的历史文献进行禁绝，大搞强权政治。有分析者通过研究指出，秦帝国灭亡的根本原因是由于路线——法家的霸道和暴政。① 路线决定命运。秦帝国在社会转型期未能及时调整路线，进行深层次、系统性的改革，是其灭亡的重要原因之一。后世在反对以力压人、不讲信用等的霸道上，形成了高度共识，"反对霸道"遂成为中华优秀传统的核心价值路径之一。

二 笃行"强而不霸"是社会主义及其现代化的价值路径

无论是资本主义国家还是社会主义国家都在追求现代化。资本主义国家在现代化探索的资本原始积累阶段，具有鲜明的残酷性、剥削性以及侵略性，这些特性是由资本本身所具有的属性决定的。马克思指出："资本来到世间，从头到脚，每个毛孔都滴着血和肮脏的东西。"② 资本的本性是逐利、剥削和扩张。西方资本主义及其现代化是靠发动战争、殖民掠夺、欺负弱小而推进并拓展的，其奉行的是赤裸裸的霸道。社会主义从本质上看，是以社会为本的。而社会是由人组成的，人是社会中的人。古希腊思想家亚里士多德在《政治学》中指出："从本质讲，人是一种社会性动物；那些生来离群索居的个体，要么不值得我们关注，要么不是人类。"③ 社会主义归根结底是以人为本的。以人为本的社会主义及其现代化关注人自身的生存境遇。战争、殖民、掠夺，只会让人的生存状况陷入极端恶劣的境地之中。人的生存境遇是一个世界性和世纪性的反思性论题，人自身境遇的持续向好，所需要的不是"自我中心"也不是"他者优先"，而是相互尊重、和睦共处。检视人类历史，人类内部的纷争与对立，不是发生在前现代社会，而是发生在世界历史展开的现代化进程之中。原因在于"人类"在前现代社会，并未在世界意义上产生普遍、广泛的联系。世界历史是由西方资本主义开辟并主导的，其将整个人类都卷入了生存竞争之中。

---

① 张荣明：《霸道、王道与新王道——中国发展战略思考》，《天津师范大学学报》（社会科学版）2015年第1期。

② 《马克思恩格斯文集》第5卷，人民出版社，2009，第871页。

③ 〔古希腊〕亚里士多德：《政治学》，吴寿彭译，商务印书馆，1965，第68页。

张曙光认为，西方文明表现为一种强烈的"浮士德精神"，其在近代成为进取性十足的强势文明，这种文明孕育并借助资本的全球性扩张和殖民，无论是对非西方世界还是对自然界，都表现出了"征服"和"控制"的霸道。① 西方资本主义现代化遵循这种价值路径，在推动生产力飞速发展的同时，也加剧了人与人、人与自然等关系的紧张。社会主义及其现代化在价值路径上与资本主义及其现代化有很大的不同，其所奉行的是"强而不霸"。

社会主义及其现代化之"强"，在于以人为本。社会主义归根结底是以人为本的，而人民的力量是无穷的。习近平总书记在中国共产党与世界政党高层对话会上的主旨讲话中指出："人民是历史的创造者，是推进现代化最坚实的根基、最深厚的力量。"② 社会主义及其现代化之所以"强"，在于有人民的支持。人民中蕴藏着推动社会主义及其现代化发展最坚实的根基、最深厚的力量。推进现代化不可能一帆风顺，遇到各种风险挑战在所难免。人类现代化发展本身就是一个"波浪式"前进的过程。然而，社会主义及其现代化在推进与拓展中，不管遇到多么严峻的风险、多么巨大的挑战，都可以劈波斩浪、奋勇直前，源自始终有人民的支持。社会主义及其现代化建设事业赢得人民的支持是有原因的。以人为本的社会主义及其现代化在推进与拓展中，树牢了人民至上的价值观。社会主义及其现代化的推进与拓展，其目的就在于让人民过上好日子。无论是资本主义国家还是社会主义国家都在追求现代化，各国追求现代化的经验表明，推进现代化离不开一个强有力的领导核心。社会主义及其现代化的领导力量是共产党，而共产党没有自己特殊的利益。共产党之于社会主义及其现代化存在的价值，就是为最广大人民谋求利益福祉。人民立场是决定共产党性质的根本政治问题。以共产党为领导力量开展社会主义现代化建设事业，之所以得到人民的衷心拥护与大力支持，主要是因为共产党始终代表最广大人民的根本利益。共产党始终站在人民立场上而不是站在部分人、个别人的价值立场上领导社会主义现代化建设事业，因此其代表的不是部分人、个别人的利益而是最广大人民群众的利益，这既是决定现代化人心向背、

---

① 张曙光：《中国传统王道理念及其现代转换》，《现代哲学》2011 年第 6 期。
② 习近平：《携手同行现代化之路——在中国共产党与世界政党高层对话会上的主旨讲话》，人民出版社，2023，第 2 页。

事业成败的关键，也是决定社会主义及其现代化之所以"强"的根本。

社会主义及其现代化之所以"不称霸、不搞扩张"，是因为这样的价值路径与人民的利益背道而驰。资本主义国家在现代化建设的探索与推进中，普遍走的是一条侵略、扩张的道路。这种仅仅出于自身利益考量的"霸道"行径，给广大发展中国家的人民带来了深重灾难。战争不仅仅令发展中国家的人民深恶痛绝，更是给世界人民带来伤痛。远离战争、珍爱和平，是世界人民共同的心声。奉行霸权主义、推行侵略扩张为世人所不齿，这样的价值路径不得人心。社会主义及其现代化在价值路径上具有"强而不霸"的规范属性。"强"是因为能够得到人民的支持，"强"在社会主义及其现代化推进与拓展中的方方面面，不仅包括经济领域，还包括军事领域、文化领域、科技领域、政治领域、社会领域、生态文明领域等。社会主义及其现代化的发展，无论是过去、现在还是将来，都离不开和平的国际环境。呼唤和平、反对战争，是人民的由衷心声。在全球化时代，任何国家推进现代化都不能关起门来搞建设。离开和平的国际环境，只会阻滞自身国家推进现代化的历史步伐。社会主义及其现代化以"强而不霸"为价值路径，体现出尊重人民的价值主体地位，反映出人民渴望和平与安宁的价值诉求。以经济建设为中心推进社会主义现代化，也的确需要一个和平的发展环境。但向往和平、珍爱和平、践行"不霸"的价值路径绝不意味着畏惧战争。"不霸"是人民心声的现实表达，是人民诉求的集中展现，而不畏惧战争，是因为社会主义及其现代化在价值路径上具有"强"的底色。而这种"强"的底色，为社会主义及其现代化提供了不畏强权、敢于斗争、维护和平的底气与能力。因此，"强而不霸"是社会主义及其现代化的核心价值路径之一。

三 笃行"强而不霸"的中国式现代化蕴含"反对霸道"的传统价值追求

中国人民自古向往和平、厌恶战争。习近平总书记告诫我们："能战方能止战，准备打才可能不必打，越不能打越可能挨打。"① 这里道出了和

---

① 《习近平著作选读》第 1 卷，人民出版社，2023，第 93 页。

平与战争的辩证法。我国古人提出："夫文，止戈为武。"① 不是为了打仗而打仗，而是为了不打仗而打仗。向往和平、厌恶战争，并不代表在现实层面就能永享和平、不会直面战争。牢记习近平总书记殷殷嘱托，在中国式现代化的推进与拓展中，要做好防范化解各种风险挑战特别是战争风险的准备。而要做好这种准备，我们自身就要足够的强大。中国式现代化是"强而不霸"的现代化，其深蕴"天下太平"的传统价值追求。天下不会自然而然地永享太平。因此，在中国式现代化的推进与拓展中，我们自身就要有守卫天下太平的意识，具备守卫天下的能力与本领。

中国式现代化具有双重面向：一重指向"不霸"，另一重指向"强"，这两重面向是相互关联、相互成就的。党的二十大报告明确指出："中国式现代化是走和平发展道路的现代化。我国不走一些国家通过战争、殖民、掠夺等方式实现现代化的老路。"② 坚定的和平发展主义，是中国式现代化的价值基础。我国本身就是西方现代化"老路"的受害者，那种充满暴力、缺乏道德、沾满罪恶的现代化发展"老路"，曾让中国人民陷入了深重的苦难。思考我们为什么会深陷苦难，究其根源在于"不强"。在中国近代历史上，帝国主义用坚船利炮撞开中国国门之时，并不是因为彼时的中国不够"富"而是因为"不强"。"不强"就没有守卫和平的能力。

中国式现代化是中国共产党领导的社会主义现代化，"强"是中国式现代化的底色。中国式现代化之所以"强"，强在有坚强的领导核心。中国共产党是靠先进理论武装起来的伟大政党，从成立之日起就矢志为民造福。中国式现代化在中国共产党坚强而有力的领导下，正在将中华民族引向全面复兴。中国式现代化之所以"强"，强在有人民的衷心拥护与大力支持。中国古谚有云："人心齐，泰山移。"中国式现代化在中国共产党的带领下，守住了民心、尊重了民意、解决了民忧、汇聚了民力。中国式现代化的价值领导主体是中国共产党，而价值依靠主体是最广大的人民群众。正是最广大人民群众的衷心拥护与大力支持，赋予了中国式现代化以"强"的鲜亮底色。西方现代化看似也有一套近乎完美的话语体系以及历

---

① 《左传·宣公十二年》。
② 习近平：《高举中国特色社会主义伟大旗帜 为全面建设社会主义现代化国家而团结奋斗——在中国共产党第二十次全国代表大会上的报告》，人民出版社，2022，第23页。

史学对其进行美化，有研究者将这种话语体系与历史学解释称为西方整体霸权的精神支柱。^① 然而，事实胜于雄辩，西方现代化在开拓、推进与拓展中所诉诸的手段是让人民深恶痛绝的战争、殖民与掠夺。这与"止戈为武"的中华优秀传统价值观形成了强烈的反差。我国古人尽管也言及战事，但开战的目的是和平。西方现代化所使用的手段与之截然相反，其发动战争，大搞殖民，肆意掠夺财富，是为了资产阶级向往的价值增殖，其不是为了和平而战、为了天下公义而战，而是为了满足可怜的私欲、攫取有限的私利而战。

中国人强调"计利当计天下利"。也就是说，计算利益应该计算天下人的大利益，而不是狭隘的、有限的、个体化的私利。《汉书》记载："治天下者当用天下之心为心，不得自专快意而已也。"^② 这是说，治理天下者应当想天下人之所想，不能仅凭一己之好恶行事。北宋政治家范仲淹专门题写了《用天下心为心赋》，特别指出："以为肆予一人之意，则国必颠危；伸尔万邦之怀，则人将鼓舞。"他告诫人们，要"不以己欲为欲，而以众心为心"。清朝第四位皇帝康熙也主张"公四海之利为利，一天下之心为心"^③。也就是要把天下的利益看作自己的利益，把天下人的心愿当作自己的心愿。考虑天下的利益、实现天下人的心愿，方是大利、宏愿。然而，西方现代化内含的资本逐利与扩张本性，决定了其有着自私、冲突与征服等价值基因。这种价值基因靠其自身文化及制度是很难克服的。^④ 从价值立场上看，中国式现代化在本质上坚持的是人民至上，西方现代化在本质上坚持的是资本至上。坚持资本至上的西方现代化所走的是两极分化、掠夺别国、生态恶化等老路。我们所探索的是一条更契合人类发展的现代化新路。习近平总书记在学习贯彻党的二十大精神研讨班开班式上强调："中国式现代化走得通、行得稳，是强国建设、民族复兴的唯一正确道路。"^⑤ 关于这条通往强国建设、民族复兴的道路该伸向何方，习近平总

---

① 田飞龙：《中国式现代化与和平发展道路的制度探索》，《天府新论》2023 年第 3 期。

② 《汉书·王贡两龚鲍传》。

③ 《康熙刚柔并济治心之道》。

④ 田飞龙：《中国式现代化与和平发展道路的制度探索》，《天府新论》2023 年第 3 期。

⑤ 《习近平在学习贯彻党的二十大精神研讨班开班式上发表重要讲话》，中央政府门户网站，2023 年 2 月 7 日，https://www.gov.cn/xinwen/2023-02/07/content_5740520.htm。

书记 2015 年 9 月 3 日在纪念中国人民抗日战争暨世界反法西斯战争胜利 70 周年大会上的讲话郑重申明："无论发展到哪一步，中国都永远不称霸、永远不搞扩张，永远不会把自身曾经经历过的悲惨遭遇强加给其他民族。"① 由此可以看出，中国式现代化所选择的是一条"强而不霸"的价值路径。这一价值路径的选择并非偶然，而是基于中国文化、历史与现实的多重考量作出的。

第三节　中国式现代化蕴含"践行仁道"的传统价值路径

"家"是中华文明具有标志性的价值，"天下一家"是中国人自古以来就格外看重并心驰神往的价值愿景。"天下一家"是理想，"天下为家"是现实。"仁"是这两种形态的主要思想构件。"天下为家"者并不是缺少"仁心"，只是对"仁"的理解还有待升华。由现实通达理想，有很长的路要走。这段路要走好，需要"践行仁道"。仁道是我国儒家学说的根本之道。行"仁道"与人的荣辱直接相关、与人是否为人紧密相连。我国古人还将具有"天地万物一体之仁"以及"视天下犹一家"作为衡量能否称为"大人"的价值依据。中华优秀传统"践行仁道"的价值路径，对解决当今人类面临的共生共存难题，推动人类现代化建设事业的发展具有重要的借鉴意义。

一　中华优秀传统价值路径中的"践行仁道"

儒家学说是我国古代治理国家方略的主体②，而仁道是儒家学说的根本之道。"仁道"涵盖了以"仁"为核心的一切美德。"仁"的最基本规定一般认为是"爱人"。《论语》记载孔子的弟子樊迟向孔子请教什么是"仁"，孔子的答复是"爱人"。将爱人作为"仁"的基本规定，有两个方面的指向：一个指向是就人与物的关系而言，另一个指向是就人与人的关

① 《习近平在纪念中国人民抗日战争暨世界反法西斯战争胜利 70 周年系列活动上的讲话》，人民出版社，2015，第 5 页。

② 孟宪清：《仁—道治国：论儒家的治理思想》，《湖南师范大学社会科学学报》2017 年第 2 期。

系而言。就人与物的关系而言，有"仁心"者认为人的重要性要高于物；就人与人的关系而言，有"仁心"者强调彼此包容、相互尊重、相互亲爱。这两个指向均肯定了人的价值与尊严，凝结为一种普遍的人道原则。[①]人作为一个类存在物，理应相亲相爱，成为"一家人"。然而，"由于利害的对立和感情上的龃龉，彼此互相憎恨，设法弄到杀死对方的武器，有些人已有了武器，其破坏力足以把这个家化为灰烬。在这个狭窄的、不结实的建筑物中，他们抱着烈性炸弹互相进行威胁"[②]。人类会不会有美好的未来？该怎样拥有美好的未来？回答凡此种种的问题，不应到人自身以外寻找答案。答案就在人本身。孟子认为，"仁则荣，不仁则辱"[③]。这是说，行仁道就会得到荣耀。反之，不行仁道就会遭受耻辱。池田大作和路奈·尤伊古语重心长地指出："要改善这种状态，显然需要做些什么。这个家的外面是荒漠的死的世界，所以想逃出去是没有意义的。要想在这个家里和睦幸福地生活下去，只有每个人都从根本上改变思考方式和生活态度。"[④]"仁道"以"爱人"为核心内容，其最低要求是不应有损害他人之心。诚如孟子所言，"人能充无欲害人之心，而仁不可胜用也"[⑤]。无害人之心的前提，是减少不合理的私欲。只要不合理的欲望存在，就难以持有一颗"爱人之心"。如何节制自己不合理的欲望，在儒家看来，应该守礼。

"仁道"的"道"，甲骨文写作𠧬，意指人在四通八达的道路上行走。"道"有三个要点，分别是人、行、路。[⑥]有人行走才是道，无人行走则"非道"。道义之要，在于"行"，而"行"不离道，贵在学礼、知礼、守礼。"礼"的掌握与持守、"道"的取向与行走，并不全然取决于外界，而主要缘于自己。儒家倡导"为仁由己"。关于"仁"，孔子将之解释为

---

① 陈卫平：《孔子评传——儒家第一人》，广西教育出版社，1997，第 56 页。
② 〔日〕池田大作、〔法〕路奈·尤伊古：《黑夜寻求黎明》，卞立强译，中国国际广播出版社，2003，第 11 页。
③ 《孟子·公孙丑上》。
④ 〔日〕池田大作、〔法〕路奈·尤伊古：《黑夜寻求黎明》，卞立强译，中国国际广播出版社，2003，第 11—12 页。
⑤ 《孟子·尽心下》。
⑥ 李煌明：《儒家之"仁"的意象诠释——仁道的本体论建构》，《云南大学学报》（社会科学版）2021 年第 2 期。

"克己复礼为仁"①。这是说，克制自己的私欲，所作所为符合社会公德就是仁。当人人都能做到克己复礼，天下也就成为"仁"的世界了。紧接着，孔子提出了具体的行为准则，也即"非礼四勿"②。人不单单是自然的人，还是社会的人。每个人的所作所为，都和别人存在着这样或那样的关联。人合理的私欲应该得到满足，但不合理的私欲则要节制。不合理的私欲倘若不受社会公德的约束，就会私欲横流。要达至"天下一家"的价值愿景，就要人人学礼、知礼、守礼。不遵守社会公德之辈，就是无礼之人；无礼之人，就是不仁之人。孔子相对于具体的现实政治问题，对礼义的坚守显得更为迫切。对各种与礼相悖的行为所导致的仁道精神的旁落，孔子感到无比的痛心。"八佾舞于庭"③ 被孔子斥为大不道的僭越行为，发出"是可忍也，孰不可忍也"④ 的激叹。孔子对这一行为的鞭挞，是叹息礼崩乐坏的表面现象，更是叹息仁道精神的失落。

　　"仁道"的开端是有恻隐之心。孟子指出，"恻隐之心，仁之端也"⑤。"端"是善端、萌芽的意思，恻隐指的是同情。这是说，同情心是实行"仁"的开始。孟子举了幼童入水的例子。他指出："今人乍见孺子将入于井，皆有怵惕恻隐之心。非所以内交于孺子之父母也，非所以要誉于乡党朋友也，非恶其声而然也。"⑥ 这句话的意思是说，当人看到小孩子即将落入井中，从内心生发怵惕恻隐之心是自然而然的，并不是与孩子的父母相熟，也不是要在乡党和朋友之间博取美名，亦不是厌恶孩子的啼哭声。这种同情心是存在于每个人内心之中的。存在悖礼僭越行为者，鲜有恻隐之心。恻隐之心减弱甚至消失了，一定是被私欲遮蔽住了。孟子从人之为人的角度，申明了持守住恻隐之心的重要性。他指出，"无恻隐之心，非人也"⑦。孟子将有没有恻隐之心，与能不能称其为"人"等同在一起。"恻

---

①　《论语·颜渊》。

②　"非礼四勿"指的是孔子提出的"非礼勿视，非礼勿听，非礼勿言，非礼勿动"，也就是不符合"礼"的不看，不符合"礼"的不听，不符合"礼"的不说，不符合"礼"的事情不做。

③　《论语·八佾篇》。

④　《论语·八佾篇》。

⑤　《孟子·公孙丑上》。

⑥　《孟子·公孙丑章句上》。

⑦　《孟子·公孙丑章句上》。

隐之心""羞恶之心""辞让之心""是非之心"是每个人都具有的"四端"，好似每个人的四肢一样重要。孟子强调，"有是四端而自谓不能者，自贼者也"①。这是说，有了这四种发端，自己却说不能行仁义之事，就等于自暴自弃了。我们看到别人的困苦与疾痛，会觉得好似自己也有相同的困苦与疾痛，是因为从本质上看，我们都是以天地万物为一体的。② 儒者王阳明将是否有"万物一体之仁"作为区分大人与小人的标准。他指出："大人者，以天地万物为一体者也，其视天下犹一家，中国犹一人焉。若夫间形骸而分尔我者，小人矣。"③ 这是说，所谓的"大人"，是指把天地万物看成一体的人。这样的人视天下如一家，视全体人为一人。如果有人按照形体来区分你和我，就是所谓的"小人"。在王阳明看来，大人可以把天地万物当作一体，并不是有意为之，而是"其心之仁本若是"，也就是他们心中的仁德本来如此。中华传统"仁道"价值路径，蕴含着不同层级共同体和谐共生的宝贵智慧，其对解决当今人类面临的共生共存难题，推动人类现代化建设事业的发展具有重要的借鉴意义。

二 坚持"共赢共享"是社会主义及其现代化的价值路径

现代化的本质是人的现代化。关于人是什么，马克思认为"人才是类存在物"④。作为类存在物的人所处的现代世界，是一个不同行为体相互联系、相互依存、你中有我、我中有你，谁也离不开谁的"地球家园"。面对诸如生态危机、环境污染、经济衰退、人工智能等具有全球性的问题与挑战，"地球家园"的任何一个行为体都不可能独善其身，也不可能仅凭一己之力解决问题。资本主义与社会主义同处于一个"地球家园"之中，二者长期共存是一个公认的科学论断。⑤ 不管人们愿意还是不愿意，都要直面二者同处于"类的统一体"中的现实。⑥ 资本主义与社会主义在人类

① 《孟子·公孙丑章句上》。
② 王春永：《精读王阳明》，浙江人民出版社，2019，第 132 页。
③ 《阳明先生集要》，中华书局，2008，第 145 页。
④ 《马克思恩格斯文集》第 1 卷，人民出版社，2009，第 162 页。
⑤ 赵川林：《对社会主义与资本主义长期共存的再认识》，《西安航空学院学报》2017 年第 4 期。
⑥ 李景源、周丹：《"人类命运共同体思想"的哲学阐释》，《光明日报》2017 年 8 月 28 日。

现代化发展历程中尽管起步有先后、发展有快慢，但所面临的现代性问题是共通的。现代性是使现代世界成为现代世界的本质东西，而资本是其中的一个重要组成部分。不管是资本主义还是社会主义，在人类现代化的发展历程中均要回应在资本逻辑下该何去何从的问题。高清海认为，人类正在走向自觉的"类存在"。① 自发的类存在与自觉的类存在，所具有的不同之处集中体现在三个方面：一是自发的类存在是自然产生的，而自觉的类存在是主动认识后作出的；二是自发的类存在没有目标和计划，其在行动上具有盲目性，而自觉的类存在具有明确的目的性与计划性；三是自发的类存在不能预见后果，而自觉的类存在是可以预见后果的。人类也正是经由直面现代性困厄而从自发的类存在走向自觉的类存在。人走向自觉的类存在，绽放自身的类生命，只有在现代化建设中坚持"共赢共享"才能成为可能。这是经由人的主动认识形成的结论，是具有目的性、计划性以及可预见性的价值选择。

　　人类在全球性挑战面前，是一荣俱荣、一损俱损的共同体。在现代化建设中，人类有着共同的利益诉求，即过上更加幸福而美好的生活。没有哪个行为体渴望自身的生活在现代化建设中越过越糟。马克思指出："人们为之奋斗的一切，都同他们的利益有关。"② 既然有着共同的利益诉求，社会主义与资本主义在现代化建设中就应该结成一个共同体。然而，囿于价值观的不同，这样的利益共同体并不是结实稳固的。诚如池田大作和路奈·尤伊古所言"人类处于不结实的建筑物中"③，加固这一"建筑物"需要理性审视两种基于不同价值观念而形成的利益观，一种是功利利益观，另一种是共同利益观。前一种利益观是从资产阶级的自私人性论出发的，而后者是从全人类的价值立场出发的。基于资产阶级的自私人性论所推进并拓展的西方现代化，极力推崇个体利益至上。西方资本主义国家是人类现代化的先发地，其在基础起点、发展阶段上较之于后发国家具有显著优势。如果依仗这种先发优势，强调先发资本主义现代化国家的利益

---

① 高清海：《人类正在走向自觉的"类存在"》，《光明日报》1998 年 4 月 3 日。
② 《马克思恩格斯全集》第 1 卷，人民出版社，1995，第 187 页。
③ 〔日〕池田大作、〔法〕路奈·尤伊占：《黑夜寻求黎明》，卞立强译，中国国际广播出版社，2003，第 11 页。

总是优先于后发社会主义国家，那么世界只会越来越不平等，两极分化只会越来越严重。资本主义国家与社会主义国家只有平等交往、相互合作，才能在现代化建设中实现真正意义上的互利共赢，而这有赖于西方资本主义国家摒弃狭隘的功利利益观，为消除国际社会存在的两极分化现象作出努力。

在全球化时代，不管是资本主义国家还是社会主义国家，在现代化建设中遇到的一切矛盾与困难，都只能在发展中解决。坚持共赢发展，才能更充分汇聚解决问题的有效合力；坚持共享发展，才能更有效激发解决问题的强劲动力。从资产阶级自私人性论出发的功利利益观，强调在现代化发展中西方优先，这只会让后发国家在现代化建设中与其差距越来越大。西方资本主义国家在现代化建设中是串联发展的，而后发社会主义国家在现代化建设中是并联的。后者较之于前者在基础起点、发展阶段上已经处于劣势。受个体主义的功利利益观影响，强调公共利益服从个体利益，认为个体利益是人类行为的基础，世界两极分化的现象将不可能得到根除。一面是西方资本主义国家凭借先发优势坚持自身利益优先，另一面是后发社会主义国家在并联式现代化发展之路上受到打压、遏制，这样的双方相互合作，很难形成推动人类现代化问题解决的有效合力。在权利平等、机会平等、规则平等的基础上交往的资本主义国家与社会主义国家相互尊重、互利共赢，才能更充分汇聚解决现代化问题的有效合力。资本主义与社会主义在现代化建设中合作共赢的根本目的，是共享现代化发展的成果。共享现代化发展成果的覆盖群体、覆盖范围都应该具有全面性，如此才能有效激发解决问题的动力。从覆盖的群体范围来看，无论是资本主义还是社会主义在现代化建设中都应该坚持全面共享，现代化建设成果不能是少数人享有而应该是人人共同享有；从覆盖的领域范围来看，无论是资本主义还是社会主义在现代化建设中成果共享覆盖的领域都包括经济、政治、文化、社会、生态等方方面面，而不是某一个或某几个领域。无论是少数人共享现代化成果还是在某一个或某几个领域共享现代化发展成果，都仅能在少数群体范围以及个别领域范围内激发解决问题的动力。社会主义不同于资本主义之处，在于其是以人为本的。顺应人民对美好生活的向往，社会主义及其现代化更应恪守"共赢共享"的价值路径。

三　坚持"共赢共享"的中国式现代化蕴含"践行仁道"的传统价值路径

中国式现代化不仅深刻影响中国本身，还深刻影响世界。[①] 走在强国之路上的中国，会提出什么样的治世理念，会选择什么样的方式实现现代化，受到世界瞩目。习近平主席在出席世界经济论坛 2017 年年会和访问联合国日内瓦总部演讲时指出："让和平的薪火代代相传，让发展的动力源源不断让文明的光芒熠熠生辉，是各国人民的期待，也是我们这一代政治家应有的担当。中国方案是：构建人类命运共同体，实现共赢共享。"[②] 构建人类命运共同体是中国式现代化的本质要求，它体现了世界各国人民共同的利益期待，是走在强国之路上的中国提出的治世理念。一个宝贵价值理念的提出，必定源于深厚的历史传统，植根于深厚的文化沃土。中国人自古就秉持着"天下一家"的价值理想，构建人类命运共同体与中国人"天下一家"的崇高价值理想存在高度的契合性。实现这一价值理想必须坚持"共赢共享"，其深蕴着"践行仁道"的中华优秀传统价值路径。

习近平总书记提出的人类命运共同体理念，饱含着"天下一家"的传统价值愿景。人类命运共同体的构建，有两种形态，一种是实然的形态——"地球村"，另一种是应然的形态——"大家庭"。习近平主席指出："霍金先生提出关于'平行宇宙'的猜想，希望在地球之外找到第二个人类得以安身立命的星球。这个愿望什么时候才能实现还是个未知数。到目前为止，地球是人类唯一赖以生存的家园，珍爱和呵护地球是人类的唯一选择。"[③] 珍惜和呵护人类赖以生存的唯一地球家园，就应该在现代化建设上像对待家人一样想问题、办事情。孟子指出，"仁则荣，不仁则辱"[④]。对于守卫人类赖以生存的唯一地球家园而言，践行仁道会争得荣光，反之，则会蒙受耻辱。具有鲜明中国特色的中国式现代化，在坚持"共赢共享"

---

① 孙吉胜：《中国式现代化助力构建人类命运共同体》，《国际问题研究》2022 年第 6 期。
② 《习近平主席在出席世界经济论坛 2017 年年会和访问联合国日内瓦总部时的演讲》，人民出版社，2017，第 21—22 页。
③ 《习近平主席在出席世界经济论坛 2017 年年会和访问联合国日内瓦总部时的演讲》，人民出版社，2017，第 21 页。
④ 《孟子·公孙丑上》。

上为人类现代化事业作出了榜样、发挥了示范作用，其深蕴着"践行仁道"的传统价值路径。

坚持共赢发展的中国式现代化蕴含"践行仁道"的传统价值路径。习近平总书记强调："我们坚持把实现人民对美好生活的向往作为现代化建设的出发点和落脚点，着力维护和促进社会公平正义，着力促进全体人民共同富裕，坚决防止两极分化。"① 维护和促进社会公平正义，既要看到人们在人格尊严上的平等性，也要看到人们在体力、智力与能力等方面存在差异。我国古人认为"物之不齐，物之情也"是一种自然法则。故此，我国古人所向往的是一种"天下均平"而非"天下平均"的价值理想。"天下均平"的落脚点在于"平"，也即"公平"，而"天下平均"的落脚点在于"均"，也即"平均"。关于怎样维护和促进社会公平正义，我国古人倡导"践行仁道"，而"践行仁道"的关键在于"行礼"。我国儒家将"仁"视为"礼"的道德基础，而"礼"是"仁"的外在彰显形式。我国儒家正是从"礼"的角度论证差等分配是具有正义性的。关于为什么要制定"礼"，荀子解释称"先王恶其乱也，故制礼义以分之"②。这是说，"礼"产生的缘由在于"人的无限之欲"与"有限之利"存在张力。"行礼"是为了避免社会陷入混乱，人们得以按照贡献大小分配社会财富。

"践行仁道"的外在显现形式是"行礼"。按贡献大小合理分配社会财富，是"行礼"的表现。坚持共赢发展绝不意味着干多干少一个样、干好干坏一个样，绝对平均地分配现代化建设成果，对于贡献大的价值主体是不公平的，其非但不会将人们引向共同富裕，反而会将人们导向共同贫穷。如果对现代化建设贡献大的价值主体与贡献小甚至没有贡献的价值主体，在现代化成果的分配上没有差别，长此以往，必然有损贡献大者的积极性与主动性。我国古人向往"天下一家"，但即便是对待"家人"，也应依据其能力大小与贡献多少，合理分配财富。无视"家人"之间在体力、智力、能力等方面的差异性，一味强调财富的平均分配，不仅其他价值主体会怨愤不公，就连"家"本身也将面临解体的风险。按贡献大小合理分

---

① 习近平：《高举中国特色社会主义伟大旗帜 为全面建设社会主义现代化国家而团结奋斗——在中国共产党第二十次全国代表大会上的报告》，人民出版社，2022，第22页。
② 《荀子·礼论》。

配社会财富，也应避免陷入另一种与"礼"严重相背离的极端，即由现代化的先发者享有绝对的成果分配优先权，且这种权利的享有以牺牲后发者公平参与成果分配为代价。因此，坚持共赢发展意在避免两个极端：一个极端是没有对现代化建设有所贡献或贡献极为有限者，平均化地分配现代化果实；另一个极端是现代化的先发者凭借自身的先发优势，妨害后发者合理分配现代化果实。这两种极端行为皆偏离了恪守礼义的"仁道"，均是"共赢发展"的反面，也即"不劳而获"与"赢者通吃"。在相互尊重的基础上，按照贡献大小合理分配现代化果实，是坚持共赢发展的中国式现代化的题中应有之义，其深蕴着我国"践行仁道"的传统价值路径。

坚持共享发展的中国式现代化蕴含"践行仁道"的传统价值路径。习近平总书记在党的二十大报告中指出："中国式现代化是人口规模巨大的现代化。"① 人口规模巨大，既是中国式现代化的中国特色，也是中国式现代化推进与拓展的难点，让"十四亿多人口整体迈进现代化社会，规模超过现有发达国家人口的总和，艰巨性和复杂性前所未有"②。明知人口规模巨大的现代化推进之难而仍要坚持，其蕴藏着现代化路上"一个都不能少""一个都不能掉队"的仁者之心。"仁"的践行依靠的是作为"仁之节文"的"礼"。对于人类现代化的发展而言，"以礼治世"表现在世界上每一个国家、每一个地区的人民，在共享现代化发展成果上"一个都不能少""一个都不能掉队"。而共享发展成果的基础，是共同为人类现代化建设事业贡献力量。在我国古人看来，只有合乎"仁"的精神原则的制度才是值得尊重的。从资产阶级自私人性论出发而建立起来的资本主义制度存在着明显的不合理性。我国古人以"仁"为标准来衡量现实秩序。两极分化的现代化、物质主义膨胀的现代化、生态环境遭到破坏的现代化、对外侵略扩张的现代化等，都是偏离了"仁道"的现代化。

在现代化建设中，每个人的心中都潜藏着"仁心"的一面。中国式现代化深蕴"践行仁道"的传统价值路径，是指在现代化建设中尽可能发挥

---

① 习近平：《高举中国特色社会主义伟大旗帜 为全面建设社会主义现代化国家而团结奋斗——在中国共产党第二十次全国代表大会上的报告》，人民出版社，2022，第22页。

② 习近平：《高举中国特色社会主义伟大旗帜 为全面建设社会主义现代化国家而团结奋斗——在中国共产党第二十次全国代表大会上的报告》，人民出版社，2022，第22页。

和扩充人的伦理属性，尽可能与交往对象共享现代化发展成果。"家"是中华文明具有标志性的价值。重视家庭伦理是我国儒家思想的重要倾向。在我国儒家视域中，"仁"并没有被简单地固化于血缘亲情之中，而是把仁心"家"的范围推而广之，扩展到所有群体。① 也即立足于血缘亲情的家庭伦理和以此为基础所能达至的价值极限，其最高境界从人世间的生命关怀扩展至广阔天地间的"爱物"，呈现出人与天地万物共生共在而浑然一体的超然境界。② 坚持共享发展的中国式现代化蕴含"践行仁道"的传统价值路径，在人与人的交往中，"践行仁道"的传统价值路径体现为"以他者为重"，在"天下一家"的价值追求中实现成人、成己的价值目标；在人与自然的交往中，"践行仁道"的传统价值路径体现为"仁者，以天地万物为一体"，"使有一物失所，便是吾仁有未尽处"③，体现为与天下人共同守好地球这一赖以生存的唯一家园。

---

① 张秋山、贾琳：《从生存正义、分配正义到仁道正义——古典儒家正义论的三重逻辑》，《青海社会科学》2020 年第 3 期。
② 苏冰：《仁道与儒家的共同体建构》，《江淮论坛》2021 年第 2 期。
③ 《王阳明全集》卷一，上海古籍出版社，2011，第 29 页。

结　论

　　习近平总书记在学习贯彻党的二十大精神研讨班开班式上讲话的题目为"正确理解和大力推进中国式现代化"①。大力推进中国式现代化，必须建立在正确理解的基础上。中国式现代化是党团结带领人民为实现中华民族伟大复兴而开展的中心任务，其既关乎中华民族的未来，也具有深远的世界历史意义。对于这一党的二十大的重大理论创新成果、科学社会主义的最新重大成果，我们自身不仅要深刻理解，还要让世界对之有相当程度的认识。习近平总书记 2023 年 6 月 2 日在文化传承发展座谈会上的讲话中指出："中华文明具有突出的连续性。中华文明是世界上唯一绵延不断且以国家形态发展至今的伟大文明。这充分证明了中华文明具有自我发展、回应挑战、开创新局的文化主体性与旺盛生命力。深厚的家国情怀与深沉的历史意识，为中华民族打下了维护大一统的人心根基，成为中华民族历经千难万险而不断复兴的精神支撑。中华文明的连续性，从根本上决定了中华民族必然走自己的路。如果不从源远流长的历史连续性来认识中国，就不可能理解古代中国，也不可能理解现代中国，更不可能理解未来中国。"② 关于中国式现代化，正确理解、避免误解、驳斥曲解的最好方式，莫过于"寻根"。中国式现代化具有鲜明的地域特色，其既是中国的，也是世界的。要了解中国，就不能不了解中国式价值观。而要了解中国式价值观特别是中国式现代化价值观，就不能不从"根"上求索。中华优秀传

---

①　《习近平在学习贯彻党的二十大精神研讨班开班式上发表重要讲话》，中央政府门户网站，2023 年 2 月 7 日，https://www.gov.cn/xinwen/2023-02/07/content_5740520.htm。

②　《习近平：在文化传承发展座谈会上的讲话》，中央政府门户网站，2023 年 8 月 31 日，https://www.gov.cn/yaowen/liebiao/202308/content_6901250.htm? device＝app。

统价值观正是中国式现代化价值观之"根"。中华优秀传统价值观与中国式现代化是相互成就的。有"价值之根"的中国式现代化，在世界文化激荡的时代背景下站稳了脚跟，而深蕴传统价值根基的中国式现代化在推进与拓展中，让源自古代中国的优秀传统价值观焕发出现代的生命活力。中国式现代化蕴含独特的传统价值立场、传统价值目标、传统价值思维以及传统价值路径，对其进行学理性透析，有助于体现优越性、突出超越性、彰显主动性。

一 中国式现代化蕴含的中华优秀传统价值观研究有助于"体现优越性"

开展中国式现代化蕴含的中华优秀传统价值观研究，有助于"体现优越性"，具体而言，至少体现在以下三个方面：一是体现中国共产党领导的优越性，二是体现中华优秀传统价值观的优越性，三是体现科学社会主义价值观主张的优越性。

（一）体现中国共产党领导的优越性

中国人自古推崇"事在四方，要在中央"[①]。2023 年 5 月 31 日习近平总书记在《求是》杂志发表署名文章《中国式现代化是中国共产党领导的社会主义现代化》。文章指出："党的二十大报告明确指出：'中国式现代化，是中国共产党领导的社会主义现代化。'这是对中国式现代化定性的话，是管总、管根本的。为什么要强调党在中国式现代化建设中的领导地位？这是因为，党的领导直接关系中国式现代化的根本方向、前途命运、最终成败。"[②] 中国共产党的领导，是中国式现代化最本质的特征。没有中国共产党坚强而有力的领导，就没有中国式现代化今日的成功。"党的领导确保中国式现代化锚定奋斗目标行稳致远。"[③] 本研究的重要目的之一在于阐明中国共产党领导的优越性。坚持中国共产党的领导具有优越性，体现在方方面面，其中一个重要体现在于中国式现代化建设事业在中国共产

[①] 《韩非子·扬权》。

[②] 习近平：《中国式现代化是中国共产党领导的社会主义现代化》，《求是》2023 年第 11 期。

[③] 《习近平在学习贯彻党的二十大精神研讨班开班式上发表重要讲话》，中央政府门户网站，2023 年 2 月 7 日，https://www.gov.cn/xinwen/2023−02/07/content_5740520.htm。

党领导下得以行稳致远、蒸蒸日上。中国共产党是一个高度重视传承与弘扬中华优秀传统价值观的使命型政党，中国式现代化能够厚植中华传统价值之根，离不开党的领导。中国共产党领导人民进行社会主义现代化建设，特别重视思想方法的问题。思想方法是基于特定的价值观、特定的价值立场而形成的认识问题的方法。习近平总书记指出，"推进中国式现代化是一个探索性事业"①。在一个后发追赶型的社会主义国家进行具有探索性的现代化建设事业，"思想方法不对头"是不行的。习近平总书记强调："马克思主义立场、观点、方法是做好工作的看家本领，是指导我们认识世界、改造世界的强大思想武器。"② 中国共产党在领导中国式现代化建设上具有优越性，这得益于其以马克思主义为思想武器，有科学的思想方法作支撑。本研究在第一章第三节集中分析了中国式现代化是以党的领导为根本、以马克思主义为指导的现代化，旨在说明"党的领导决定中国式现代化的根本性质，只有毫不动摇坚持党的领导，中国式现代化才能前景光明、繁荣兴盛"③。因此，开展中国式现代化蕴含的中华优秀传统价值观研究，有助于体现中国共产党领导的优越性。

（二）体现中华优秀传统价值观的优越性

中国在人类现代化史上并不是先行者，但通过自身的不懈努力，不仅追赶上了时代，已经稳居世界第二大经济体，还将在 2035 年基本实现社会主义现代化，到本世纪中叶全面建成社会主义现代化强国。中国作为一个现代化的赶超者，能够取得今日之成就，比较成功地绕开西方现代化陷阱的一个重要原因在于有独特的传统价值根基。中国式现代化具有鲜明的中国特色，要理解"中国特色"，就不能不了解中国式现代化蕴含的独特价值观，而研究中国式现代化蕴含的独特价值观，是从"根"上对此问题展开的探讨。探寻传统价值之根，体现中华优秀传统价值观的优越性，是本

---

①　《习近平在学习贯彻党的二十大精神研讨班开班式上发表重要讲话》，中央政府门户网站，2023 年 2 月 7 日，https://www.gov.cn/xinwen/2023-02/07/content_5740520.htm。

②　《习近平在中央党校（国家行政学院）中青年干部培训班开班式上发表重要讲话》，中央政府门户网站，2022 年 3 月 1 日，https://www.gov.cn/xinwen/2022-03/01/content_5676282.htm。

③　《习近平在学习贯彻党的二十大精神研讨班开班式上发表重要讲话》，中央政府门户网站，2023 年 2 月 7 日，https://www.gov.cn/xinwen/2023-02/07/content_5740520.htm。

研究贯穿始终的一条主线。为阐发中国式现代化蕴含的独特传统价值立场、独特传统价值目标、独特传统价值思维以及独特传统价值路径，本研究在第二章第二节梳理并分析了中国式现代化蕴含"民为国本"的传统价值立场，在第三章、第四章、第五章各节的第一目，归纳并剖析了"天下均平""天下太平""天下一家"是中华优秀传统价值目标的重要组成部分；"自强不息""持中贵和""天人合一"是中华优秀传统价值思维的重要组成部分；"实行王道""反对霸道""践行仁道"是中华优秀传统价值路径的重要组成部分。各部分之间存在着内在的逻辑关联。进一步来讲，中国式现代化蕴含的"国以守民心、尊民意、解民忧、聚民力为本"的传统价值立场对传统价值目标的设定、传统价值思维的形成以及传统价值路径的探求起到了规定性作用。正是站在"民为国本"的价值立场上，我国古人确立了"天下均平"、"天下太平"以及"天下一家"的传统价值理想。"天下均平"的落脚点是"平"而非"均"，这涉及处理公平与效率的关系，这对关系处理不好，就无法真正地守住人民的心进而汇聚人民的整体性力量。"天下太平"的着眼点是"和"与"安"，人民渴盼和平与安定，设定这样的价值目标，是为了满足人民的利益诉求。"天下一家"源自人具有本根意识，亲情是世界上最深厚、最强大的凝聚力量，在现实生活中表现为对共同福祉的关注、共同利益的关切以及共同问题的解决，"天下一家"不仅唤起了中国人的本根意识，还唤起了作为类存在物的人的本根意识，有助于彼此之间更为紧密地联结在一起，结成命运与共的有机整体。站在"民为国本"的价值立场上，怀揣"天下均平""天下太平""天下一家"的崇高价值理想，历经数千年的发展，中华民族形成了"自强不息""持中贵和""天人合一"的价值思维。价值理想的实现，要尽可能发现并利用外部的有利条件，但必须"以我为主"，通过自身持续不断的努力，逐渐缩短理想与现实的距离。中国人在价值思维方式上具有鲜明的中国特色，"持中贵和"极具代表性，"持中"也就是不偏不倚、无过无不及，"贵和"也就是推崇以和为贵、强调和平相处。"天人合一"是高层次人生境界在价值思维方式上的呈现，其往往决定了事业发展的高度。价值立场不同、价值目标有别、价值思维各异，规定了价值路径的探求也必然具有自身的独特性。"实行王道""反对霸道""践行仁道"等是中华优秀传统价值路径中的重要组成部分，其是站在"民为国本"传统价值立场上，为达成"天下均平""天下太平""天下一家"等传统价值目标，秉持"自强不息""持中贵和""天人合一"等传统价值思维而形成的具有鲜明中国特色的价值路径，为现代人解决发展问题提供了价值智慧。因此，开展中国式现代化蕴含的传统价值观研究，有助于体现中华优秀传统价值观的优越性。

（三）体现科学社会主义价值观主张的优越性

习近平总书记在学习贯彻党的二十大精神研讨班开班式上的讲话中指出，中国式现代化"是科学社会主义的最新重大成果"①。社会主义是中国式现代化的本质属性，科学社会主义价值观主张对中国式现代化的开拓、推进与拓展产生了重要影响。没有科学社会主义价值观主张的正确引导，也就不可能有中国式现代化今日的成就。科学社会主义价值观主张与原生性的中华优秀传统价值观不同，其是一种外源性的智慧结晶。为搞清楚科学社会主义哪些价值观主张对中国式现代化产生影响，本研究在第三章"中国式现代化蕴含独特的传统价值目标"、第四章"中国式现代化蕴含独特的传统价值思维"、第五章"中国式现代化蕴含独特的传统价值路径"的每一节的第二目，集中阐释了共同富裕、和平发展、美美与共是社会主义及其现代化的价值目标，独立自主、符合实际、重视实践是社会主义及其现代化的价值思维，消灭"三大差别"、笃行"强而不霸"、坚持"共赢共享"是社会主义及其现代化的价值路径，意在阐明科学社会主义价值观主张的优越性。习近平总书记强调，"中国式现代化，深深植根于中华优秀传统文化，体现科学社会主义的先进本质"②。在党的二十大报告中，习近平总书记提出了中华优秀传统文化"同科学社会主义价值观主张具有高度契合性"③的重要论断。第一章第三节第三目专门论述了体现科学社会

---

① 《习近平在学习贯彻党的二十大精神研讨班开班式上发表重要讲话》，中央政府门户网站，2023年2月7日，https://www.gov.cn/xinwen/2023-02/07/content_5740520.htm。
② 《习近平在学习贯彻党的二十大精神研讨班开班式上发表重要讲话》，中央政府门户网站，2023年2月7日，https://www.gov.cn/xinwen/2023-02/07/content_5740520.htm。
③ 习近平：《高举中国特色社会主义伟大旗帜 为全面建设社会主义现代化国家而团结奋斗——在中国共产党第二十次全国代表大会上的报告》，人民出版社，2022，第18页。

会主义价值观主张的中国式现代化厚植传统价值之根，意在阐明中华优秀传统价值观与科学社会主义价值观主张存在契合性。第三章到第五章每一节的第二目探讨社会主义及其现代化的价值目标、价值思维以及价值路径，是基于尝试性探索中华优秀传统价值观同科学社会主义价值观主张契合性的问题，其目的在于为中国式现代化价值观的塑造提供思想借鉴。因此，开展中国式现代化蕴含的中华优秀传统价值观研究，有助于体现科学社会主义价值观主张的优越性。

二　中国式现代化蕴含的中华优秀传统价值观研究有助于"突出超越性"

开展中国式现代化蕴含的中华优秀传统价值观研究，有助于"突出超越性"。具体而言，至少表现在以下三个方面：一是在现代化发展逻辑的比较中体现中国式现代化的超越性，二是在现代化运行模式的比较中体现中国式现代化的超越性，三是在现代化实现方式的比较中体现中国式现代化的超越性。

（一）　在现代化发展逻辑的比较中体现中国式现代化的超越性

中国式现代化与西方现代化由于所站的价值立场不同，因而遵循着不同的发展逻辑。西方现代化站在资本至上的价值立场上，以资本增殖为发展动力，将资本生产关系渗透到社会关系中的方方面面并转变为"纯粹的金钱关系"①。人在西方现代化的语境下，沦为资本增殖的工具。西方现代化的发展逻辑是最大限度地攫取剩余价值。西方现代化为了最大限度地追求剩余价值，坚持并维护以资本为本位的资本主义私有制。在资本主义私有制条件下，劳动产品异于工人而存在，加剧了劳动的异化。本研究在第二章第三节第一目分析了在价值立场上坚持资本至上的西方现代化导致人的异化。较之于坚持资本至上的西方现代化，中国式现代化在价值立场上坚持人民至上。为阐明这一问题，本研究在第二章第一节着重分析了中国式现代化始终把人民立场作为根本政治立场，并分别从中国式现代化是坚持人民至上的现代化、是紧紧依靠人民的现代化、是不断造福人民的现代

---

① 《马克思恩格斯文集》第2卷，人民出版社，2009，第34页。

化等几个方面进行了分析。坚持人民至上、紧紧依靠人民、不断造福人民，是中国式现代化的发展逻辑。现代化代表了人类的进步。资本是现代性的重要推动力，但资本终究是为人服务的。可在西方现代化的语境下，人成了资本的奴隶。中国式现代化与西方现代化一样，也是靠生产和再生产奠定社会发展物质基础的。二者的不同之处在于中国式现代化在价值立场上坚持人民至上，把资本与人颠倒了的主客体关系重新颠倒回来。本研究在第二章第三节第三目中着重就该问题展开了论述，意在阐明资本是为人服务的而非相反。中国式现代化申明了现代化的题中应有之义，其超越了以物之道替代甚至剥削人之道的西方现代化。习近平总书记指出："现代化的最终目标是实现人自由而全面的发展。现代化道路最终能否走得通、行得稳，关键要看是否坚持以人民为中心。"[①] 资本与人在现代化中是作为目的还是手段，是判断现代化道路能否走得通、行得稳的关键所在。中国式现代化在价值立场上坚持人民至上，把资本作为促进现代化的手段，作为实现人自由而全面发展的工具，以"人民至上"的价值导向框定了资本的发展轨迹。[②] 因此，本研究的开展有助于在现代化发展逻辑的比较中体现中国式现代化的超越性。

（二）在现代化运行模式的比较中体现中国式现代化的超越性

现代化有两种典型模式：一种是西方资本主义现代化模式，另一种是以苏联为代表的传统社会主义现代化模式。[③] 中国式现代化既汲取了这两种现代化模式的长处，又认识并弥补了这两种现代化模式的不足。中国式现代化双重超越了西方资本主义现代化与传统社会主义现代化模式，为发展中国家实现现代化提供了全新选择，体现了显著的超越性优势。西方资本主义现代化模式、传统社会主义现代化模式以及中国式现代化，在运行模式上有所不同。西方资本主义现代化模式是在资本主导下运行的，资本

---

① 习近平：《携手同行现代化之路——在中国共产党与世界政党高层对话会上的主旨讲话》，人民出版社，2023，第 2 页。

② 康凤云、麦中坚：《中国式现代化新叙事：对西方现代性的批判与超越》，《江汉论坛》2023 年第 6 期。

③ 张远新、王钊：《中国式现代化的双重超越及其显著优势》，《思想理论教育》2022 年第 11 期。

的贪婪本性，决定了其无限膨胀的后果是国家被绑架、劳动受宰制。传统社会主义现代化模式与西方资本主义现代化模式"把私人企业家和资本家作为已经现代化或正在现代化的整个社会结构的"① 轴心不同，苏联在形式上要消灭资本，采用国家赶超的经济发展战略，尽管在短时期内跻身为世界强国，但超越社会发展阶段和基本国情，对个体利益关注不够且在利益分配上过分强调均等化，致使人民对传统社会主义现代化运行模式的认同感越来越低。② 深蕴传统价值观的中国式现代化，以解放劳动者为目的，不断提升国家创新体系效能，在对待资本的态度上从实际出发，既重视利用资本又强调驾驭资本。西方资本主义现代化运行模式与传统社会主义现代化运行模式的背后，是由不同的价值观起导向作用的。习近平总书记指出："推进中国式现代化，是一项前无古人的开创性事业。"③ 中国式现代化是具有深厚传统价值底蕴的现代化，其既成功超越了西方资本主义现代化又成功超越了传统社会主义现代化。为索解中国式现代化为什么能双重超越西方资本主义现代化与传统社会主义现代化，本研究从其所蕴含的传统价值目标、传统价值思维等方面展开探讨。比如，第三章第一节第三目分析中国式现代化是实现全体人民共同富裕的现代化，其既有别于西方资本主义"两极分化"的现代化，又有别于传统社会主义搞平均主义、吃"大锅饭"的现代化。在"共同富裕"的价值追求上之所以能实现对西方资本主义现代化与传统社会主义现代化的双重超越，与"天下皆贫我独富，我富也贫；天下皆富我亦富，此为真富"的"均平共富"传统价值理想存在紧密的逻辑关联。

习近平总书记指出："一个国家走向现代化，既要遵循现代化一般规律，更要符合本国实际，具有本国特色。"④ 中国式现代化首先是现代化，其具有各国现代化的共同特征。无论是对西方资本主义现代化还是传统社

---

① 罗荣渠主编《现代化：理论与历史经验的再探讨》，上海译文出版社，1993，第42页。
② 王金胜：《中国式现代化的逻辑理路及实践超越》，《内蒙古社会科学》（汉文版）2023年第3期。
③ 《习近平在学习贯彻党的二十大精神研讨班开班式上发表重要讲话》，中央政府门户网站，2023年2月7日，https://www.gov.cn/xinwen/2023-02/07/content_5740520.htm。
④ 《习近平在学习贯彻党的二十大精神研讨班开班式上发表重要讲话》，中央政府门户网站，2023年2月7日，https://www.gov.cn/xinwen/2023-02/07/content_5740520.htm。

会主义现代化的合理之处，都予以了充分的吸收与借鉴。与此同时，中国式现代化"更有基于自己国情的鲜明特色"①。开展本研究的初心旨在解答"中国式现代化为什么能"的时代之问。学界有种不和谐的声音，认为中国在现代化运行模式上在新中国成立前是照搬西方资本主义现代化运行模式，而新中国成立至改革开放前是照搬传统社会主义现代化运行模式。中国作为现代化的后发追赶者，固然要向先行者学习，但"照抄照搬""简单套用""机械模仿"的价值思维方式，从来就不适用于中国。本研究在第四章第一节，集中论述了中国式现代化是独立自主的现代化，其用意在于阐明"中国式现代化为什么能"，绝不是因为跟在西方资本主义现代化与传统社会主义现代化运行模式后面亦步亦趋，而是结合实际，独立自主地走出了一条适合自身的发展道路。"照抄照搬""简单套用""机械模仿"的价值思维方式，从来就是与中华民族"自强不息"的传统价值思维相背离的。阐明独立自主的现代化深蕴"自强不息"的传统价值思维，有助于人们更好地读懂中国式现代化的故事。

再比如，第四章第二节第三目探讨中国式现代化价值思维方式上是"符合实际"的现代化，针对的是传统社会主义现代化与西方资本主义现代化"脱离实际"而言的。脱离国情与世情实际，最终影响的是人民的利益。而中国式现代化从国情、世情出发，成功超越了传统社会主义现代化与西方资本主义现代化"脱离实际"的弊端。符合国情与世情实际的中国式现代化，之所以能实现"双重超越"，得益于深蕴于其中的传统价值观。因此，本研究的开展有助于在现代化运行模式的比较中体现中国式现代化的超越性。

（三）在现代化实现方式的比较中体现中国式现代化的超越性

以什么样的方式实现现代化，是一个价值路径问题，这一问题背后蕴含着不同的价值立场、价值目标以及价值思维。现代化对于各个国家、各个民族而言，好似一场"马拉松"比赛。抢跑且处于领先地位者倘若价值立场存在偏颇、价值目标设定有误、价值思维方式存在不足、价值路径误

---

① 《习近平在学习贯彻党的二十大精神研讨班开班式上发表重要讲话》，中央政府门户网站，2023年2月7日，https://www.gov.cn/xinwen/2023-02/07/content_5740520.htm。

入歧途，在人类现代化史的"马拉松"比赛中会被后来者赶超。相反，在人类现代化史的"马拉松"比赛中，后发追赶者价值立场正确、价值目标设定科学、价值思维具有先进性、价值路径明确而无误，通过自身的不断努力，也可以后来居上，获得"领跑者"的资格。在中华优秀传统价值观中，"王道"与"霸道"是两种不同的价值路径。固守"霸道"者，在价值思维上信守"你输我赢""赢者通吃"，其外在的表现是热衷于征服掠夺。西方资本主义国家在现代化的实现路径上，正是通过推行霸道、恣意掠夺而获得了人类现代化领跑者的资格，这种"掠夺"，有针对广大发展中国家的战争掠夺、殖民掠夺，有针对自然界的资源掠夺，亦存在工业对农业、城市对乡村、脑力劳动对体力劳动的掠夺。有资料显示，在第一次世界大战前，其家园沦为殖民地半殖民地的人口为 9.3 亿人，占当时世界人口的比重高达 56%。^① 西方现代化是以牺牲其他民族的利益，以破坏生态环境、损害社会共同利益，以制造城市与乡村、工业与农业、脑体劳动之间尖锐对立为代价的，这在人类现代化史上留下了肮脏的一页。中国式现代化致力于消灭"三大差别"，其在实现方式上超越了"蛮横霸道""肆意掠夺"的西方现代化。习近平总书记在党的二十大报告中阐发了中国式现代化的鲜明特色、本质要求和重大原则，其有着一个共同的价值指向——"强"。中国式现代化是具有世界历史意义的现代化，其受到了世界的广泛关注。关于中国以什么样的方式走向富强以及走向富强后的中国选择什么样的价值路径。深蕴"反对霸道"传统价值路径的中国式现代化，所笃行的是一条"强而不霸"的康庄大道。习近平总书记指出："中国无论发展到什么程度，永远不称霸，永远不搞扩张。"^② 这是我国向世界作出的庄严承诺。"强而不霸"的中国式现代化超越了笃行国强必霸的西方现代化。在我国古人看来，王道成功推行的起始点，是存在于每个人心中的"仁"。将存在于每个人心中的"仁"向外推，即为"践行仁道"。关于如何"践行仁道"，我国古人强调"为仁由己"^③，也即要实现自我超

---

① 王绳祖主编《国际关系史》，法律出版社，1986，第 205 页。
② 《习近平谈治国理政》第 3 卷，外文出版社，2020，第 46 页。
③ 《论语·颜渊》。

越、自我主宰、自我实现。① 自我超越、自我主宰、自我实现也即《论语》所强调的"克己复礼为仁"②。深蕴"践行仁道"传统价值路径的中国式现代化，在现代化实现方式上坚持"共赢共享"，其超越了为追求财富而不择手段、为独霸利益而漠视规则的西方现代化。通过以上分析可知，本研究的开展有助于在现代化实现方式的比较中体现中国式现代化的超越性。中国式现代化是消灭"三大差别"、笃行"强而不霸"、坚持"共赢共享"的现代化，其蕴含着深刻的"实行王道""反对霸道""践行仁道"传统价值路径，遵循此种价值路径，决定了中国式现代化在人类现代化史的"马拉松"比赛中不仅会跑得好还会跑得远。中国的现代化尽管因为种种原因未能赢在起跑线上，但坚守正确价值立场、设定科学价值目标、秉持先进价值思维、沿着无误价值路径砥砺奋进，势将在人类现代化史的"马拉松"比赛中勇立潮头。

三　中国式现代化蕴含的中华优秀传统价值观研究有助于"彰显主动性"

开展中国式现代化蕴含的中华优秀传统价值观研究，有助于"彰显主动性"，具体而言，至少体现在以下三个方面：一是在认识现代化实然与应然的关系上体现主动性，二是在认识价值观源头和潮头的关系上体现主动性，三是在认识价值观积垢与除垢的关系上体现主动性。

（一）在认识现代化实然与应然的关系上体现主动性

习近平总书记在党的二十大报告中指出："坚持把实现人民对美好生活的向往作为现代化建设的出发点和落脚点。"③ 人民对美好生活的向往有没有得到满足、得到多大程度的满足，是衡量现代化建设成色的重要指标。西方现代化在推动生产力发展、促进历史向世界历史转变、实现人类

---

① 李煌明：《儒家之"仁"的意象诠释——仁道的本体论建构》，《云南大学学报》（社会科学版）2021年第2期。

② 《论语·颜渊》。

③ 习近平：《高举中国特色社会主义伟大旗帜 为全面建设社会主义现代化国家而团结奋斗——在中国共产党第二十次全国代表大会上的报告》，人民出版社，2022，第22页。

文明的跃进上作出了不可磨灭的贡献。① 然而，西方现代化在资本的宰制下，不仅蜕化为两极分化严重、物质主义膨胀、道德沦丧加剧、生态环境持续恶化的现代化，还在对外侵略扩张的道路上越走越远。满足人民对美好生活的向往是现代化的基本价值诉求。从实然层面来看，当今的西方现代化并不能很好地满足人民的利益期待。早在20世纪70年代，英国历史学家汤因比和日本思想家池田大作曾进行了长达两年的对话，二人的对话后被整理成书，名为《展望二十一世纪——汤因比与池田大作对话录》。这两位思想巨擘，在20世纪的对话中，均对以中国为代表的东方文明充满信心。汤因比直言不讳地表示"人类的未来在中国，中国文化将引领世界"②。认识现代化的应然面目，世界期待听到中国的声音。习近平总书记在党的二十大报告中指出："我们党成功推进和拓展了中国式现代化。"③这是说，中国式现代化是一种事实性存在。在马克思看来，事实并不是与人无关的纯粹自然。他指出，事实是"人通过人的劳动而诞生的过程"④。马克思主义所研究的事实是一种"价值性事实"。⑤ 中国式现代化是一种事实性存在，更是一种价值性存在。从价值立场上看，中国式现代化是坚持人民至上的现代化；从价值目标上看，中国式现代化是追求共同富裕、和平发展、美美与共的现代化；从价值思维上看，中国式现代化是独立自主、符合实际、重视实践的现代化；从价值路径上看，中国式现代化是消灭"三大差别"、笃行"强而不霸"、坚持"共赢共享"的现代化。无论从哪一个层面进行分析，其均蕴含着深厚的传统价值底蕴。中国式现代化将满足人民对美好生活的向往作为一条红线贯穿于建设工作的全过程和各阶段，为人们认识应然层面的现代化提供了中国范式、贡献了中国智慧。因此，开展中国式现代化蕴含的中华优秀传统价值观研究，有助于在认识现代化应然与实然的关系上体现主动性。

---

① 张远新、王钊:《中国式现代化的双重超越及其显著优势》,《思想理论教育》2022年第11期。

② 〔英〕A. J. 汤因比、〔日〕池田大作:《展望二十一世纪——汤因比与池田大作对话录》,国际文化出版公司,1985,第218页。

③ 习近平:《高举中国特色社会主义伟大旗帜 为全面建设社会主义现代化国家而团结奋斗——在中国共产党第二十次全国代表大会上的报告》,人民出版社,2022,第22页。

④ 《马克思恩格斯文集》第1卷,人民出版社,2009,第196页。

⑤ 李双套:《中国式现代化的前提性反思》,《求索》2023年第1期。

（二）在认识价值观源头与潮头的关系上体现主动性

中国式现代化蕴含独特的价值观，这一独特价值观的最深层次的源头是中华优秀传统价值观，而屹立于潮头的是中国现代价值观。深入剖析中国式现代化所蕴含价值观的独特性，有必要紧紧抓住"两头"，认识到中华优秀传统价值观与中国现代价值观是同源共流的。仅研究中国式现代化所蕴含的中华优秀传统价值观或仅研究中国式现代化所蕴含的中国现代价值观，都不能充分解释中国式现代化所蕴含价值观的独特性问题。本研究在认识中国式现代化价值观独特性的问题上，彰显主动性，既重视挖掘中国式现代化所蕴含的中华优秀传统价值观，同时强调认识、塑造中国现代价值观的重要性。认识中国现代价值观不能自说自话，而要在国际比较中发现自身的长处、寻找自身的不足。有鉴于此，本研究在导论第二部分研究现状中，对国外有关价值观的研究成果进行了梳理，对国内有关价值观的研究动态进行了跟踪性整理。由于本课题旨在阐明中国式现代化蕴含中华优秀传统价值观的独特性，无论是整理国外有关价值观的研究成果，还是跟踪国内有关价值观的研究动态，共同的价值指向均在服务于中国式现代化的推进与拓展，故此，本研究在导论第二部分针对中国式现代化的国内外研究现状进行了整理。在此基础上，对现有研究成果所取得的成绩以及研究有待拓展的地方提出了自己的见解。开展中国式现代化蕴含的中华优秀传统价值观研究，勇立潮头与探寻源头是同等重要的，只有探明中国式现代化所蕴含的中华优秀传统价值观，才能阐释清楚中国式现代化所蕴含的现代价值观。而站在现代性的视角回溯中国式现代化的价值之源，其才不会成为"一潭死水"。在现代性元素的激发与促动下，中华优秀传统价值观经由创造性转化与创新性发展，在新时代的中国更能够"活起来""动起来"，更容易绽放亮眼的时代光彩。中华优秀传统价值观作为中国式现代化的价值之源，其不会自动地服务于现代社会的发展。中国式现代化蕴含哪些传统价值精华及其如何与中国现代价值观相关联，必须通过充分发挥人的主观能动性才能更好地被认识。而对中国现代价值观的认识，同挖掘中国式现代化蕴含的中华优秀传统价值观一样，也要经历一个由表及里、由浅入深的过程。这样的认识过程是积极主动而非消极被动的。从这个意义上讲，本研究的开展在认识价值观潮头与源头的关系上体现了主动性。

（三）在认识价值观积垢与除垢的关系上体现主动性

在分析中国式现代化蕴含的独特传统价值立场、价值目标、价值思维以及价值路径上，其中所探讨的中华传统价值观特指中华优秀传统价值观，主要包括"民为国本"的传统价值立场、"天下均平""天下太平""天下一家"的传统价值目标、"自强不息""持中贵和""天人合一"的传统价值思维以及"实行王道""反对霸道""践行仁道"的传统价值路径。传统价值观是中华民族原生性的智慧结晶，是中华民族至为宝贵的精神财富，但其毕竟形成于传统的农业社会，历经岁月的沉淀，在一定程度上存在价值观积垢的现象。传统价值观积垢，本是一种自然现象。但假若不能及时进行处理，优秀的传统价值观就存在被"垢"遮蔽的可能。在全球化时代，各种价值观是相互碰撞、相互融合的。传统价值观所积之垢，除了自然因素以外，还有外来的人为因素。这意味着传统价值观所积之垢，除了遮蔽其本来面目的自然之垢以外，还有可能是恶意曲解、低级误解的污垢。对传统价值观进行除垢，是守卫好中华民族精神财富的题中应有之义。倘若我们自身对什么样的传统价值观是优秀的、什么样的传统价值观是落后的都不甚了了，也就难以做好传统价值观的除垢工作。现代化代表了一种历史进步。传统价值观是否适合现代社会的发展所需，是衡量传统价值观先进与否的一大标尺。富强、民主、文明、和谐、美丽等，都是衡量传统价值观是否具有先进性的现代性元素。形成于农耕文明的传统价值观，不管其垢层如何，都在不同程度上存在除垢的问题。即便是已经被我们认定为传统价值观中先进的成分，也不能不考虑避免积垢的问题。而要做好传统价值观的除垢工作，就要在"古今中西"的问题域中认识中华传统价值观。这也是本研究在第一章第一节从"中"与"西"的问题域中比较中华优秀传统价值观与西方价值观、在"古"与"今"的问题域中认识中华优秀传统价值观与现代价值观的原因。深入挖掘中国式现代化蕴含的独特传统价值观，可助益源自农耕文明时期的中华优秀传统价值观焕发出现代的生命活力。因此，开展中国式现代化蕴含的中华优秀传统价值观研究，有助于在认识价值观积垢与除垢的关系上体现主动性。

参考文献

一 经典著作

《马克思恩格斯全集》第 19 卷，人民出版社，1963。

《马克思恩格斯全集》第 1 卷，人民出版社，1956。

《马克思恩格斯全集》第 20 卷，人民出版社，1971。

《马克思恩格斯全集》第 23 卷，人民出版社，1972。

《马克思恩格斯全集》第 26 卷，人民出版社，2014。

《马克思恩格斯全集》第 28 卷，人民出版社，2018。

《马克思恩格斯全集》第 3 卷，人民出版社，2002。

《马克思恩格斯全集》第 42 卷，人民出版社，1979。

《马克思恩格斯全集》第 43 卷，人民出版社，1982。

《马克思恩格斯全集》第 46 卷，人民出版社，2003。

《马克思恩格斯全集》第 8 卷，人民出版社，1961。

《马克思恩格斯文集》第 1 卷，人民出版社，2009。

《马克思恩格斯文集》第 2 卷，人民出版社，2009。

《马克思恩格斯文集》第 3 卷，人民出版社，2009。

《马克思恩格斯文集》第 8 卷，人民出版社，2009。

《列宁全集》第 14 卷，人民出版社，2017。

《列宁全集》第 28 卷，人民出版社，2017。

《列宁全集》第 31 卷，人民出版社，2017。

《列宁选集》第 4 卷，人民出版社，2012。

《李大钊文集》第 1 卷，人民出版社，1999。

《李大钊文集》第 2 卷，人民出版社，1999。

《毛泽东文集》第 7 卷，人民出版社，1999。

《毛泽东选集》第 1 卷，人民出版社，1991。

《毛泽东选集》第 2 卷，人民出版社，1991。

《毛泽东选集》第 3 卷，人民出版社，1991。

《毛泽东选集》第 4 卷，人民出版社，1991。

《邓小平文选》第 2 卷，人民出版社，1994。

《邓小平文选》第 3 卷，人民出版社，1993。

《习近平关于社会主义文化建设论述摘编》，中央文献出版社，2017。

《习近平谈治国理政》，外文出版社，2014。

《习近平谈治国理政》第 2 卷，外文出版社，2017。

《习近平谈治国理政》第 3 卷，外文出版社，2020。

《习近平谈治国理政》第 4 卷，外文出版社，2022。

《习近平著作选读》第 1 卷，人民出版社，2023。

《习近平著作选读》第 2 卷，人民出版社，2023。

《习近平主席在出席世界经济论坛 2017 年年会和访问联合国日内瓦总部时的演讲》，人民出版社，2017。

习近平：《高举中国特色社会主义伟大旗帜 为全面建设社会主义现代化国家而团结奋斗——在中国共产党第二十次全国代表大会上的报告》，人民出版社，2022。

习近平：《论把握新发展阶段、贯彻新发展理念、构建新发展格局》，中央文献出版社，2021。

习近平：《论党的宣传思想工作》，中央文献出版社，2020。

习近平：《论坚持推动构建人类命运共同体》，中央文献出版社，2018。

习近平：《携手建设更加美好的世界——在中国共产党与世界政党高层对话会上的主旨讲话》，人民出版社，2017。

习近平：《在纪念辛亥革命 110 周年大会上的讲话》，人民出版社，2021。

习近平：《在纪念中国人民抗日战争暨世界反法西斯战争胜利 69 周年座谈会上的讲话》，人民出版社，2014。

习近平：《在文艺工作座谈会上的讲话》，人民出版社，2015。

习近平：《之江新语》，浙江人民出版社，2007。

《十八大以来重要文献选编》（中），中央文献出版社，2016。

《十九大以来重要文献选编》（上），中央文献出版社，2019。

《十九大以来重要文献选编》（中），中央文献出版社，2021。

《中共中央关于党的百年奋斗重大成就和历史经验的决议》，人民出版社，
　　2021。

二　其他著作

（春秋）老子：《道德经》，王丽岩译注，中国文联出版社，2016。

（战国）庄子：《庄子》，方勇译注，中华书局，2016。

（汉）司马迁：《史记》，中华书局，2014。

（汉）班固：《汉书》，中华书局，2012。

（汉）郑玄注，（唐）孔颖达等疏《礼记正义，北京大学出版社，2000。

（宋）朱熹：《四书章句集注》，中华书局，1983。

（明）王阳明：《王阳明全集》，上海古籍出版社，2011。

陈壁生：《经学的瓦解》，华东师范大学出版社，2014。

陈曙光：《"以人为本"的形上之思》，中国社会科学出版社，2017。

杜维明、卢风：《现代性与物欲的释放》，中国人民大学出版社，2009。

方旭光：《认同的价值与价值的认同——社会主义核心价值观论》，中国社
　　会科学出版社，2014。

费孝通：《中国文化的重建》，华东师范大学出版社，2014。

冯友兰：《新原人》，北京大学出版社，2014。

冯友兰：《中国哲学小史》，中国人民大学出版社，2005。

傅佩荣：《孟子的智慧》，中华书局，2009。

甘阳：《通三统》，生活·读书·新知三联书店，2014。

高亨：《商君书注译》，中华书局，1974。

高清海：《哲学思维方式变革》，吉林人民出版社，1997。

葛兆光：《宅兹中国：重建有关"中国"的历史论述》，中华书局，2011。

郭彧译注《周易》，中华书局，2006。

韩庆祥：《发展与代价》，人民出版社，2002。

何伟俊：《孟子的理想国》，广西师范大学出版社，2017。

贺麟：《文化与人生》，商务印书馆，2015。

黄凯锋：《当代中国价值观研究新取向》，学林出版社，2007。

黄希庭等：《当代中国青年价值观与教育》，四川教育出版社，1994。

江畅、戴茂堂：《西方价值观念与当代中国》，湖北人民出版社，1997。

姜辉：《中国特色社会主义新时代的世界意义》，江西人民出版社，2021。

蒋建国：《凝聚在共同理想和信念的旗帜下》，人民出版社，2013。

康琼：《人与自然的和合——中国传统与现代的生态观照》，湖南师范大学
　　出版社，2017。

康有为：《大同书》，上海古籍出版社，2019。

李从军：《价值体系的历史选择》，人民出版社，2004。

李德顺：《价值论》（第 2 版），中国人民大学出版社，2007。

李连科：《哲学价值观》，中国人民大学出版社，1991。

梁国典：《和谐共存之道》，山东教育出版社，2012。

梁启超：《欧游心影录》，商务印书馆，2014。

梁启雄：《韩子浅解》，中华书局，1982。

梁晓声：《中国文化的性格》，现代出版社，2018。

刘余莉：《儒家伦理学：规则与美德的统一》，中国社会科学出版社，2011。

刘余莉：《政德》，红旗出版社，2018。

刘余莉：《中华文化五讲》，中国书店出版社，2017。

卢风：《启蒙之后——近代以来西方人价值追求的得与失》，湖南大学出版
　　社，2003。

罗根泽：《诸子考索》，人民出版社，1958。

罗荣渠：《现代化新论——世界与中国的现代化进程》，商务印书馆，2004。

罗荣渠：《现代化新论——中国的现代化之路》，华东师范大学出版社，2018。

马俊峰：《价值论的视野》，武汉大学出版社，2010。

欧阳哲生编《胡适文集》第 2 册，北京大学出版社，1998。

潘维、玛雅主编《聚焦当代中国价值观》，生活·读书·新知三联书店，
　　2008。

彭富春：《论中国的智慧》，人民出版社，2010。

彭林：《礼乐文明与中国文化精神》，中国人民大学出版社，2016。

蒲创国：《天人合一正义》，中华书局，2015。

单波：《心通九境——唐君毅哲学的精神空间》，人民出版社，2001。

苏振芳：《当代国外思想政治教育比较》，社会科学文献出版社，2009。

唐君毅：《中国文化之精神价值》，台北正中书局，1974。

唐琼：《人与自然的和合——中国传统与现代的生态观照》，湖南师范大学出版社，2017。

万明钢：《多元文化视野价值观与民族认同研究》，民族出版社，2006。

汪辉勇：《价值学研究》，中南大学出版社，2001。

王宏维：《社会价值：统摄与驱动》，人民出版社，1995。

王亚珍：《新康德主义价值哲学研究》，社会科学文献出版社，2017。

王永春：《精读王阳明》，浙江人民出版社，2019。

王玉樑：《21世纪价值哲学：从自发到自觉》，人民出版社，2006。

王玉樑：《当代中国价值哲学》，人民出版社，2004。

王玉樑：《价值哲学新探》，陕西人民出版社，1993。

文翔：《马克思实践哲学的源流及重构思路》，人民出版社，2016。

闻一多：《中国人的骨气》，中国工人出版社，2012。

夏传才：《孟子讲座》，广西师范大学出版社，2017。

夏甄陶：《人是什么》，商务印书馆，2000。

熊晓红、王国银等：《价值自觉与人的价值》，人民出版社，2007。

许纪霖：《家国天下——现代中国的个人、国家与世界认同》，上海人民出版社，2017。

杨文霞：《中国传统"和"文化研究》，中央编译出版社，2014。

杨英杰等：《初心之源：中国共产党的传统文化基因》，清华大学出版社，2019。

杨洲：《中国文化与中国精神》，光明日报出版社，2018。

易小明：《中国传统哲学与现代化》，中国文史出版社，2007。

张岱年：《天人五论》，中华书局，2017。

张岱年：《中国哲学大纲》，中国社会科学出版社，2004。

张书琛：《探索价值产生奥秘的理论——价值发生论》，广东人民出版社，2006。

张喆：《中国人自信的理由》，人民日报出版社，2016。

赵馥洁：《价值的历程——中国传统价值观的历史演变》，中国社会科学出版社，2006。

赵馥洁：《中国传统哲学价值论》，人民出版社，2009。

〔古希腊〕亚里士多德：《尼各马可伦理学》，廖申白译，商务印书馆，2003。

〔古希腊〕亚里士多德：《政治学》，吴寿彭译，商务印书馆，1965。

〔德〕黑格尔：《美学》第1卷，朱光潜译，商务印书馆，1982。

〔德〕黑格尔：《哲学史讲演录》第1卷，贺麟、王太庆译，商务印书馆，1959。

〔德〕热罗姆·班德主编《价值的未来》，周云帆译，社会科学文献出版社，2006。

〔法〕吉尔·利波维茨基：《空虚时代》，倪复生译，北方联合出版社传媒（集团）股份有限公司，2022。

〔加〕查尔斯·泰勒：《现代性之忧》，程炼译，中央编译出版社，2001。

〔美〕安乐哲：《和而不同：中西哲学的会通》，温海明等译，北京大学出版社，2009。

〔美〕贝拉：《心灵的习性：美国人生活中的个人主义和公共责任》，翟宏彪等译，生活·读书·新知三联书店，1991。

〔美〕辜鸿铭：《中国人的精神》，李晨曦译，译林出版社，2021。

〔美〕拉尔夫·L.基尼：《创新性思维——实现核心价值的决策模式》，叶胜年等译，新华出版社，2003。

〔美〕塞缪尔·亨廷顿：《变化社会中的政治秩序》，王冠华等译，生活·读书·新知三联书店，1989。

〔美〕塞缪尔·亨廷顿：《文明的冲突与世界秩序的重建》，周琪等译，新华出版社，2010。

〔美〕大卫·库尔珀：《纯粹现代性批判》，臧佩洪译，商务印书馆，2004。

〔英〕罗素：《幸福之路》，吴默朗、金剑译，中央编译出版社，2009。

〔日〕池田大作、〔法〕路奈·尤伊古：《黑夜寻求黎明》，卞立强译，中国国际广播出版社，2003。

三 期刊文章

白茂峰、傅慧芳:《中国式现代化历史主动性的文化基础及其实践指向》,《党政研究》2023年第1期。

毕照卿:《中国式现代化道路的社会主义性质及其逻辑指向》,《科学社会主义》2022年第5期。

布昃晟等:《中国式现代化历程、样式及独特创新》,《南京社会科学》2023年第4期。

曹文君:《解读"均平"之历史内涵》,《苏州教育学院学报》2005年第4期。

常新:《儒家关于美好生活的思想资源及其价值发掘》,《伦理学研究》2021年第4期。

陈科华:《"和而不同"如何可能?》,《伦理学研究》2014年第6期。

陈明琨:《百年未有之大变局的辩证逻辑》,《教学与研究》2022年第6期。

陈升:《论邓小平的价值观与价值思维》,《道德与文明》2005年第4期。

陈胜云:《中国式现代性:基于中国式现代化的新现代性》,《中国矿业大学学报》(社会科学版)2022年第4期。

陈胜云:《中国特色社会主义制度优越性的系统阐释》,《中国矿业大学学报》(社会科学版)2020年第3期。

陈天林:《中庸:中国传统和谐文化的基本精神》,《社会主义研究》2006年第5期。

陈晓斌:《现代性的辩证省思与中国现代性建构》,《宁夏社会科学》2022年第1期。

陈延斌、周斌:《国外核心价值观的凝练及其启示》,《马克思主义研究》2012年第10期。

陈忠:《世界文明史意蕴下中国式现代化的方法论价值》,《探索与争鸣》2022年第11期。

程梅花、邹林:《论儒家"致中和"的思维方式》,《孔子研究》2000年第3期。

程赟、吴俊:《论中国式现代化的中国特色》,《西南大学学报》(社会科学版）2023年第4期。

戴木才：《论社会主义核心价值观与核心价值体系的辩证关系——中国特色社会主义核心价值观探索之一》，《南昌航空大学学报》（社会科学版）2011年第2期。

戴木才：《中国式现代化的基本特质》，《理论导报》2023年第2期。

邓伟志：《以人为本，还是以社会为本？——一种人与社会"互本"的理论图景》，《人民论坛·学术前沿》2014年第1期。

董恩林：《论中和之道的内涵与践行准则》，《孔子研究》2021年第2期。

董慧、王帅：《中国共产党"坚持独立自主"现代化道路探索的价值意蕴、探索历程与经验启示》，《南昌大学学报》（人文社会科学版）2022年第3期。

董健铭：《从人的全面发展看社会主义对资本主义的超越》，《哲学研究》2023年第2期。

董亚炜：《从政治高度深入理解调查研究的重大意义》，《先锋》2023年第4期。

董振华：《守正创新的理论逻辑和实现路径》，《人民论坛》2023年第1期。

杜玉华、王晓真：《中国式现代化道路的理论基础、历史进程及实践转向》，《吉首大学学报》（社会科学版）2022年第3期。

冯霞：《中西传统价值观比较研究》，《广西社会科学》2009年第10期。

付秀荣：《文化传承与当代中国文化的"新现代性"》，《学习与实践》2017年第7期。

盖立涛：《董仲舒"太平"理想社会的理论建构》，《烟台大学学报》（哲学社会科学版）2019年第1期。

干春松：《儒家"天下观"的再发现》，《探索与争鸣》2019年第9期。

高德步：《现代化之道：从异化到回归》，《政治经济学评论》2016年第5期。

高国希：《中华优秀传统文化的现代阐释与教育路径》，《思想理论教育》2014年第5期。

顾海良：《中国式现代化的战略擘画和理论体系升华》，《马克思主义理论学科研究》2023 年第 3 期。

顾海良：《中国式现代化"理论体系"对重大时代课题的创造性探索》，《红旗文稿》2023 年第 5 期。

郭广银：《中国共产党探索中国式现代化的历史逻辑》，《红旗文稿》2023 年第 5 期。

郭瑞：《从儒家"天下观"到习近平人类命运共同体构想》，《广西社会科学》2018 年第 7 期。

韩刚：《中国特色社会主义生态文明建设中的思维方式转变》，《西安政治学院学报》2013 年第 2 期。

韩秋红：《中国式现代化人与自然和谐共生的本质特质与世界意义》，《社会科学家》2023 年第 2 期。

韩喜平、郝婧智：《中国式现代化的国际视野》，《当代世界与社会主义》2023 年第 2 期。

韩喜平、郝婧智：《中国式现代化新道路的世界意蕴》，《马克思主义理论学科研究》2022 年第 2 期。

何星亮：《中国传统文化中的"和平"理念》，《思想战线》2018 年第 1 期。

胡绳：《〈从鸦片战争到五四运动〉再版序言》，《近代史研究》1996 年第 2 期。

胡伟希：《儒家生态学基本观念的现代阐释：从"人与自然"的关系看》，《孔子研究》2000 年第 1 期。

胡一：《跨文化视野中的中西方价值观比较》，《中共福建省委党校学报》2012 年第 9 期。

黄建军、王若齐：《唯物史观视域下中国式现代化的本质属性与原创性贡献》，《新疆师范大学学报》（哲学社会科学版）2023 年第 4 期。

黄建军：《唯物史观视野下中国式现代化的历史坐标与世界意义》，《马克思主义研究》2022 年第 6 期。

江畅：《论当代中国价值观构建》，《马克思主义与现实》2014 年第 4 期。

江畅：《儒家道德与中国社会主义精神》，《思想理论教育》2017 年第 2 期。

金民卿：《中国式现代化的形成发展及其对人类文明新形态的贡献》，《马克思主义理论学科研究》2022 年第 12 期。

景俊海：《在中国式现代化进程中推动全面振兴取得新突破》，《求是》
　　2023 年第 4 期。

赖海榕、郑济洲：《中国式现代化的中华优秀传统文化底蕴》，《毛泽东研
　　究》2022 年第 6 期。

李煌明：《儒家之"仁"的意象诠释——仁道的本体论建构》，《云南大学
　　学报》（社会科学版）2021 年第 2 期。

李景林：《论儒家的王道精神——以孔孟为中心，《道德与文明》2012 年
　　第 4 期。

李宁：《中国式现代化蕴含的中国价值之多维阐释》，《陕西师范大学学报》
　　（哲学社会科学版）2023 年第 1 期。

李姝睿、张栋：《建党精神中的优秀传统文化底蕴》，《青海师范大学学报》
　　（社会科学版）2021 年第 5 期。

李巍：《从"不忍"到"不忍人"》，《人文杂志》2018 年第 3 期。

李银安：《论中国特色社会主义核心价值观》，《科学社会主义》2009 年第
　　5 期。

廖寅、王晓龙：《宋代民变若干成因新探》，《兰州学刊》2016 年第 4 期。

林振义：《中国式现代化的根本政治保证》，《红旗文稿》2023 年第 5 期。

刘方平、李家庆：《"人的现代化"重构：中国式现代化开创人类现代化新
　　形态》，《科学社会主义》2023 年第 2 期。

刘梦男、吕丹：《深刻把握中国式现代化的文化基因》，《学校党建与思想
　　教育》2023 年第 2 期。

刘文嘉：《中国式现代化的文化诉求》，《哲学动态》2022 年第 12 期。

刘洋、沈佩翔：《人类命运共同体对全球现代化的中国重撰》，《思想政治
　　课研究》2020 年第 1 期。

楼宇：《拉美学界关于中国式现代化的若干认知》，《国外理论动态》2023
　　年第 1 期。

卢风：《现代西方价值观与人类文明的危机》，《道德与文明》1999 年第
　　6 期。

卢黎哥、王福益：《"天人合一"思维方式及其现代价值》，《学习与实践》
　　2015 年第 2 期。

骆郁廷：《论立场》，《马克思主义研究》2020 年第 9 期。

骆郁廷：《中国式现代化道路的自主创新》，《世界社会主义研究》2023 年第 3 期。

吕伟俊、刘元锋：《实事求是与中国现代化》，《山东大学学报》（哲学社会科学版）1998 年第 4 期。

马峰：《中国式现代化创造人类更好发展"中国蓝图"》，《哲学研究》2022 年第 6 期。

马俊峰：《近年来价值观念研究综述》，《哲学动态》1998 年第 7 期。

马敏：《历史视角下的"中国式现代"》，《江汉论坛》2023 年第 5 期。

孟宪清：《论现代至善理念的重建》，《河南社会科学》2012 年第 3 期。

孟宪清：《仁—道治国：论儒家的治理思想》，《湖南师范大学社会科学学报》2017 年第 2 期。

孟献丽：《当代中国价值观与中国人精神生活的重建》，《探索》2016 年第 2 期。

欧健、邱婷：《习近平人民中心观的形成逻辑与基本内涵》，《社会主义研究》2019 年第 1 期。

潘丽嵩、范晓阳：《中国式现代化新道路的传统文化底蕴研究——在"两个结合"中坚持中国特色社会主义理论自信》，《西北民族大学学报》（哲学社会科学版）2022 年第 1 期。

裴学进：《自发与自觉：主导价值观转化为主流价值观的两种方式》，《马克思主义研究》2016 年第 10 期。

彭富春：《中国现代性问题》，《厦门大学学报》（哲学社会科学版）2000 年第 2 期。

荣开明：《中国式现代化新道路几个基本问题的思考》，《江西师范大学学报》（哲学社会科学版）2021 年第 4 期。

阮博：《论理解中国式现代化新道路的辩证视域》，《社会主义研究》2021 年第 6 期。

沈湘平：《辩证看待中国式现代化"人口规模巨大"的特色》，《江海学刊》2023 年第 2 期。

沈湘平：《价值观研究亟须自觉的人类学视角》，《哲学动态》2016 年第

11 期。

沈湘平：《中国式现代化道路的传统文化根基》，《中国社会科学》2022 年
第 8 期。

沈尤佳：《和平发展的中国式现代化：内涵、根源与意义》，《当代世界》
2023 年第 5 期。

宋以敏：《时代主题与中国的和平发展》，《国际问题研究》2004 年第
3 期。

苏冰：《仁道与儒家的共同体建构》，《江淮论坛》2021 年第 2 期。

孙吉胜：《中国式现代化助力构建人类命运共同体，《国际问题研究》2022
年第 6 期。

孙伟平：《论价值思维》，《哲学研究》2005 年第 8 期。

唐明燕：《论中华民族自强不息精神的思想渊源——以先秦儒家为视角》，
《武汉理工大学学报》（社会科学版）2010 年第 4 期。

堂圣元：《从建设性批判到创造性转化——中国共产党的百年传统文化
观》，《江海学刊》2021 年第 5 期。

田飞龙：《中国式现代化与和平发展道路的制度探索》，《天府新论》2023
年第 3 期。

田鹏颖、谭言：《中国式现代化是解决社会主要矛盾的时代选择》，《河南
师范大学学报》（哲学社会科学版）2023 年第 3 期。

万俊人：《论价值一元论与价值多元论》，《哲学研究》1990 年第 2 期。

王保国：《儒道"天人合一"观的再读与反思》，《中州学刊》2019 年第
1 期。

王斌：《中国式现代化：由来、本来和未来》，《湖南省社会主义学院学报》
2023 年第 2 期。

王滨、张瑜：《中国式现代化的文化逻辑、精神生产和践行路径》，《南通
大学学报》（社会科学版）2023 年第 2 期。

王长江：《人口规模巨大与中国式现代化的开拓》，《科学社会主义》2023
年第 2 期。

王毅：《坚定不移走和平发展道路为实现民族复兴中国梦营造良好国际环
境》，《国际问题研究》2014 年第 1 期。

王永贵：《中国式现代化新道路的鲜明特征》，《思想教育研究》2022 年第
　　10 期。

王赟鹏：《中国式现代化道路的历史生成逻辑》，《东岳论丛》2023 年第
　　4 期。

王云霞：《传统价值观实现"创造性转化"的唯物史观原理》，《马克思主
　　义理论学科研究》2018 年第 1 期。

王增国：《对社会主义核心价值体系几个基本问题的审思》，《江海学刊》
　　2009 年第 6 期。

王兆铮：《把握国情世情"变"与"不变"历史辩证法》，《中共石家庄市
　　委党校学报》2021 年第 3 期。

吴苑华：《"中国道路"成功的价值观原因——由安德烈·冈德·弗兰克论
　　中国道路说起》，《理论探讨》2016 年第 5 期。

吴忠民：《如何深化对中国式现代化的研究》，《马克思主义与现实》2023
　　年第 2 期。

向世陵：《儒家视域中的"天下一家"观》，《中国人民大学学报》2017 年
　　第 3 期。

肖德林：《中西文化交际中价值观问题的探讨》，《山东社会科学》2005 年
　　第 8 期。

辛向阳：《中国特色社会主义道路的四大优势》，《中国特色社会主义研究》
　　2013 年第 5 期。

徐明宏：《中国传统文化的"轻""重"之辨》，《文化研究》2003 年第
　　2 期。

徐秦法、刘星亮：《中国式现代化道路何以突出文化建设？——基于物质
　　文明和精神文明关系视角的考察》，《社会科学战线》2022 年第 12 期。

徐艳玲：《近年来"社会主义核心价值观"研究述要》，《理论月刊》2012
　　年第 7 期。

颜景高：《论中国现代化的价值支撑》，《湖北社会科学》2020 年第 4 期。

央吉：《用辩证的观点看待中国新人口国情》，《中国发展观察》2012 年第
　　8 期。

杨金海：《深化对中国式现代化理论体系的认识》，《思想理论教育导刊》

2023 年第 4 期。

杨军：《从"他"到"我："天下一家"观念的变迁——兼论中华民族共同体意识的起源》，《郑州大学学报》（哲学社会科学版）2022 年第 1 期。

尹诵、李安增：《正确认识中国特色社会主义制度优越性》，《中国高校社会科学》2018 第 4 期。

尤国珍：《近年来国内外价值观问题研究述评》，《四川大学学报》（哲学社会科学版）2011 年第 6 期。

于安龙：《论中国式现代化道路的文化底蕴、实践经验与世界意义》，《思想教育研究》2022 年第 7 期。

于桂敏、白玫、苏畅：《中西价值观差异透析，《辽宁师范大学学报》2006 年第 5 期。

俞新天：《"和谐世界"与中国的和平发展》，《国际问题研究》2007 年第 1 期。

袁银传、蒋彭阳：《中国式现代化的核心要义、基本特征和历史意义》，《中南民族大学学报》（人文社会科学版）2023 年第 4 期。

张桂芳、黄梦佳：《人的精神世界与物的现代化"脱节"的学理透视》，《毛泽东邓小平理论研究》2023 年第 2 期。

张亮：《社会发展理论视域中的中国式现代化》，《马克思主义理论学科研究》2023 年第 2 期。

张明：《西方现代性困境与中国道路的理论前景》，《毛泽东邓小平理论研究》2016 年第 2 期。

张秋山、贾琳：《从生存正义、分配正义到仁道正义》，《青海社会科学》2020 年第 3 期。

张荣明：《霸道、王道和新王道——中国发展战略思考》，《天津师范大学学报》（社会科学版）2015 年第 1 期。

张润峰：《论中国式现代化道路的发生逻辑与独特内涵》，《探索 2022 年第 2 期。

张三元：《中国价值与中国式现代化新道路》，《山东社会科学》2022 年第 9 期。

张曙光：《中国传统王道理念及其现代转换，《现代哲学》2011 年第 6 期。

张永路：《论儒家的利他价值观》，《社科纵横》2016 年第 7 期。

张占斌、王学凯：《中国式现代化：特征、优势、难点及对策》，《新疆师范大学学报》（哲学社会科学版）2022 年第 6 期。

张志丹：《中国式现代化的意识形态意蕴》，《上海师范大学学报》（哲学社会科学版）2023 年第 2 期。

赵斌：《海外学界对中国式现代化理论体系的认知——基于海外中共学视角》，《人民论坛》2023 年第 6 期。

赵川林：《对社会主义与资本主义长期共存的再认识》，《西安航空学院学报》2017 年第 4 期。

赵潜：《中华民族发展史视域下自强不息精神的当代价值与传承路径》，《贵州民族研究》2023 年第 1 期。

赵义良：《中国式现代化的本质意蕴与价值追求》，《中国特色社会主义研究》2022 年第 1 期。

赵义良：《中国式现代化与中国道路的现代性特征》，《中国社会科学》2023 年第 3 期。

赵中源：《以人民为中心：中国道路的价值坐标》，《求索》2020 年第 1 期。

郑吉峰：《中国式现代化研究：现状与展望》，《探索》2023 年第 2 期。

周丹：《社会主义市场经济条件下的资本价值》，《中国社会科学》2021 年第 4 期。

周丹：《现代性问题与中国现代化反思》，《中国特色社会主义研究》2014 年第 3 期。

周慧：《儒家"人何以能群"的论证维度及伦理审视》，《湖南师范大学社会科学学报》2022 年第 4 期。

周文、肖玉飞：《中国式现代化道路的独特内涵、鲜明特征与世界意义》，《马克思主义与现实》2022 年第 5 期。

朱安东：《中国式现代化的世界历史意义》，《思想教育研究》2023 年第 3 期。

〔法〕让-努马·迪康热、彭姝祎：《基于社会主义发展史维度对中国道路的思考》，《世界社会主义研究》2021 年第 12 期。

图书在版编目(CIP)数据

中国式现代化与中华优秀传统价值观／谢霄男，唐
元松著. --北京：社会科学文献出版社，2024.11.
ISBN 978-7-5228-4489-3

Ⅰ.D61；K203

中国国家版本馆 CIP 数据核字第 20246RZ538 号

中国式现代化与中华优秀传统价值观

著　　者／谢霄男　唐元松

出　版　人／冀祥德
责任编辑／罗卫平
文稿编辑／胡金鑫
责任印制／王京美

出　　版／社会科学文献出版社·人文分社（010）59367215
　　　　　地址：北京市北三环中路甲 29 号院华龙大厦　邮编：100029
　　　　　网址：www.ssap.com.cn
发　　行／社会科学文献出版社（010）59367028
印　　装／三河市龙林印务有限公司

规　　格／开　本：787mm×1092mm　1/16
　　　　　印　张：17　字　数：270 千字
版　　次／2024 年 11 月第 1 版　2024 年 11 月第 1 次印刷
书　　号／ISBN 978-7-5228-4489-3
定　　价／98.00 元

读者服务电话：4008918866